U0732324

本书受到以下科研中心及项目资助：

广西高校人文社会科学重点研究基地——中国南方与东南亚民族研究中心

广西一流学科——民族学学科建设

广西一流本科专业——广西民族大学历史学

2019 年国家社科基金西部项目“北部湾地区海防文化遗产调查与研究”（19XZS025）

清代环北部湾地区的海防研究

滕兰花 涂小棋 陈逸飞 著

暨南大學出版社
JINAN UNIVERSITY PRESS
中国·广州

图书在版编目（CIP）数据

清代环北部湾地区的海防研究／滕兰花，涂小棋，陈逸飞著．—广州：暨南大学出版社，2023.2
ISBN 978－7－5668－3490－4

Ⅰ.①清…　Ⅱ.①滕…②涂…③陈…　Ⅲ.①北部湾—海防—军事史—研究—清代　Ⅳ.①E294.9

中国版本图书馆CIP数据核字（2022）第162517号

清代环北部湾地区的海防研究
QINGDAI HUAN BEIBUWAN DIQU DE HAIFANG YANJIU
著　者：滕兰花　涂小棋　陈逸飞

出 版 人：张晋升
责任编辑：曾小利
责任校对：刘舜怡　黄晓佳　黄子聪
责任印制：周一丹　郑玉婷

出版发行：暨南大学出版社（511443）
电　　话：总编室（8620）37332601
营销部（8620）37332680　37332681　37332682　37332683
传　　真：（8620）37332660（办公室）　37332684（营销部）
网　　址：http://www.jnupress.com
排　　版：广州尚文数码科技有限公司
印　　刷：佛山市浩文彩色印刷有限公司
开　　本：787mm×960mm　1/16
印　　张：13
字　　数：250千
版　　次：2023年2月第1版
印　　次：2023年2月第1次
定　　价：59.80元

前　言

弹指一挥间，一届届硕士研究生走进相思湖畔的校园，与我相识。在学习过程特别是学位论文的写作过程当中，我与学生们交流探讨，从史料搜集，到旁征博引、推敲立论，获得的成长经验是人生的宝贵财富。如今将我们的习作结集付梓，也是为了纪念这段学习时光。

我国是海洋大国，加强海洋历史文化研究有助于服务国家战略。2017 年党的十九大提出“加快建设海洋强国”，事关经济发展和国家主权、安全、发展利益的维护。北部湾是中国西南地区的海上战略门户，直接与越南陆海相连，历朝历代经略北部湾并留存至今的海防文化理应得到重视。2018 年，我完成了桂西南地区伏波信仰的社会史研究工作，原来一直在做的岭南地区伏波信仰研究已经进入瓶颈期，如何拓展新的研究方向，此时的我面临诸多新挑战。边海防是国家安全的重要内容，2016 级的涂小棋和 2017 级的陈逸飞对边海防亦很感兴趣，并以此作为其学位论文的选题。

之前我所做的伏波信仰研究，有一个现象就是伏波信仰在北部湾边海防地区存续至今，涉及神灵崇拜与文化戍边问题，这使我慢慢转向边海防史研究。2018 年顺利完成了一项与广西边海防有关的横向课题，这极大地助力了我提交的“北部湾地区海防文化遗产调查与研究”课题获得国家社科基金西部项目立项资助。

转向北部湾地区的海防研究，面临着诸多新问题，我自己亦在不断的探索当中。《北部湾地区伏波信仰与文化戍边》一文关注以马援为主祀神的北部湾地区的伏波信仰与文化戍边的密切关联。马援平定岭南，巩固边防，为促进岭南地区经济和社会文化的发展做出了重要贡献。北部湾地区至今多有伏波庙，形成了独具特色的伏波信仰文化。随着社会的发展，伏波信仰成为一种文化遗产，而且出现复兴趋势，这是有着复杂的社会原因的。我们在正确引导的同时，也要结合边疆文化建设的需要，关注伏波信仰在文化戍边上的价值。

2016级的中国史硕士生涂小棋自入学以来即对边防史极感兴趣。他的研究表明，北部湾地区的地理形势与历史时期的海防经验对清廷开展北部湾地区海防建设产生了重要影响，中法战争是清代海防建设时期前期和后期的分水岭，行政建设与军事建设、陆路管控与海上巡防是清廷在北部湾地区海防体系建设的主要内容，行政官员海防职能属性增强、驻防地时空变化是陆上海防建设的主要特征，武官、营汛兵弁驻防地理的历时性变化体现了清前期北部湾地区营制改革过程中各营地的地位变化及地区海防价值的变动，而营制建设背景下的巡洋区域的变动与海防炮台体系的完善则是清廷海防建设中"海、陆一体化"战略部署的重要部分。清代北部湾地区海防建设的基本面貌是文、武相协，水、陆兼防，时空特点鲜明，反映了历史时期人地互动关系的变化。

2017级的中国史硕士生陈逸飞以其家乡海南岛的海防为研究主题，指出清代海南岛之海防，既作为广东沿岸地区的第一道屏障而存在，更是南部海疆联防的重要缀连区。清前期，海南岛上局势混乱，海防对象主要为带有明确政治目的的明朝残余势力和因灾所迫而为盗的沿海平民，防卫重心仅在于"防盗"，主要为陆地守军兼防。清中期，海南岛的海防对象为越南海上武装以及活跃在两广洋面的旗帮海上武装集团。为此，清政府与越南联合，进行跨区域、跨国的追捕，并且进一步发挥乡勇的效能，继续完善防御体系。清后期，面临着本土海盗的威胁以及列强环伺的内忧外患局面，清政府对原先两大水师辖区进行细分，最终形成了海口、儋州、崖州水师营"三点成面"的全岛分防体系。在张之洞的主导下，民间防卫与官方防卫都进一步加强，海南岛防卫逐步迈向近代化海防的大门。但随着政治局势的改变，清政府不断地裁撤军队，又让海南岛的海防力量重回捉襟见肘的时代。清代海南岛海防对象以外向性来源为主，且与岛上势力内外联合的趋势明显，具有鲜明的时代性；海防建设首先具有海陆防一体性，其次为以点带面的防御部署，其整体建设趋势由北向南转移。

《明清时期北部湾海防地名文化》一文由我与唐艺真同学共同完成，本文试图通过对明清时期北部湾地区海防地名的梳理，从地名文化溯源的角度对明清时期此地区海防治理进行更深入的研究。

在广西民族大学民族学与社会学学院的大力支持及中国南方与东南亚民族研究中心（广西高校人文社科重点研究基地）的大力资助下，本书得以顺利付梓，这是对我们最大的鼓励。因原作存在的问题尚多，虽做了大量校订工作，但行文当中或仍存在不当之处，希冀读者多多谅解。

作　者

2022年12月

目　录

北部湾地区伏波信仰与文化戍边[①]

滕兰花

历史上，曾有两位伏波将军在岭南地区建功立业，一位是平定南越国的西汉伏波将军路博德，一位是平定交趾二征之乱的东汉伏波将军马援。路博德和马援对岭南的社会发展可以说是功绩卓越，二人均入庙享祀，从而形成了伏波信仰，这充分说明了岭南人民对两位伏波将军的敬仰与追思。有趣的是，此二位伏波将军信仰分布范围各有侧重点，今广东境内的伏波庙多崇奉西汉伏波将军路博德，而广西的伏波庙多以马援为主祭神。

东汉时，交趾地区征侧、征贰姐妹起事，伏波将军马援奉命南征，不但平定了交趾地区，还为促进岭南地区经济和社会文化的发展做出了重要贡献，岭南的民众们不仅口耳相传马援南征之故事，还建了许多伏波庙以供奉马援。至今在他南征途经之地特别是北部湾地区还能看到其专庙——伏波庙，从而形成了这一地区独特的伏波信仰文化。在现代社会发展的背景下，伏波信仰经历了哪些变化，与当地社会历史是如何互动的，在现代边疆文化建设的大背景下，马援身上所体现的为国鞠躬尽瘁的忠诚，如何转化为现实的文化戍边资源，本文即据以上问题展开讨论。

一、从信俗到文化遗产的伏波信仰

（一）伏波信仰的文化属性

马援，字文渊，扶风茂陵人，十二岁时父逝，随兄长生活。马援少有大志，助光武帝刘秀灭隗嚣，授陇西太守，治理凉州六年，屡立功勋，大破诸羌；经营武威，遣返客民，修城置吏，劝民耕牧，广开恩信，诸羌纷降，陇右清净，

① 此文首刊于《海丝寻踪——华侨华人与海洋文化学术研讨会论文集》（中国华侨出版社，2018年）一书，现有增补。

拜虎贲中郎将。东汉建武十六年（40），交趾郡麋泠县雒将之女征侧嫁给朱鸢人诗索为妻。诗索因故被交趾太守苏定以法绳之，征侧忿而反叛。光武帝派伏波将军马援南征，平定交趾二征之乱。马援征交趾之事在《后汉书》中有专传。

马援南征，平定交趾二征之乱，并推行一系列恢复生产、稳定社会秩序的举措：健全政区设置，加强对岭南世居民族的管理；推行依故俗而治的政策；开拓交通；穿渠灌溉，兴修水利；立铜柱标汉界，留卒戍边。既维护了国家统一，巩固了边疆，又加强了中央与岭南地区的联系，促进了当地社会经济的发展，对岭南地区的发展有着深远的影响。马援死后被封为忠成侯。“忠成”两字是对马援最好的褒奖，也是日后士人歌咏的主题之一。

自汉代以下，岭南不少地区都有伏波庙。至清代时，广西境内祀马援的伏波庙共84所，东起梧州，西至田州，北起桂林，南至凭祥、龙州均有分布。现今，岭南地区还有祭祀马援的专庙——伏波庙，在一些庙宇或是宗祠里也有马援神位，集中分布在桂东地区和桂西南地区。

作为文化资源的民间信仰以其独特的影响力不断复兴，成为近十几年来一股不容忽视的文化风潮。民间信仰是否就是迷信？对此，学界早就有诸多讨论。宗教学泰斗牟钟鉴先生的观点对我们很有启发。他认为如果把信神与社会进步完全对立起来，把民间崇拜和祭祀神灵的活动一概指斥为封建迷信、愚昧落后、陈规陋习，必欲革除而后快，就势必伤及民众信仰自由和民间正常的精神生活，造成传统的断裂、信仰的空缺、文化的贫乏和道德的混乱。他认为民间信仰与迷信的区别在于是否有益于身心健康和社会进步，是否能丰富文化和美化生活。要把迷信界定严格限制在借鬼神之道骗钱害人、阻碍科学、妨害生产的范围之内，而不能任意扩大化。他还认为，如果神道真能设立教化，醇厚民风，充实生活，调节情感，不妨加以保留，然后通过改良的方式移风易俗，而无须大破大立。①

以北部湾伏波信仰为例，也曾在网上引起热烈讨论。北部湾地区的伏波信仰很兴盛，有众多的东汉伏波将军马援活动遗址，防城港市所辖地区更是伏波信仰盛行，伏波庙随处可见，各庙还有固定的庙会祭礼，而且有马留人“戍守边防，莫先褶黄”的英雄传说代代传承。

（二）伏波信仰的复兴

近几年来，防城港市正极力打造以“伏波文化”为内核的海洋文化名城。围绕“伏波文化”，由防城港市民间、政府及高校专家共同参与研究“伏波文

① 参见牟钟鉴：《宗教文艺民俗》，北京：中国社会科学出版社，2005年，自序。

化”，取得了重要成果，形成《伏波文化论文集》；防城港市本土文人学者，也创作了一批有关“马援南征”的民间传说等文学作品和画作。伏波将军马援南征暨平夷大夫安边守土文史研讨会于2006年3月在防城区举行。来自区内外的专家、学者和有关人士向研讨会提交了38篇学术论文。以这次研讨会为契机，北部湾地区伏波信仰越来越受到关注。在防城港市文化局发布的《中共防城港市委员会办公室、防城港市人民政府办公室关于印发〈防城港市2008—2010年文化发展规划纲要〉的通知》的第五部分“文化产业”里明确指出：要加大对白龙炮台、潭蓬古运河、杯爻墩（又名杯较山）遗址、效东村社山遗址、那良刘永福故居、防城谦受图书馆、马援伏波文化等文化遗址和文化资源的保护及开发利用工作，建设民族民间艺术之乡和民族民间文化生态保护区，加大旅游宣传力度，着力提升该市旅游业的知名度。

2010年10月26日至27日，防城港市举办了“首届北部湾海洋文化论坛”，除了研究海洋文化、发展海洋经济的“创海洋文化名城、助海洋产业发展——防城港市党政领导与院士专家交流座谈会”“浩瀚海洋、特色文明——北部湾海洋与历史文化专题报告会”以及“扬帆海湾、共创未来——环北部湾沿海六市海洋文化产业研究成果报告会”等三个专门论坛外，还特设“伏波静海、江山多娇——‘伏波文化’主题研讨会”，并出版论文集，所收的34篇论文除了对伏波将军马援历史功绩的研究、伏波信仰、伏波故事等主题外，有相当多的学者把目光放在伏波文化的开发上。

伏波文化已经成为防城港市众多文化名片的一个组成部分。2014年1月1日防城港市伏波文化园正式开放，文化园位于西湾海堤中段，由伏波文化园景观及伏波雕塑群两部分组成。伏波雕塑群设在伏波广场上，有一座高约25米的伏波将军策马扬鞭的雕塑，还有表现马援功绩的系列石雕（图1）。此外，还立有以黄万定、禤纯旺为代表的钦防地区“马留人”祖先雕刻群，在防城港仙人山公园的登山阶梯处还有马援射九口浪的浮雕。如今的伏波文化园已经成为该市的一个文化品牌。

伏波信仰得到关注，与国家的文化发展战略有关。历史文化资源对于确立一个地区或城市的特色文化品牌，提升文化品位，打造文化名片，提高知名度，促进文化与经济的和谐发展有着十分重要的意义。在这样的时代背景下，原本自发组织起来的各地伏波庙管理者们也在思考如何将庙宇的日常管理与文化遗产结合起来。2009年钦州康熙岭镇横山村伏波庙的游神活动中打着“伏波将军出游”的横幅，到2011年条幅的文字已经变成“热烈庆祝伏波文化节”，从原本单纯的游神活动变成传承民俗文化的节日，这本身就表明民俗活动在不断适应现代社会的发展。

图 1　广西防城港市伏波文化园掠影（笔者摄）

广西马氏宗亲联谊会自成立后，一直致力于马援遗址以及伏波文化的传承工作。他们以宗亲会的名义设立了“广西伏波文化遗址”名录，名录里有南宁市江西岸伏波庙和横县伏波庙、钦州市钦南区康熙岭伏波庙和乌雷伏波庙，并颁发“广西伏波文化遗址”牌匾。该联谊会还积极资助各地的伏波庙重修或是庙会举办。如来宾市兴宾区三五乡陶马马伏波庙、南宁市横县伏波庙、南宁市江西岸伏波庙等，均可见到该会捐款的碑记。马氏宗亲联谊会对伏波信仰的理解是把它当成一种文化遗产，认为伏波文化作为中华民族优秀传统文化的重要组成部分，必将成为全国人民共同发扬光大的精神财富之一。作为马援后裔的众多马氏宗亲以此为荣，倍加珍惜，并率先继承先祖的优良传统，自觉做伏波文化的传承者和传播者，十分重视并努力协调各级政府、相关部门对这些承载伏波文化的载体加强挖掘和保护。

二、文化保护口号下的伏波信仰复兴

（一）伏波庙会的复兴

伏波将军是边境的保护神，故而在边境多分布着伏波庙。随着时光的流逝，

当年金戈铁马的岁月已经不再，伏波信仰是否已渐渐退去其身上国家正统文化的内涵，回归到它最原本的保境佑民的神性当中呢？其实不然。

有学者认为中国古代官方和民间都对马援南征一事有着高度认同感，从而形成一种地方特色浓郁的文化现象——马援南征文化，呼吁整理和开发有关马援南征的人文史料，开发东汉历史文化旅游资源，宣传和弘扬“马援南征文化”，为三个文明建设服务。①

伏波信仰在岭南多获重建，特别是在广西，随着近年来人们对传统文化的关注，伏波信仰及其仪式越来越受到关注。每年农历四月十四日横州市乌蛮滩伏波庙的“伏波将军”诞日，这里要举行盛大的庙会，农历四月十二日至十四日的三天时间里，成千上万的群众从四面八方赶赴伏波庙，特别是渔家船民，都不辞辛劳赶来祭祀、礼拜，用进香、烧炮、对山歌、舞龙舞狮等方式表达对马援将军的崇敬之意和怀念之情，并祈求赐福。2007 年 6 月，广西公布了第一批区级非物质文化遗产名录，横县壮族伏波庙会入选。

2009 年 5 月 7 日（农历四月十三日），为进一步弘扬民间民俗文化，加强中越两国边境地区文化交流，打造民俗文化品牌，龙州县政府举办民俗文化节暨中越（龙州）边境山歌邀请赛，其活动内容为：由当地文化部门和民间自行组织伏波庙祭祀活动，包括群众拜祭伏波将军像、道公祭祀、舞龙舞狮、山歌对唱等；中越山歌邀请赛；中山公园竹竿舞表演；巫师、巫婆、天琴老艺人举行祭祀大典；自由山歌台；天琴表演歌台；龙州风味小吃展示；左江河畔放花灯。② 将伏波祭礼纳入民俗文化节，这既是传承伏波信仰，也是对伏波信仰的征用。

一些地方的群众自发捐资重修由于各种原因被毁的伏波庙。南宁市隆安县古潭乡马村的伏波庙曾经遭到破坏，后来经村民重修。庙里还供奉着伏波将军马援以及其他马氏祖先的灵位。另外，在隆安县南圩镇灵利村后的石马山，亦建有伏波将军纪念堂。两处伏波庙均为现代重修建筑。③ 目前，防城港市的东郊、石岭、鲤鱼江、红坎、滩营等地仍有一些小型的伏波庙，一些被破坏的伏波庙也纷纷重建，如横隘村、电河村的伏波庙等。另外，悬挂在东兴市罗浮洞伏波庙墙上的锦旗以及挂钟、鼓等物告诉我们，东郊村罗浮洞的伏波庙与上述

---

① 陈曼平：《从历代古诗文歌咏马援看“马援南征文化”的积极内涵》，《广西地方志》2006 年第 3 期，第 30 – 36 页。陈建斌：《伏波文化的现代价值研究》，《传承》2010 年第 10 期，第 162 – 163 页。

② 此材料系笔者于 2009 年 5 月 7 日参加伏波庙会时所获。

③ 蔡小珍：《初访伏波庙》，南宁新闻网，2013 年 4 月 25 日，http://www.nnnews.net/yaowen/p/526566.html。

那些伏波庙联系紧密。每年的东郊村伏波庙会，其他地方的伏波庙会组织都会派出代表前来参加。

广西本地的著名论坛“红豆社区”里，2008 年曾有网友提议在南宁重建伏波将军庙，此建议得到不少网友的赞同。南宁市江南区平西村亦于 2009 年重建伏波庙。此庙为一进一开间，内供伏波将军马援神像，并有陪祀神。庙门外有一《东汉名将马援及伏波庙简史》碑记，上面记载了 2009 年重建此庙的缘由。平西村伏波庙的重建，并不是来自上层文化精英的推动，而是村民的自发行为。平西村的百姓在叙述祖先来历时，均称是随狄青平侬智高起义时从山东白马县而来，战后留戍当地。对于这样的祖先故事叙述模式，“山东白马县人氏”之说在广西特别是桂南地区屡见不鲜。但他们没为狄青建庙，反而是为马援立庙，原因是什么呢？在碑文当中，作者对马援南征史实的叙述除了正史材料外，还有明显是根据自己的理解进行加工的内容。如马援与骆越人喝交杯酒以结好，马援获当地首领指点买薏苡仁以治瘴气等故事，即是明证。同时，对于凉菇的来历与马援从谅山带野菇种子回广西种植的说法，正史当中并未见任何记载，这里面有着明显的臆想成分。但是对于马援南征促进南宁文化大发展以致百姓建庙纪念马援的描述，我们认为这是一种对国家正统文化的自觉认同。伏波信仰已经上升到文化遗产的高度，得到村民的认可。

（二）伏波故事背后的历史记忆

钟敬文教授指出，传说大都跟神话和民间故事一样，是一种虚构性作品，并不是一种朴实的历史事实，但传说的产生都以一定的历史事实为依据，背后有着历史的真实作为基础。① 如果从正史的角度看，民间传说充满了时空错置与幻想的成分，但作为一种历史记忆的表现形式，它们的产生和流传蕴含着传说产生的社会背景、社会生活以及民众的观念心态等多方面的信息。马援南征的历史，不仅在各种主流文献当中得到颂扬，在民间的历史叙事与记忆中，也被民众以立庙、举行纪念活动等方式不断延续。民间力量在认同国家的历史过程中，也在用自己的地方性视野叙述历史，即用传说或祭祀的方式去表达他们对历史的一种记忆。

以钦州横山村伏波游神为例，2009 年正月十五，笔者第一次考察游神习俗时，看到游神队伍的横幅上写着“伏波将军出游”，笔者在现场拍摄时还受到了村民的围观与质问，怀疑笔者是来揭露封建迷信活动的新闻记者。2011 年正月十五，笔者再次到横山村观看伏波游神时，看到游神队伍的横幅已经变成了

① 钟敬文：《民间文艺谈薮》，长沙：湖南人民出版社，1981 年，第 186－194 页。

“热烈庆祝伏波文化节”，村民们也一改往日的防备之心，热情地向笔者介绍伏波游神的由来及大致过程。当笔者询问为什么现在叫伏波文化节时，村民们回答说：“现在都是要保护非物质文化遗产嘛，要文化开发，搞文化旅游嘛。”这样明显的态度反差，应能说明一些问题，至少当地民众已经明显意识到伏波信仰是一种文化遗产，而且这样的文化遗产基本上符合国家层面对非物质文化遗产保护的政策。

为此，在地方精英建构伏波文化节的努力下，伏波信仰得到复兴，亦得到了当地政府的认同，前文所介绍的防城港市打造的伏波文化就是典型代表。防城马留人的禤氏宗祠几百年来香火不断，禤氏族人呼吁将旧祠改建为伏波将军马援纪念堂，理由有三：可以教育后人，证明马援文化悠久的文明特征，维系中华文化千年血脉；可以突出本地历史亮点，体现马援文化对防城地域根深蒂固的影响；还可以与平夷大夫墓、祠以及天威遥古运河、其他伏波庙一起组成马援历史文化旅游线路，为经济发展服务。

另外，广西马氏宗亲联谊会在成立一周年纪念大会上公开发表了《广西伏波文化研究建设倡议书》，颇能说明如今的马留人对自我身份认同以及对伏波信仰的态度。在这份倡议书中，广西马氏宗亲联谊会明确提出，要把伏波文化和旅游开发结合起来，把马援征战过的遗址开发为旅游景点，既带动经济发展，又可有效推进伏波文化的研究与宣传。结合当代互联网、影视等媒体手段，撰写传记小说、影视剧本，加强伏波文化的宣传推广。这种规划实际上就是把伏波信仰当成文化遗产，是在文化保护旗帜下对马援功绩的肯定，并借此来树立文化品牌。这种做法在现代社会里是最常见的，如 2012 年凭祥市举全市之力开展的“旅游建设年”，决心利用凭祥丰富的旅游资源，以“友谊关景区”为轴心，将边关历史、军事、民俗文化特色融为一体，优化整合旅游资源，推进友谊关景区、大连城景区、班夫人纪念公园、夏石板小青龙泉生态旅游景区等旅游项目开发。在“旅游建设年”，充分挖掘凭祥的历史文化内涵以及历史文化资源成为旅游建设的前提和基础。友谊关景区以及大连城景区，包括伏波山上的伏波庙、白马山下的班夫人坟均是凭祥市不可多得的宝贵历史文化资源，它们都记录了广西各族人民众志成城维护国家边疆安全的动人事迹，与爱国主义教育、历史军事旅游的主题相契合。

三、伏波信仰与文化戍边

（一）伏波信仰的文化戍边价值

说起文化戍边这个观点，要从新疆生产建设兵团说起。新疆生产建设兵团党委宣传部王运华副部长在《贯彻“十六大”精神　推进文化戍边工程》[①]一文中全面分析了兵团在新形势下文化戍边的现实意义和可能，讨论了文化戍边的基本内容。其后，又发表《论文化戍边的实践价值》[②]一文，对“文化戍边论”作了进一步阐述。此后，文化戍边观引发了学界热议。目前绝大多数学者都认同文化具有戍边的功能，现有的半数研究成果是结合新疆生产建设兵团的戍边文化展开讨论的，不过，也有一些研究成果已经不再局限于兵团文化的讨论了。徐黎丽和杨朝晖撰文认为，现代国家安全中的非传统安全因素越来越影响到边疆社会的发展，文化戍边其实就是在全球化背景下以文化保卫边疆安全、发挥文化的非传统功能的一种方式。要通过发展边疆多元文化实现文化治边、守边和固边的目标。边疆不同界别、职业和族群在长期守边过程中从不同层次的文化因素升华的价值、理想和信念是文化戍边的灵魂。[③]随后，《文化何以戍边?》一文明确指出，中国古代的治边措施，如羁縻之治、土官土司治策、改土归流、和亲、盟誓、纳质、教化、互市、屯田等，都是文化戍边的具体表现。[④]李红兵《从国家文化安全的高度认识文化戍边的现实意义》一文站在国家文化安全的角度分析了西方国家的文化战略及对我国的威胁情况，指出文化戍边关系到国家核心利益，是国家文化安全战略的重要组成部分。[⑤]

治边，不仅是政治、经济力量的综合运用，还应依托文化的力量。方铁等的研究表明，古代中原王朝治理边疆施用的文化软实力是中原王朝综合实力的一部分。治边文化软实力的基础是“夷夏有别”观与“用夏变夷”观。治边文化软实力的内容，主要是彰显中原王朝的文化、实力和制度，施用目标是实现“守在四夷”。治边文化软实力的载体是封贡制度，传播的机制是文化传播。[⑥]

北部湾地区伏波信仰是一笔很重要的文化财富，也是文化戍边的资源。这种文化戍边行为到了民国时期就被有识之士发扬光大。1933 年 7 月广西省政府民政厅厅长雷殷到广西边境各县巡视，所到之处多有伏波庙，他对马援的功绩颇为景仰，在凭祥关前隘伏波庙前目睹庙貌倾败的景况，对苏元春为树立戍边榜样而特建此庙的良苦用心大为感慨。当时东北早已被日军侵占，日军进逼华

---

① 王运华:《贯彻“十六大”精神　推进文化戍边工程》,《石河子大学学报（哲学社会科学版)》2003 年第 1 期，第 1 -5 页。

② 王运华:《论文化戍边的实践价值》,《兵团建设》2004 年第 11 期，第 27 -31 页。

③ 徐黎丽、杨朝晖:《论文化戍边》,《新疆社会科学》2013 年第 4 期，第 119 页。

④ 徐黎丽、宗晓丽:《文化何以戍边?》,《西北民族研究》2015 年第 2 期，第 127 页。

⑤ 李红兵:《从国家文化安全的高度认识文化戍边的现实意义》,《福建党史月刊》2010 年第 8 期，第 53 -56 页。

⑥ 方铁、黄禾雨:《论中原王朝治边的文化软实力》,《中国边疆史地研究》2013 年第 2 期，第 19 页。

北，国难当头。而广西地处南疆，属国防要地，为此，雷殷认为要“诘戎筹边，巩固吾圉”，就得先激扬士气，提振民族精神，而北部湾地区刚好有一个极好的激扬士气的榜样——东汉伏波将军马援平定交趾二征之乱，立铜柱表汉界，让岭南地区重归安定，岭南甚至远至越南河内均有纪念马援的专祠，可见“威德之感人深矣”。为此，雷殷专门写了一份请示，申请为凭祥县募修伏波庙：“关前隘咫尺越疆，墟集繁凑，外宾往来汽车，相接为道。为对外观瞻，以表示我国崇拜民族英雄之热烈心理，及振作边地人民，发扬其民族精神起见，似于重修该处伏波古祠，不无重大关系。”① 原籍广西邕宁的雷殷（1886—1972 年）并非普通官员，他 1907 年加入同盟会，1909 年在广西法政学堂就读，辛亥革命爆发后，力促广西独立，当选广西临时省议会议员，因参与讨袁而被通缉，避难日本时就读东京法政大学。回国后投身政界，1917 年成为国会参议员。1928 年任哈尔滨法政大学校长，东北沦陷后回到广西，1933—1939 年任广西省政府委员、广西民政厅厅长。雷殷作为一名受过高等教育并有海外留学经历的知识分子和政府高官，是新桂系集团的中坚人物。他以厅长一职特地为凭祥县募修伏波庙，作为一名政治家和教育家，他似乎不需为这种民间庙宇的修建大张旗鼓，但是他做了，可见他深知马援在守边动员时所具有的激励作用，重建伏波庙是为了实现文化戍边之功。

伏波将军马援卫国守边的文化价值，雷殷是深谙的，他巡视桂西南边防时在凭祥听到了班夫人捐粮助马援交趾平叛的故事，便亲自去拜谒班夫人墓。他也专门写了一份呈文，请求财政厅拨款助修凭祥县班夫人庙。在呈文当中，他用了“漆女忧鲁”和“木兰从军”两个典故去赞扬班夫人的爱国情怀。班夫人虽然没有像花木兰那样亲上战场建功立业，但捐粮助军平叛，其业绩也相当大。为此，雷殷认为班夫人堪称女英雄，在国难日迫、民气消沉的时局下，募修班夫人庙有助于重振士气、振奋人心。雷殷身居桂系当局的高位，能关注到伏波将军马援、班夫人这两位在北部湾地区的民间神灵所具备的榜样激励作用，为他们重建庙宇，实际上就是借此来进行文化教化，达到文化戍边之功。

如上文所分析的那样，光绪十八年（1892）时任广西提督的马盛治在凭祥伏波岭新建伏波庙，是希望借伏波将军马援的神威实现“保障边圉，使侯之神灵永奠斯土”。他在隘口圩新建伏波庙除了缅怀马援南征的功绩外，还希望能借修庙来祈求伏波将军在天之灵庇佑其实现守边固边之愿。马盛治也深知祈福庇佑只是一种精神慰藉，守边还是得靠军民同心协力，故他也坦言“所愿居是地

① 《本府据民政厅呈请饬凭祥县募修马伏波庙一案转饬财政厅查照办理训令》，民国《广西公报》，1933 年 7 月 21 日，第 24 页。

者，知神之福厥斯民，长思维持祀庙，不懈岁修”。马盛治为新建的凭祥隘口村伏波庙亲撰门联中有“此处是边防重镇，建新庙宇，愿借将军铜柱，威行关塞慑乌蛮”，充分表明修庙行为实际上是借信仰之力来实现守边固边，也就是本节所讨论的文化戍边行为。

（二）现代社会里的伏波信仰与文化戍边

现代守边需要进行文化建设，需要充分发挥文化软实力的作用，才能实现文化戍边之目标。文化戍边的始推区域在广西。1990 年，广西从钦州开始试验与探索构建千里边境文化长廊之路，即通过“馆、站、室、户、点”串联，建成较大密度的文化中心、文化站、文化室、文化户四级文化网点，形成“点连成线、线连成片、社会共建、全面开花”的边境地区群众文化态势。[①] 文化长廊的建设初衷是提升边境地区人民群众的文化知识水平，促进经济发展。但是从国家文化安全的角度来看，这倒是极好的文化戍边的做法。

1990 年广西文化厅在中越千里边境拉开“边境文化长廊”建设序幕。当年 6 月，文化部等有关部委组织联合调研组深入边境七县市考察，对当地的文化长廊建设给予了热情支持和肯定。1992 年 6 月，文化部在广西召开全国农村文化工作会议，正式提出推广广西经验，在全国沿边九个省区的陆路边境建设“万里边境文化长廊”。1992 年 9 月 25 日，边境文化长廊建设被明确写入广西政府工作规划当中。《广西壮族自治区文化长廊建设规划》（桂政发〔1992〕72 号）明确提出要重点构建十条具有一定规模、各具特色和优势的文化长廊。其中第一条就是全长 1 016 公里的中越边境文化长廊，以体现爱国主义传统和国防教育文化特色、军民共建文化特色、文物景点旅游文化特色、边关民族风情文化特色、边贸经济文化特色，促进对外开放和周边国家的睦邻友好，发挥在全国万里文化长廊建设中的龙头作用。第八条文化长廊是全长 180 公里的桂西南文化长廊。经过两年多的建设，1994 年，经国务院批准，“万里边境文化长廊”正式更名为“万里边疆文化长廊”，成为一项兴边富民、展示国貌、增强国力、睦邻友好的边疆地区基层文化建设工程。[②]

2012 年 5 月 11 日笔者在凭祥市考察班夫人墓，见班夫人墓旁边的凭祥一中教工楼下贴有一张落款为凭祥市人民政府的公告，写着：“根据我市重点项目建设要求，将在原凭祥市第一中学校园内建设班夫人纪念公园，需征收该区域内国有土地上的住宅房屋。”公告后附有《凭祥市班夫人纪念公园建设项目房屋征

---

① 杨越：《广西构建边境文化长廊》，《瞭望》1992 年第 27 期，第 30－31 页。

② 《一项利国利民、兴边戍边的跨世纪文化建设工程》，《中国文化报》，2002 年 9 月 26 日，第一版。

收补偿方案（征求意见稿）》全文，公告落款时间为2012年5月2日。2013年4月8日凭祥市人民政府网发布的《凭祥市行政新区城市设计》中有班夫人纪念公园旅游规划设计，计划在原凭祥一中校内以及白马山建设占地面积为20公顷的班夫人纪念公园，其规划设计目标是“通过深度挖掘有关班夫人的方志记载和民间传说，将班夫人纪念公园景区建设成为展示百越先民义助伏波、护国安边、彰显国家认同和民族团结光辉精神的爱国主义教育基地、广西最大的开展民俗活动的班夫人纪念公园、4A级景区，成为凭祥市民休闲游憩的城市公园”。[①] 可见，班夫人的传说已经从模糊走向定型，而且从清代至现代，根据各种需要，不断被赋予新的文化价值。如今政府将班夫人墓建设成为纪念公园，目的不仅仅是开展爱国主义教育，笔者认为这其中还含有借班夫人的故事来追忆马援南征以及边民拥军的文化戍边隐喻。

在桂南北部湾钦防地区，马援的文化戍边价值不断被提及。钦州乌雷一带有这么一句古话：不怕乌雷人，只怕乌雷神。据说在1949年以前，伏波庙前面有许多大石块，形如驻守的士兵，那些想攻打中国的越南兵看到了都以为是伏波将军带领天兵天将下凡，驻守在伏波庙，于是慌忙撤退不敢再来攻打中国。[②]笔者猜测这应该是受现代战争的历史记忆影响，边民们将东汉马援南征的历史与现代联系起来加以改编的一种叙事方式。

二十世纪七十年代末至八十年代中越关系紧张，伏波将军马援作为保疆卫国的民族英雄，成为国家意识在地方的体现。受那段特别的历史记忆影响，伏波神再次成为百姓心中无所不能的神。笔者于2010年春节采访了东兴市七星社区的邹主任，他讲述了自己亲身经历的一件事：“1984年4月3日，当时我是前线指挥。由于当时的大炮拉去援助那良，我们只能躲到防空洞里。我记忆犹新的是，当地百姓一齐问我，伏波将军怎么还不来。”从这个例子当中我们可以看出在战争年代，伏波将军作为保卫边疆的国家守护神形象跃然纸上，也可以看出当地人对伏波将军的崇敬以及对其作为保卫边疆民族英雄的认同。

笔者于2009年正月初六在东兴市罗浮峒东郊村伏波庙考察时，见祭文一篇，其中是这样歌颂马援的：

> 马援尊主，伏波将军浩气存；文渊伏蛮，卫国安境英名扬。马革裹尸，英雄业绩垂千古；和绥百越，边陲百姓注衷肠。国泰民安，个个戴德兴诸

① 《凭祥市行政新区城市设计》，凭祥市人民政府网，http://www.pxszf.gov.cn/jjpx/fzpx/pxjji/t1920663.shtml。

② 钟柳群：《伏波祭祀圈中的村际关系——以钦州市乌雷村与三娘湾两村为例》，广西民族大学硕士学位论文，2009年。

业；长普和谐，人人感恩同瞻仰。立庙祀奉，忠勇浩气立楷模；设坛敬拜，爱国精神世弘扬。百姓恭参，诚祈福佑家眷；万民敬祀，盼望康乐永馨香。士官礼遇，励志为民种福田；军人敬仰，功精武强护华疆。文人恭惟，书文著章颂英魂；学者揖拜，锐心创意育忠良。少壮鞠躬，诚学精神立支柱；老人礼谢，康宁受福怀典经。国人共祀，禀华夏古色古香；华侨同敬，骄扬中华古今强。盛开庙会，同彰神明遂民意；鸿设祭典，共参圣贤布祯祥。

在祭文当中，明确把马援定位为民族英雄，建庙祭祀是为了缅怀他的爱国精神。祭文的作者韦臣，是当地小有名气的文化人。在笔者与他的访谈当中，他不断强调马援的护国守边的功绩。有意思的是，他在祭文当中，将信众按职业来分类描述拜神的目的，表达了他对不同职业的信众的期望，特别指出希望军人来祭拜后能以马援为榜样保家卫国、守护边疆安定。这应该是一种文化戍边的隐喻。笔者于 2011 年 11 月 14 日在东兴市罗浮峒东郊村伏波庙考察时，获得一份 2011 年 10 月 8 日起草的《致关心东兴市东郊罗浮峒伏波庙各界人士的公开信》，该文较详细地说明了该庙的历史及建庙的缘由：

该庙自明朝以来重建多次，是为了纪念东汉伏波将军马援平乱靖边的功绩而建。马援将军是民族英雄，是安边定国的功臣和传授中华文化的武圣先贤，其生前慨言“男儿要当死于边野，以马革裹尸还葬耳”的爱国精神与谦虚敦厚的思想情怀，二千年来，一直受到人们的敬仰。在马援将军南征途经的中国岭南沿海地域，甚至越南的一些地区，人们为其建立庙堂（伏波庙）加以供奉，一直香火鼎盛，长燃不衰，进而积淀了丰富多彩的伏波文化，包括历史文化、宗教信仰、思想道德和民风民俗，有很高的开发利用价值。

然而，由于该庙修建远早，年久失修，至今已木松墙裂，风雨飘摇，朝不保夕，危危欲坠，修缮工作已迫在眉睫，刻不容缓。重新修缮伏波将军庙，是对马援的祭祀，是对他在维护国家统一、边疆稳定方面的历史功绩给予充分肯定，也有利于周边群众和广大信士对马援将军神像的供奉，意义非常重大。

此公开信应该出自地方文化精英之手。信中强调马援是民族英雄，是安边定国的功臣，修缮伏波庙是对马援维护国家统一、边疆稳定历史功绩的肯定。

在利用伏波信仰进行文化戍边之时，我们也应该注意把握一些原则。有学者指出，“以什么样的价值观戍边是戍边成功与否的关键。……兼容并蓄、和平

开放的价值观……不仅是西北跨国民族在不同国家生存与发展的现实需要，也是各国戍边的精神指导。以这种价值观作为各国戍边的指导思想，那么‘边疆’自然充当了各国不同民族文化交流与合作的场域，为促进不同文化间的吸收与融合及边疆在互动平衡发展的多样文化环境中保持安全发展提供了必要支撑”①。笔者非常赞同这种观点，即应该在兼容并包、和平发展的理念下利用伏波文化建设桂西南的文化边墙，保障国家文化安全。“万里边疆文化长廊”的建设也要围绕着兴边富民、展示国貌、增强国力、睦邻友好的主旨展开，为此，从文化的角度去考察伏波信仰，“尚武从戎、舍身疆场的爱国精神，匡扶社稷、忧国恤民的民本精神，苦学上进、自立自强的奋斗精神，勤俭持家、清正为官的廉洁精神，扶贫济困、急公好义的仁爱精神”② 是伏波文化的精神内涵。马援所具有的忠于国家、老当益壮、马革裹尸、死而后已的精神本身就是无国界的，是值得敬仰的，他为安定南部边疆社会秩序所做的功绩是值得歌颂的，也是文化戍边所追求的精神，应该成为文化戍边的好素材。

不论是东兴市还是防城港市要打造伏波文化名片，不论是横县伏波庙壮族山歌庙会，还是龙州县、凭祥市借伏波庙会搭建中越边境文化大舞台，不论是南宁市平西村自建伏波庙，还是关于柳江县伏波庙重建的请示，都是人们对伏波信仰的重新认识以及利用，也是对伏波文化软实力的利用。在现代社会民间信仰重兴的时代背景下，不少地区重建伏波庙之风盛行，我们不必去限制、制止，而应该积极肯定和扶持，以引导信众树立起国家意识，这样的培养对于国家安全来说是极为有利的。国家安全不仅包括军事安全，还包括经济安全、信息安全以及文化安全等。对于文化安全而言，民间信仰当中的爱国成分尤应肯定和弘扬，而且它不仅是彰显中华文化软实力的组成部分，还是极好的文化戍边素材。

---

① 徐黎丽、唐淑娴：《论西北跨国民族文化体系的戍边作用》，《思想战线》2014 年第 4 期，第 43 页。

② 杨佰升：《发掘传统文化瑰宝，建造现代精神家园——关于防城港市传承和发展伏波文化的思考》，卢岩主编：《伏波文化论文集》，南宁：广西人民出版社，2010 年，第 199 页。

清代北部湾地区海防研究

涂小棋*

一、绪论

（一）研究缘起及意义

21 世纪以来，国际形势日益复杂，我国海洋安全形势日益严峻。习近平总书记在第五次全国边海防工作会议上强调“要坚持把国家主权和安全放在第一位，贯彻总体国家安全观，周密组织边境管控和海上维权行动，坚决维护领土主权和海洋权益，筑牢边海防铜墙铁壁”①。海防作为国防建设的一部分，与国家安全和核心利益休戚相关，海防相关议题的研究不容忽视。

北部湾，南与中国南海相交，北接广西，东与广东和海南相连，西临越南，海岸线曲折，港湾水道众多，自然资源丰富，具有重要的经济价值与战略价值。在历史时期，我国对北部湾的经营已经积累了相当丰富的经验。清廷在北部湾地区的海防活动主要以北部湾地区地理形势为依托，以水上与陆上为布防阵地，形成了军、政相配合，水、陆并重的具有历时性特点的清代北部湾地区海防体系，影响了有清一代北部湾地区海防安全，值得深入研究。

本文试图揭示清代北部湾地区海防建设的基本面貌，重点从军、政两个角度入手，探索北部湾地区军、政部署的动态过程，剖析其内在原因。研究主要立足于历史地理学，并结合多学科方法，采用长时段、整体史的思路，从时、空两个线索出发，侧重从军、政两个方面，对清代北部湾地区海防建设进行深入分析，以更清晰地将清代北部湾海防动态发展展现出来，以厘清北部湾海防

---

* 涂小棋，陕西人，广西民族大学民族学与社会学学院 2016 级中国史硕士研究生，现任职于重庆市潼南区古溪中学。

① 习近平：《强化忧患意识使命意识大局意识　努力建设强大稳固的现代边海防》，《人民日报》，2014 年 6 月 28 日，第 001 版。

的历史面貌和演变脉络、战略布局、内在特质、历史性特点，以期能深化北部湾地区海防的历史认识，从中汲取历史经验与教训，为北部湾海防建设和维护我国海防安全提供历史借鉴。

（二）相关概念界定

为了便于研究，先要做好相关概念的界定。

本文所研究的时段是清代，即自1644年清军入关、朱明王朝覆灭为起点至1912年清帝逊位为终止，国祚承享近三百年。清军入主中原后，加快了统一全国的步伐，至顺治七年（1650）清军克定广州城为标志，清廷在与前明反清势力以及地方反清势力争夺北部湾地区实际控制权中逐渐占据优势，最后完全掌控了北部湾地区，并在积极汲取明朝北部湾地区海防建设策略的基础上，不断地加强北部湾地区的海防建设，形成了具有历时性特点的清代北部湾地区海防体系。乾嘉以后，内忧外患加剧，为了应对北部湾地区所面临的海防威胁，清廷对承袭百余年的北部湾地区海防体系重新进行了调整。基于此，本文将清代北部湾地区海防经略时间划分为清前、后期两个主要时期。前期即顺治元年（1644）至嘉庆、道光之际，后期为道光朝至宣统朝的终结。此二期的划分，在时间上有一定的继起性，并且保证了长时段视角下清代北部湾地区海防体系建设的完整性。

在空间界定上，北部湾作为我国南海西北部海隅，与我国广西沿海、雷州半岛以及海南岛毗连。本文讨论的北部湾地区，主要指桂南沿海地区、雷州半岛西海岸以及琼州以北。在政区管辖权方面，清代北部湾地区主要有廉州府和雷州府这两个政区。

何为“海防”，学界众说纷纭。目前来看主要分歧在于对海防对象的解读，分为狭义与广义两种，即“狭义的海防指与海洋相关的军事行动，也即海上（包括海岸）防卫与作战。广义的海防，特别是现代的海防，除了继续保留军事内涵以外，更加倾向于行政管理功能发挥上面”①。有学者认为，“现代意义上的海防，应该是指在海域内外一切军事、非军事活动的统称”②。有部分学者从海防对象出发，从对内镇压与对外防御或两者兼有的角度来界定海防概念。

本文研究对象为清代北部湾地区海防，结合相关历史背景，认为在清代对北部湾地区海防经营过程中，包括了对内镇压以及对外防御的两种历史环境，若是将二者作对立看待，则有以今非古之嫌，因此本文主要采纳广义海防的观

---

① 《广东海防史》编委会：《广东海防史》，广州：中山大学出版社，2010年，第18页。

② 高新生：《海防起源以及海防概念研究评述》，《中国海洋大学学报（社会科学版）》2010年第2期，第22－28页。

点，即清代北部湾地区海防建设兼有对内镇压以及对外防御两种海防措施，不仅重视以往海防活动中的军事活动，还加大了对行政管理（非军事）为主的海防建设活动的重视。

（三）学术史回顾

清代海防建设是我国海防建设的重要阶段，清代学者对海防的研究也取得了丰富成果，不仅有大量论述海防建设、海防危机的文章、奏稿以及私人文集等，还有丰富的舆图资料，为今人开展清代海防研究提供了重要材料。到了民国时期虽然也出现了一些有关清代海防研究的著述，[①] 但更多是对民国海防建设现实状况的书写，较少涉及对清代海防研究的内容。

近三十年来，随着国际海洋利益的争夺日趋严峻，我国海防研究开始形成规模，清代海防的研究也成为学术界关注的热点问题之一，并产生了丰硕的成果。学者们也进行了相关学术史的梳理工作，如高新生[②]，谢茂发、李京波[③]，祝太文[④]等。目前关于清代海防的研究成果已经相当可观，而关于地方性海防的研究数量也呈明显上升趋势。与本研究相关的广东地区海防研究，也颇具规模，其中鲁延召就对此做了详细的回顾，对当前有关广东海防建设研究成果做出了积极的评价，并指出了目前广东地区海防研究的成果以及不足之处。[⑤] 基于此，笔者在对诸多学术性论著的研读和参考的基础上，结合本文所研究的主体，对近三十年来的清代北部湾地区海防研究相关的、重要的成果进行简要梳理。

1. 清代海防通史性研究

清代海防史研究重要成果主要以杨金森、范中义的《中国海防史》[⑥] 为代表，该书详细论述了我国清代海防建设历史，内容包括海防形势、海防战略等诸多方面，是一部从宏观角度整体反映我国清代海防建设的重要论著。此外还有对近代海防战争史内容进行分析的著作[⑦]，亦有描述并分析清代海防发展情况

---

① 刘熊祥：《清季四十年外交与海防》，重庆：三友书店，1933 年；方杨：《经济海防》，东京：致知社出版部，1935 年。

② 高新生：《中国海防史研究述评》，《军事历史研究》2005 年第 4 期，第 176 – 185 页。

③ 谢茂发、李京波：《近三十年来国内晚清海防思想研究综述》，《东方论坛》2011 年第 5 期，第 122 – 127 页。

④ 祝太文：《明清海防史研究综述》，《理论观察》2016 年第 4 期，第 62 – 67 页。

⑤ 鲁延召：《明清伶仃洋区域海防地理研究》，北京：人民日报出版社，2014 年，第 3 – 7 页。

⑥ 杨金森、范中义：《中国海防史》，北京：海洋出版社，2007 年。

⑦ 鲍中行：《中国海防的反思——近代帝国主义从海上入侵史》，北京：国防大学出版社，1990 年。

的概述性文章[①]。区域性质的海防研究成果如《福建海防史》[②]，以历史发展为线索对历史时期福建海防建设相关方面进行了系统介绍。许毓良在对清代台湾海防相关内容的分析中，将台湾海防置于清代整个东南海防背景中进行讨论，对清代台湾海防特质进行探索，堪称从整体把握地区海防研究的典范之作。[③]《广东海防史》[④] 第六章至第八章中，对清朝前期的广东海防以及洋务运动与广东海防近代化进行了系统的阐述，亦涉及北部湾地区的海防问题。

2. 专题性海防研究

专题性的海防研究成果很多，主要分为海防地理研究、海防制度研究、海防建设研究、海防思想研究以及海防战争研究等方面。

（1）关于海防地理的研究，成果不少。方堃等通过对晚清浙江海防战略地位弱化的原因进行探析，认为晚清浙江海防战略地位的弱化折射了晚清海防的本质及其走向。[⑤] 卢建一以东南海防体系为背景对清代防务体系的发展进行探究，认为清代东南海防体系进一步加强，水师营制也更加完善。[⑥] 王宏斌将晚清海防地理学著述分为起点、发展、形成三个阶段，并系统、全面地对这些著述进行解读、评述，对我们了解晚清海防地理学发展状况及其价值意义具有重要启示。[⑦] 郭声波、鲁延召对清代广东珠江口巡检司的部署情况进行了分析[⑧]，对本文的写作很有启发。鲁延召对明清海防地理的相关探讨，尤其重视从海防地理视角，对伶仃洋沿海地理形势、军事部署、海防时空演变等内容进行较为全面的探讨，比较清晰地勾勒出了清代伶仃洋海防空间体系[⑨]。此书对本文部分内容的写作具有重要参考价值。

（2）海防制度研究方面，张建雄对清前期海防体制建设中的军队、海防战船、海防工事、海防军器、海防对象以及影响海防建设因素进行了分析。[⑩] 陶道

---

① 史明星：《中国历代海防发展概览》，《军事史研究》1992 年第 4 期，第 103－112 页。

② 驻闽海军军事编纂室：《福建海防史》，厦门：厦门大学出版社，1990 年。

③ 许毓良：《清代台湾的海防》，北京：社会科学文献出版社，2003 年。

④ 《广东海防史》编委会：《广东海防史》，广州：中山大学出版社，2010 年。

⑤ 方堃、张炜：《晚清浙江海防战略地位的弱化及原因透视》，《历史档案》1996 年第 1 期，第 109－115 页。

⑥ 卢建一：《从明清东南海防体系发展看防务体系重心南移》，《东南学术》2002 年第 1 期，第 29－33 页。

⑦ 王宏斌：《晚清海防地理学发展史》，北京：中国社会科学出版社，2012 年。

⑧ 郭声波、鲁延召：《明清珠江口东岸海防部署中的巡检司》，《暨南学报（哲学社会科学）》2013 年第 35 辑。

⑨ 鲁延召：《明清伶仃洋区域海防地理研究》，北京：人民日报出版社，2014 年。

⑩ 张建雄：《清代前期的广东海防体制研究》，广州：广东人民出版社，2012 年。

强认为广东东、中、西三路海防战略的划分以及广东高层的军事布防体系，体现了清代以文制武的海防布防架构①。廖玉原在对浙江海防研究的相关问题上，认为巡洋会哨、海禁、保甲与此相对应的海岛、海口、堂奥共同构成了清代前期的浙江海防制度。② 此外，关于清代海防制度的内容的探讨很多，兹不赘述。

（3）海防建设的研究，海军建设、海防炮台建设等内容是其主要内容。如在海军建设方面，戚其章对晚清海军兴衰史进行了介绍，并从多个方面对其失败的原因进行了分析，认为海军建设失败根本上是清统治者本身所致。③ 王家检对洋员参与北洋海军建设等史实进行了论述及分析，并对李鸿章聘用洋员参与北洋海军建设予以客观评价④。相关诸多话题的探讨，多将空间范围限于东南沿海一带⑤，与本文相关度不高，在此不做陈述。学界对海防炮台的研究也有很多成果，如王朝彬对清时期我国的大部沿海炮台遗址进行了汇总，并对其保存状况进行了简要介绍。⑥ 张建雄对鸦片战争阶段我国沿海炮台技术进行了概述与分析，并将中、西火炮技术进行对比分析。⑦ 其他此类相关问题的探究⑧不一而足。

（4）在海防思想方面，军事学术研究所编著的《中国海防思想史》⑨ 以及刘中民⑩ 对海防思想的探讨堪称代表作。此外，王宏斌对清代海防思想相关问题的探讨亦有突出贡献，其著述共分为两部，前者涉及清代海防地理、海防制度等诸多内容，注重清前期的海防地理认识、海防制度以及禁海思想等内容，系统地反映了清代海防的整体情况。后者则是对清代的海防相关问题的进一步深化，涉及清代不同时期海防思想、海防体系等内容的分析，尤其重视清代海防思想的演变与发展以及晚清海防建设中的历史借鉴意义。⑪ 其他海防思想研究

---

① 陶道强：《清代前期广东海防研究》，暨南大学硕士学位论文，2003 年。

② 廖玉原：《清前期的浙江海防制度》，《黑龙江史志》2014 年第 5 期，第 52 –53 页。

③ 戚其章：《晚清海军兴衰的历史启示》，《清史研究》1997 年第 4 期，第 67 –77 页。

④ 王家检：《洋员与北洋海军建设》，天津：天津古籍出版社，2004 年。

⑤ 戚海莹：《北洋海军与晚清海防建设　丁汝昌与北洋海军》，济南：齐鲁书社，2012 年；赵红：《晚清山东海防研究》，山东师范大学硕士学位论文，2004 年；李慧、杨玉璟：《清代大连湾海防建设研究》，《大连近代史研究》2014 年第 5 期，第 22 –31 页；刘耀：《晚清台湾海防建设研究》，武汉大学博士学位论文，2014 年。

⑥ 王朝彬：《中国海疆炮台志》，济南：山东画报出版社，2008 年。

⑦ 张建雄：《鸦片战争时期清朝海防炮台的技术研究》，《岭南文史》2010 年第 4 期，第 15 –21 页。

⑧ 冯磊：《清代浙江海防炮台研究》，河北师范大学硕士学位论文，2015 年；杨松：《晚清江苏海防炮台研究》，河北师范大学硕士学位论文，2016 年。

⑨ 军事学术研究所：《中国海防思想史》，北京：海潮出版社，1995 年。

⑩ 刘中民：《中国近代海防思想史论》，北京：中国海洋大学出版社，2006 年。

⑪ 王宏斌：《清代前期：海防思想与制度》，北京：社会科学文献出版社，2002 年；王宏斌：《晚清海防思想与制度研究》，北京：商务印书馆，2005 年。

者如张一文①、周益锋②等，主要以晚清时期为背景。

（5）海防战争的研究成果很丰富，除了集中关注于晚清中外海防战争的论述外，海盗、海患也是研究内容之一。围绕鸦片战争的海防战争书写，以牟安世③、戴逸④、季子平⑤以及茅海建⑥等最受瞩目，他们围绕海防战争进行了研究，并提出了各自的见解。在清季海患问题的研究上，比较值得一提的是海盗问题，如李金明⑦、刘平⑧分别从嘉庆海盗具体历史现象入手，对地区性海盗现象进行了分析。在华南沿海地区的海防问题研究上，曾小全用力颇多，他在对清代广东海盗相关问题的论述中，综合分析了影响广东海防建设的沿海海防形势、政府海防措施等诸多要素。⑨ 王一娜认为广东士绅权力机构逐步成为广东民间海防力量的核心，弥补了学界对民间海防研究的不足。⑩ 另外，海外学者也对这一议题有所关注，如松浦章⑪、穆黛安⑫等。

除了上述话题以外，晚清“海防”与“塞防”之争、洋务运动时期海防思想、海防人物及其海防思想等诸多话题的讨论，都是清代海防研究内容的一部分，丰富了清代海防研究的成果，促进了我国海防研究的发展。

3. 清代北部湾地区海防研究

近年来，随着学者们对清代海防研究的关注以及广东海防研究的深入探索，北部湾地区海防的研究也逐渐受到重视，出现了一些成果，在清代北部湾海防研究中，主要是以研究论文成果为主，所涉及的话题包括海防地理、海防建设、海防制度、海防战争等多个方面。

---

① 张一文：《清末海防思想的演进》，《军事史研究》1998 年第 4 期，第 105 – 110 页。

② 周益锋：《晚清海防思想研究》，西北大学博士学位论文，2004 年。

③ 牟安世：《鸦片战争》，上海：上海人民出版社，1982 年。

④ 戴逸：《中日甲午战争的影响与意义》，《齐鲁学刊》1991 年第 1 期，第 69 – 70 页。

⑤ 季子平：《从鸦片战争到甲午战争》，上海：华东师范大学出版社，1998 年。

⑥ 茅海建：《天朝的崩溃：鸦片战争再研究》，北京：生活·读书·新知三联书店，2005 年。

⑦ 李金明：《清嘉庆年间的海盗及其性质试析》，《南洋问题研究》1995 年第 2 期，第 54 – 58、47 页。

⑧ 刘平：《嘉庆时期的浙江海盗与政府对策》，《社会科学》2013 年第 4 期，第 150 – 160 页。

⑨ 曾小全：《清代前期广东海防体系与广东海盗》，《社会科学》2006 年第 8 期，第 144 – 156 页；曾小全：《清代嘉庆时期的海盗与广东沿海社会》，《史林》2014 年第 2 期，第 57 – 68、126 页。

⑩ 王一娜：《清代广东的士绅权力机构与民间海防》，《国家航海》2015 年第 1 期，第 158 – 168 页。

⑪ ［日］松浦章、李小林：《明清时期的海贼》，《清史研究》1997 年第 1 期，第 10 – 17 页。

⑫ ［美］穆黛安著，刘平译：《华南海盗：1790—1810》，北京：中国社会科学出版社，1997 年。

（1）海防地理视角的北部湾地区海防研究。邢泷语、刘正刚对明清时期北部湾地区龙门岛的交通地理、战略地位、军事布防、海患以及龙门协的设立等方面进行了分析，认为龙门协的设立与明清时期北部湾海防体系的完善有很大的关系，龙门协的存在是一种被动的防御。[①] 陈贤波以涠洲岛设防为视角，认为明清涠洲岛的军事设防主要是针对涠洲岛附近严重的“盗珠”行为。[②] 邢泷语的硕士学位论文涉及北部湾地理位置的考证，以及对北部湾地区海岛军事价值的探讨。[③] 梁玮羽立足于钦廉地区地缘政治角度，将钦廉地区置于广东边海防的整体中进行考量，指出明清时期北部湾钦廉地区归属广东并具有打击海盗以及巩固广东沿海边防战略的作用。[④] 陶道强对广东西路即清代的北部湾大部的海防战略地位及其海防意义进行了探析，指出广东三路的布局的合理性与局限性。[⑤] 王宏斌对清代广东省各府的内外洋划分进行了考证，分析了北部湾地区的海防和布防的情况以及军事运行概况，并对北部湾地区雷、廉二府所属的内外洋划分情况进行了介绍，从理论上提出了包括清代北部湾地区在内的广东省各府内外洋划分的准则。[⑥] 吴小玲、何良俊对明清时期的北部湾海防构建的原因及表现进行了分析，探索了清代形成的以龙门协为主的北部湾海防体系。[⑦] 王亚哲关注清代广东海防西路廉州、雷州、高州、琼州、肇庆五府海防空间格局的演变及兵力部署，对广东西路海防体系的划分及缘起、广东西路海防体系与当地社会的互动关系进行了探讨，认为北部湾地区海防建设被囊括于整个广东西路的海防之中，形成了以龙门协为核心的北部湾海防体系，文中还分析了龙门协营的归属问题，以及乾隆年间雷州协营的归属问题[⑧]。此文为本文的写作提供了重要参考，但仍有可深入分析的空间，如此文虽然针对整个广东西路而言，但未能将北部湾地区海防建设完整体现出来，而且仍然是以军事布防为主要论述对象，

---

① 邢泷语、刘正刚：《明清时期北部湾海防探析——以龙门岛为例》，《北部湾海洋文化论坛论文集》，南宁：广西人民出版社，2010 年，第 19－38 页。

② 陈贤波：《从荒岛贼穴到聚落街庄——以涠洲岛为例看明清时期华南海岛之开发》，《中国社会历史评论》2011 年第 12 期，第 275－297 页。

③ 邢泷语：《历史时期北部湾海洋经济发展探析》，暨南大学硕士学位论文，2011 年。

④ 梁玮羽：《明清时期钦廉地区的地缘背景及其归属问题研究》，广西民族大学硕士学位论文，2014 年。

⑤ 陶道强：《清代前期广东海防战略划分与布防述略》，《兰台世界》2015 年第 30 期，第 39－40 页。

⑥ 王宏斌：《清代前期广东内外洋划分准则》，《广东社会科学》2016 年第 6 期，第 102－113 页。

⑦ 吴小玲、何良俊：《明清时期北部湾海防及其对海外贸易的影响》，《广西民族大学学报（哲学社会科学版）》2016 年第 6 期，第 134－141 页。

⑧ 王亚哲：《清代广东西路海防地理专题研究》，暨南大学硕士学位论文，2019 年。

较少对行政建设与海防建设的关系进行探讨，虽对北部湾地区营制建设有所论及，但对于营汛格局变动的历史内在原因、营制变革中的驻防情况的变动研究较少，难以展现北部湾地区海防体系建设的全貌。

（2）以海防炮台为主体的北部湾地区海防研究，主要是对炮台的建设背景、形制及其所在对外战争的作用进行的探讨。陈显灵对清代广西海防炮台建设背景、形制、选址等方面进行了详细的论述，他认为这些沿海炮台与广西边防炮台的建设对整个边海防建设以及晚清以后的边海防形势都发挥了一定的作用①。吴付平以北部湾沿海炮台为出发点，对北部湾沿海炮台建造相关背景进行了介绍，探讨了明清海防思想、北部湾海防形势以及北部湾沿海炮台在明清海防中的地位及作用。② 侯栋梁对清中后期的广东地区各路沿海炮台相关情况进行了较为详细的论述，其中对西路中有关高、雷、廉、琼四府北部湾地区炮台的地理方位、数量、存废等分别进行了考订，并对广东沿海炮台在鸦片战争以后历次内外战争中所发挥的战略作用，进行了客观评价。③ 可见，现有的清代北部湾海防建设研究方面的成果，主要是对清时期北部湾海防炮台的研究，侧重海防炮台的建设、海防炮台的技术分析以及海防炮台的部署等方面，且仍有深入的空间。

（3）其他海防内容的研究。陈钰祥关注了清粤洋西路的交通地理位置、航海贸易以及海盗问题。④ 郑维宽对明末清初清政府对北部湾海盗以及北部湾海疆的经略进行了全面而深入的探讨，认为明末清初为了打击钦廉地区以杨彦迪为首的海寇活动，清政府海防经略上开始逐步完善，并最终得以维持清初北部湾沿海的安宁。⑤ 此外也有对北部湾地区的海患以及清政府海防措施相关问题的论述。⑥

近年来，张建雄主编的《明清海防研究论丛》⑦ 集刊，从 2007 年起持续对近几年来明清时期的海防研究学术动态进行了关注，对研究明清时期的海防研究提供了极大的便利。有关广东海防研究学术会议以及学术活动也陆续出现。如 2006 年举办了“明清广东海运与海防国际学术研讨会”并出版了相关论文

---

① 陈显灵：《略谈广西连城要塞炮台设施之认识》，广西壮族自治区博物馆网，http://www.gxmuseum.cn/a/science/31/2013/3930.html。

② 吴付平：《北部湾沿海古炮台与明清海防》，《中国港口》2017 年第 S1 期，第 53－60 页。

③ 侯栋梁：《鸦片战争前广东海防炮台考订》，河北师范大学硕士学位论文，2017 年。

④ 陈钰祥：《粤洋之患、莫大于盗：清代华南海盗的滋生背景》，《国家航海》2015 年第 4 期，第 32－50 页。

⑤ 郑维宽：《明清之际北部湾的“海寇”与海疆经略》，《广西师范大学学报（哲学社会科学版）》2017 年第 2 期，第 1－8 页。

⑥ 何靖：《乾嘉时期粤洋西路海盗猖獗的原因浅谈》，《传承》2008 年第 22 期；亢东昌：《乾嘉海氛：清中期的雷州海盗》，广东省社会科学院硕士学位论文，2017 年。

⑦ 张建雄：《明清海防研究论丛（第一辑）》，广州：广东人民出版社，2007 年。

集；2013 年暨南大学历史地理研究中心举办了以环南海为区域范围、历史地理与海防建设为关切话题的“环南海历史地理与海防建设论坛”①，云集了广东省内外的众多学者专家，围绕南海区域的海防研究探讨，不仅对包括环南海地区的海防建设、广东地区的海防建设进行了深入探讨，还兼及北部湾地区海防研究相关海防问题的探究。

综上所述，学界关于清代海防史的研究已经很丰富，地区性的海防问题研究也已成规模，所涉及的内容涵盖了清代海防研究的各个方面，其成果蔚然可观，本文的研究基础、研究思路、研究方法正是在以上诸多成果的启示中完成的。

北部湾海防研究虽然有了一定的成果，但是涉及清代北部湾海防的研究文章及著作，主要集中于对大区域海防议题的研究，且相对比较分散，还不够深入和全面，缺乏对清代北部湾地区海防的专门性、整体性研究。具体而言，对清代北部湾地区海防的研究大都置于广东海防研究的内容之中，在内容上是广东海防史研究的进一步深化、延伸，缺少专门性、系统性的北部湾地区海防研究，而且从军事上对该地区关注较多，缺乏从政治与军事两个视角对清代北部湾地区海防建设进行关注，故而对该地区海防建设有进行深入研究的必要。

二、清代北部湾地区的地理形势及行政区划

北部湾地区地处中国南端，东以雷州半岛西海岸以及海南北端为界，西则与越南相毗邻，素有“西路高、雷、廉海面，惟廉州近占城安南为重地”②，该地区海岸狭长，港汊纷杂，作为一个内海海域，港湾众多，且位于南海北部湾，与东南亚诸国相通，向为“高雷廉西洋贡道之所从入也”③。复杂的地理形势，加之历史时期北部湾地区海道发达，从地缘政治角度讲又关涉我国西南边、海防安全，具有重要的政治、军事战略价值，因此，自汉设官治民肇始，迄于清代，历代中央王朝对北部湾地区的海疆治理、海防建设日臻完备。有清一代在北部湾地区以自然地理环境为依托，海防建设以维护北部湾地区及沿海稳定为主要目的，统筹军事管理、行政建设两个方面，将北部湾地区的海防建设与北部湾地区政治建设、军事治理和行政建设紧密结合，形成了陆上防御与海上防御相互依托、互为补充的海防体系。

清代北部湾地区的海防建设以维护海疆安全为目的，通过对陆上及沿海的

---

① 郭声波、吴宏岐：《中国历史地理研究第 6 辑 · 环南海历史地理与海防建设》，西安：西安地图出版社，2014 年。

② （明）严从简：《殊域周咨录 1》卷三，北京：故宫博物院图书馆，1930 年，第 14 页。

③ （清）姜宸英：《海防总论》，北京：中华书局，1991 年，第 3 页。

军事布防、文武系统相维而实现。行政区划作为海防建设系统中的一部分，是北部湾地区海防建设的重要依据，而自然、人文地理又是一切军事活动的基础，对北部湾地区的军事布防、行政管理尤关紧要。故而必须对北部湾地区的地理形势及行政区划沿革进行了解，以便深入探讨北部湾地区海防建设的相关问题。

（一）清代北部湾地区的地理形势

北部湾地区的地理形势自西向东，廉州府之西的防城毗邻越南，为西南边海防要地。雷州府西侧与琼州府相对，并与廉州府陆、海相接，形成了环北部湾海域半弧形势态，成为北部湾地区的主体组成部分。

基于特殊的地理形势，汉代以降，历代统治者于此设官治民，均以严判该地地理形势为大端，通过整体上对北部湾地区地理大势的权衡，基本形成了较为成熟的“扼要防守”的理念，其中以顾祖禹为代表的地理学家就充分阐释了这一点。他认为：“雷州凸出海中，三面受敌，其遂溪、湛川、涠洲、乐民等四十余隘，固为门户之险，而海安、海康、黑石、清道并徐闻、锦囊诸隘，亦所以合防海澳者也；至于廉州之境，尤为全广重轻，故兵符特札于灵山，达堡增屯于卫北，海寇之警，峒獠之扰，外夷之侵，有兼忧焉。永乐七年，倭尝陷廉州矣，而琼州，又廉之外户也。”① “海澳”即海边弯曲可停船的地方。按顾氏所言，雷州府西岸及南隅防御的关键在于依托临海的重要关隘防守海港，以及船舶可达之处；廉州府防守关键在于“海寇之警、峒獠之扰，外夷之侵”，即海防、边防以及地方稳定均在其列。情况的确如此，北部湾沿海地区海岸绵长，岛屿众多，港汊分歧，有“海岸绵长，类多沙礁之险，高、廉为尤甚”② 之称，复杂的地理形势以及优越的军事战略价值成为决定北部湾地区海防建设的重要因素。

1. 廉州府域

廉州府位于两粤之交，其境内山川密布，呈东北高、西南低的走势，海陆相连，沿岸岛屿众多，与越南陆海相接之处山高水险。其境内龙门为清廷海防重地，其价值不言而喻，可谓海防者陆防之所系，陆防者海防之所倚。廉州府域宽广，下辖合浦、钦州、灵山，各县地理形势不一，形势特点大致如下（见表1）。

---

① （清）顾祖禹撰，贺次君、施和金点校：《读史方舆纪要》卷一百，广东一，北京：中华书局，2005年，第4588页。

② （清）徐家干：《洋防说略》（不分卷），光绪十三年刻本，第8页。

表 1　廉州府各县地理形势总表

<table>
<tr><th>府</th><th>县</th><th>地理形势</th><th>资料来源</th></tr>
<tr><td rowspan="3">廉州府</td><td>合浦</td><td>合浦岭表遐邑，山势起伏，川流湾迴，龙门跨其东，洲江绕其西，而县治中所据当平衍之地，此一邑之形胜也</td><td rowspan="3">道光《廉州府志》卷一，《广东历代方志集成　廉州府部（三）》，广州：岭南美术出版社，2008 年，第 24 页</td></tr>
<tr><td>钦州</td><td>钦州濒海而治，望火扆其北，望州峙其东，天击踞其西，文笔屏其前，两旁之山，东西拱护，以龙门岛为锁钥。钦江经州城入海，连分二支，俱环抱一洲，东曰鸿飞，南则鳌鱼，广数亩为州治，关锁王光，十万大山绵亘西南，古森河界分中外，为一州之形胜</td></tr>
<tr><td>灵山</td><td>灵山地脉自峰子岭起伏而来，至县治大开，阳面一望平衍，北障龙池，南列虎榜即梁冠山，东蟠罗阳，西耸石六，环秀鸣珂二江绕其前，罗伞特立诸峰锁其下，此一邑之形胜也</td></tr>
</table>

廉州府所辖的合、钦、灵三地，除灵山属内地并无洋面外，合浦和钦州“南临洋海，西接安南，港汊多歧，四通八达，凡属小船随处皆可登岸，惟大船必俟潮涨方能出入”，且“华夷接壤，地方犬牙相错，处处可通”①。合浦与钦州因二地山海相连，水陆相通，扼控廉州府要道，为廉州府重要门户。合浦为廉州府治、合浦县治之所在，总体山川呈由北及南走向，水系发达，尤以府治之地山川密集，且居于合浦县域之中，军事战略价值明显，若依据有利地形，配以炮台，辅之以巡洋之制，白石、白沙等地以及大海中诸岛均在可控之列。其中永安、北海、乾体、涠洲等堪为军事要地，不仅关涉合浦本域，而且与迤西之钦州龙门等海防要地气息相通。

合浦“由乾体至冠头岭、大观港数百里海面辽阔，逼近郡城，设海外有警，扬帆倏忽可到，门庭之患，宜防也”②。乾体即清文献中的八寨，“按八寨虽在腹部，地近沿海，支港交错，匪贼易于出没”，“若水鸣等内五寨，牛藤等外八寨昔为防御重地”，其他如六万山、五黄岭等山深林密，为盗贼渊薮之地，攻守不

① （民国）《合浦县志》卷三，经政志，海防，广东省地方史志办公室辑：《广东历代方志集成　廉州府部（六）》，广州：岭南美术出版社，2008 年，第 251 页。

② （民国）《合浦县志》卷一，舆地志，广东省地方史志办公室辑：《广东历代方志集成　廉州府部（六）》，广州：岭南美术出版社，2008 年，第 45 页。

易，尤其是白石嶂“为匪徒往来山海间驻扎之所，乃本邑东南部及桂省之博白所引为大患，皆称险要之区焉”，而合浦县之北海、涠洲对于钦州龙门的防守而言颇为紧要，“龙门设防必结连北海成犄角之势，而以涠洲为腰站，防海者所当注重也”①。

如表1所示，钦州之地山脉众多，东、西部山脉较中部密集，南部临海地区岛屿纷杂。其水系主要有三，西与越南相接，东达合浦，北连灵山，南通大海。钦州陆、海毗连越南，有“安南自廉州府钦州分界，由海道以入交州、海阳，其必出之途也”② 之称。东部与合浦相接，东南部岛屿众多，龙门、防城为防守重心，龙门之地水、陆路纵横交错，港湾众多，乌雷山、石龟岭、红沙湾、三口浪等均为龙门防守的战略要地。清初知府周硕勋曾言“龙门岛则迳迳相通，处处可守”③，可见龙门为钦州乃至廉州府域重要的战略据点，具有攻守兼备的重要军事战略优势。防城一带则边、海防并重，防城以东，岛屿林立，港汊分歧，“与交趾陆地接壤，居龙门脑后。由防城而进，有三都四峒，皆崇山峻岭，狼瑶杂处，向为贼薮”④，“防城一地实粤南之维首……今防城旧建时罗，而如昔、澌潆并在镇守之列”⑤。钦防一带因其地缘关系，承受着内外防的双重压力，自康熙二十三年（1684）清廷确立龙门为重要战略要地伊始，防城因龙门协军事中心的设立，其海防地位也逐步上升。到了光绪年间，防城设县，防城一带的海防地理价值明显提升。

廉州府域内，极北之灵山县境内山林密布，易生贼匪，虽与海防无大碍，但钦江、廉江水系自北及南流经廉州府境内，对于北部湾腹地安全至关紧要。其中钦江水系“自灵山入，迤西南至州治南，歧为二，又西南汇为猫尾海，屈东南，过龙门入海”⑥，有“北走南宁，南边大海，东连浔郁，西带钦防腹地，

---

① （民国）《合浦县志》卷一，舆地志，广东省地方史志办公室辑：《广东历代方志集成　廉州府部（六）》，广州：岭南美术出版社，2008年，第47页。

② （清）顾祖禹撰，贺次君、施和金点校：《读史方舆纪要》卷一百，广东一，北京：中华书局，2005年，第4582页。

③ （民国）《合浦县志》卷三，经政志，海防，民国三十一年，广东省地方史志办公室辑：《广东历代方志集成　廉州府部（六）》，广州：岭南美术出版社，2008年，第257页。

④ （雍正）《钦州志》卷六，险要总论，广东省地方史志办公室辑：《广东历代方志集成　廉州府部（四）》，广州：岭南美术出版社，2008年，第382页。

⑤ （清）杜臻：《粤闽巡视纪略》，沈云龙主编：《近代中国史料丛刊第九十八辑》，台北：文海出版社，1983年，第12页。

⑥ （民国）赵尔巽等：《清史稿》，北京：中华书局，1977年，第2289页。

岗峦重叠，川流纡曲”[①] 之称，加上灵山县地处两粤交界，并与合浦、钦州相通，“猺壮杂处，不无萧墙之忧。峦岗互连，时警门庭之寇。则斥堠不可以不严，营垒不可以不饬，扼险要而严汛守”[②]。“灵邑介在两省，中峙万山，视其界址则犬牙交错，觇其形势则剑戟森罗，不谱于图，莫能识其要领。况乎地鲜平原，山多峻坂，土质硗薄，民多贫瘠，亦于是乎见守斯土者，苟思其难以图其易，能无触目而惊心者乎？”[③] 由灵山南下的盗匪可依托北部湾发达的水、陆通道，祸害北部湾地区沿岸，故而虽为陆防所在，也是海防安全之所系。加上灵山本就山高水险，土地贫瘠，在生计的驱使之下，有人铤而走险，沦为盗匪，可见，灵山县的稳定与滨海二县的社会稳定密切相关。

2. 雷州府域

雷州之地，“三面距海，北负高凉，有平田沃壤之利。且风帆顺易，南出琼崖，东通闽浙，亦折冲之所也”[④]，且“从州西陆行一百五十里泛海，水路至安南诸番国”[⑤]，“南绾山海之利，濒水少山，扼琼南航渡要津”[⑥]。雷州府凸出海中，其西海岸与廉州府毗连，其地理形势复杂程度稍低于廉州府，港湾众多，海岸曲折，扼守港口自然成为西海岸海防特点，且其内河入海口多集中于雷州府东海岸，陆海相连所带来的海、陆防压力相对小于雷州府东部，唯其南部徐闻县与琼州隔海相望，又为贯通中、西路的重要交通节点，作为北部湾地区东部海上要道，海防地位颇重。雷州之地有发达的海上通道，沟通雷州府两岸三面，与南岸之琼州岛对峙，形成北部湾地区东部的天然门户，加上内有平田沃壤，具有极大经济潜力，易吸引海贼等趋利而来。而雷州府南隅滨海之地，无山岭依傍，必须依托比较发达的海防工事设施，方能够得攻守之效。故从雷州府整体形势观之，雷州府西岸地区海防形势颇为紧要，由此成为清代北部湾地区海防建设中的重要一环。

海康县，位于雷州半岛中部，为雷州府治所之所在。海康县西海岸无高大

---

① （清）廖庭臣等：《广东舆地图说》卷七，宣统元年十月重印本，台北：成文出版社，1967 年，第 307 页。

② （乾隆）《灵山县志》卷一，形胜，广东省地方史志办公室辑：《广东历代方志集成 廉州府部（九）》，广州：岭南美术出版社，2008 年，第 465 页。

③ （雍正）《灵山县志》卷一，图经志，广东省地方史志办公室辑：《广东历代方志集成 廉州府部（九）》，广州：岭南美术出版社，2008 年，第 326 页。

④ （清）严如煜：《洋防辑要二》卷八，广东沿海舆地考，台北：学生书局，1976 年，第 619 页。

⑤ （清）顾祖禹撰，贺次君、施和金点校：《读史方舆纪要》卷一百，北京：中华书局，2005 年，第 4590 页。

⑥ （康熙）《广东通志》卷二，疆域，康熙三十六年刻本，第 54 页。

山脉阻碍，东部为主要水系入海口，府治所在之地依山傍水，地势开阔。雷州半岛西海岸北部湾地区所属之洪排、海康诸港“下多礁石最为险阻”[①]。民国县志编纂者言：“然海面航线浅狭，难容巨舰，故商业无甚可观。陆地虽有由遂溪之城月墟经本县城及徐闻县城而达海安埠之省道，而地势平衍，又无高山大岭之险阻，对于军事上亦无重要之位置。且东北离广州湾仅三十里，种种轸轕，皆足为内地发展之障碍。”[②] 若依其所言，海康县军事地理优势相对较弱，经济优势也不明显，总体地理形势无甚可取之处。海康县海面航线浅狭，于商业上确实无所裨益，但是，若反推之，对于清廷而言，航线浅狭减少了不同时期重大海寇率巨舶侵扰的发生，即使有海寇威胁，亦不足为患。而其内部地势平衍，省道可直通徐闻，一旦海患发生，雷州府东岸的军队可利用此便利，进行较大规模的陆路军事行动，处理突发情况，相比于行政、军事中心远在雷州府西海岸而言，优势明显。

徐闻县，地处雷州府极南，“三面环海，汊港分歧，又无崇山峻岭、扼塞、要害等”[③]，在地理形势上并不占优势，其三面环海，易攻难守，错杂分布的港湾，更容易藏奸纳垢，陆路“惟北方一带通于高凉，但如以泥丸之封，函谷防守尚易，若水路则三面环海……悉为盗贼之乡，非有规划，布置防守，亦云难矣”[④]。徐闻县海安所为南隅军事要地，控临大海以及通往北部湾海域的重要海道，且西隅及南部诸港纷杂，故而诸多重要地段对县治安全以及沿海稳定具有重要价值，对于雷廉二府安全至关重要。而徐闻县与琼州隔海相望，扼守琼雷海道，相较于其他二县，“地虽坟衍，然三面环海，天堑称雄，而於鱼盐之利取之不竭”[⑤]，其沿岸港口、墩台的设防，对北部湾地区内陆、沿海安全尤属紧要，正如司徒尚纪所言：“合浦港和徐闻港一样，扼琼雷交通门户，具有重要政治、军事意义。”[⑥]

遂溪县，东西滨海，港汊纷杂，山脉多集中于县域东部。其水系主要有三，

---

① （同治）《广东图说》卷六十四，海康四，清同治年间刻本，台北：成文出版社，1968 年，第 523 页。

② 梁成久：（民国）《海康县续志（一）》卷一，地理一 · 图说，《中国地方志集成 · 广东府县志辑 44》，上海：上海古籍出版社，2003 年，第 253 页。

③ （清）王辅之等：（宣统）《徐闻县志》卷三，建置志，台北：成文出版社，1975 年，第 259 页。

④ （清）王辅之等：（宣统）《徐闻县志》卷十，兵防志，台北：成文出版社，1975 年，第 431 页。

⑤ （清）王辅之等：（宣统）《徐闻县志》卷十，兵防志，台北：成文出版社，1975 年，第 431 页。

⑥ 司徒尚纪等：《环中国南海文化》，北京：商务印书馆，2014 年，第 92 页。

其中一条水系横穿县域东西，流入大海。其西岸北部湾地区海岸开阔，基本无山势之险要可依托，且海港错列，水防重于陆防。该县域位于雷州府极北，“北通石城，南抵雷郡。东、西边界俱附海滨，密箐深林每藏奸宄，知陆路之稽察宜谨也。洪洋僻港易集顽嚣，知水道之缉捕当严也”①。虽说水防、陆防皆重，但是从地理形势上看，水防殊为紧要，“入海汊港易为盗贼渊薮也，稽察宜谨，非览图籍而熟悉其握要，何以权轻重缓急而思患预防哉”②。涠洲岛，在县西南二百里海中，“一名大蓬莱山，旧为防海要隘”③，“周围约七十里，在北海之东南百余里”④，又与廉州府之北海相望，为雷州府与廉州府共有，其海防地理价值不言而喻，但是清廷并无过多关注，至嘉庆十一二年间被“洋匪与岸匪相通踞为贼巢”⑤，直至光绪末年，清廷才在涠洲设立涠洲司以及水师把守。⑥

雷廉二府地理形势各不相同，影响了有清一代北部湾地区海防建设地理空间部署以及海防形势。廉州府域沿海多山，岛屿、港汊分歧，且海、陆毗连越南，军事地理价值更重于雷州府，于边防、海防而言“是中越边境的天然屏障，也是阻挡从北部湾登陆之敌向纵深推进的天然屏障”⑦，极北之灵山县虽地处内陆，并无洋面，但其界临两广，内多崇山峻岭，水网密布，攻守不易。廉州府之钦江、廉江水系沟通灵山、钦州、合浦三县，使得灵山虽处内陆，但依托发达的水道，直趋沿海并非难事，而沿海之地防守责任之所系，关乎北部湾地区海疆稳定，故而廉州府地理形势依险设防，军事设防的密度与强度大于雷州府西海岸。雷州府域狭长，三面环海，且地势平衍，并无足够的“依险设防”的优势，雷州府南隅海澳更是处处皆为防守要害，因此在地利因素不能成为雷州府西海岸的军事布防的首要选择的情况下，雷州府西海岸更多的是在港口要道密集之处，依托原有卫、所、城、堡厚集兵力，达到“倚陆制海”的目的。

（二）清代北部湾地区的行政区划

北部湾地区地处海疆之地，海防建设的实现与北部湾地区行政区划调整密

---

① （清）俞炳荣、赵钧谟等：《遂溪县志·序》，清道光二十八年刊本（影印），台北：成文出版社，1975 年，第 27 – 28 页。

② （清）俞炳荣、赵钧谟等：《遂溪县志·序》，清道光二十八年刊本（影印），台北：成文出版社，1975 年，第 51 页。

③ （清）顾祖禹：《读史方舆纪要》，上海：上海商务印书馆，1937 年，第 4305 页。

④ 北海市地方志编纂委员会：《北海史稿汇纂》，北京：方志出版社，2006 年，第 18 页。

⑤ （民国）《合浦县志》卷三，经政志，海防，广东省地方史志办公室辑：《广东历代方志集成　廉州府部（六）》，广州：岭南美术出版社，2008 年，第 266 页。

⑥ 北海市地方志编纂委员会：《北海史稿汇纂》，北京：方志出版社，2006 年，第 18 页。

⑦ 胡阿祥：《兵家必争之地》，海口：海南出版社，2008 年，第 527 页。

不可分。清代广东地区的行政区划以省、府、县三级制为框架，直接参与北部湾地区海防建设并产生重要影响的主要是道、府、县行政区，考虑到“道”在清代并不是一级政区，为此，本节只涉及统县政区以及县级政区沿革。清代在北部湾地区的行政区划，主要包括廉州府与雷州府，总括一州五县。

1. 廉州府

廉州府，东与高州府石城县相接，西到广西上思州，北至广西南宁府横州界，西南临越南，东北则与广西博白县相交。秦时为象郡地，汉始设合浦郡，后历代因革纷杂，至洪武初年“改为府，寻改为廉州路隶雷州府，十四年复为廉州府，领钦州、合浦、石康、灵山四州县，后废石康省入合浦县，本朝因之领州一，县二”①。光绪十四年（1888）为钦州直隶。光绪二十年“改遂溪县属之涠洲入合浦，以永安司巡检移驻”②。清前期、中期廉州府行政区划大体沿袭明制，到了清后期，清廷对统县政区及县级政区进行了调整，改钦州为直隶州，并新置防城县附属，后雷州府所属涠洲亦并入其中。到清末，北部湾地区廉州域内统县政区二，廉州府、钦州直隶州同为一级。县级政区三，包括合浦、灵山、防城。

合浦县为廉州府附郭，汉时为合浦郡，隋属合州，唐属廉州，宋时“以蔡、龙、大廉三县地省入，置合浦、石康二县，仍隶廉州。元时改置廉州路”③。在明代以前，合浦县的行政区划变化不定，宋朝时由三县并为一县，所辖面积增大。明朝时石康县与合浦县之间不断省并，最终石康并入合浦，合浦为廉州府行政中心。与钦州不同的是，清代对合浦的评价仅“疲”一字，即“赋多逋欠者为疲”，并非要缺之地。钦州，秦时为象郡地，汉时为合浦郡，至隋时方由“改安州为钦州，治钦江县”④。此后因革无常，明洪武二年（1369）“改路为府，寻改为州，省安远县入焉，辖灵山一县，总属廉州府”⑤。灵山“县地方五百五十余里，广二百五十里，袤三百里”⑥，与合浦县及广西宣化、横州交界。灵山自汉设郡后属合浦郡，至隋时“始拆南宾县属钦州”，唐时“改为灵山县”，宋时“废遵化、钦江、内亭三县，以其地入焉”⑦，自后灵山为钦州所领之县。明

① （康熙）《广东舆图》卷九，廉州府图说，清康熙二十四年刻本，第 3 页。

② （民国）《合浦县志》卷一，沿革，广东省地方史志办公室辑：《广东历代方志集成　廉州府部（六）》，广州：岭南美术出版社，2008 年，第 41 页。

③ （康熙）《广东舆图》卷九，合浦县图说，清康熙二十四年刻本，第 7 页。

④ （康熙）《广东舆图》卷九，钦州图说，清康熙二十四年刻本，第 15 页。

⑤ （康熙）《广东舆图》卷九，钦州图说，清康熙二十四年刻本，第 15 页。

⑥ （雍正）《灵山县志》卷一，疆域，广东省地方史志办公室辑：《广东历代方志集成　廉州府部（九）》，广州：岭南美术出版社，2008 年，第 326 页。

⑦ （康熙）《广东舆图》卷九，灵山图说，清康熙二十四年刻本，第 29 页。

清鼎革以后，清廷基本因循明廷旧制，行政区划沿革基本保持稳定。

2. 雷州府

雷州府共辖有三县之地，北有遂溪，南为徐闻，中为海康，“雷属之徐闻县最在南舌端也，稍北为雷州府治，而海康附郭又北为遂溪县”①。明洪武元年（1368），改路为府，雷州属广东布政司管辖，清代雷州府行政区划基本承袭无变动。

海康县，在汉朝时属合浦郡，梁属合州，隋代在此设置海康县，唐代为雷州治所。北宋开宝初以遂溪、徐闻二县并入雷州，南宋时复分为三县，沿袭至明朝。遂溪县，在唐以后，由原来三县并为一县之地，幅员上经历了由小变大的过程，“舆地颇广，地广则阅历难周，沿海膏腴重系生民命脉也”，且西临沿海，“易为盗贼渊薮”②，其海防压力不小。徐闻县的得名缘于此地近海，“涛声震荡，曰是安得其徐徐而闻”③，原属汉合浦郡，“自邳离侯平南粤始置徐闻县，隶合浦，此徐闻之名所缘起也。由齐而梁而陈、隋，或分或置，或改或隶，纷若置棋”，至“唐贞观初复为徐闻县属雷州”④。

综观清代北部湾地区雷、廉二府的行政区划设置，基本沿袭了明代行政区划的设置。光绪时期升钦州为直隶州、防城设县，其他政区基本没有做较大的改动。正因为有了明代北部湾地区成熟的行政治理体系，有清一代才得以在成熟的治理框架内，依据北部湾地区的地理形势加强海防建设。

三、清前期北部湾海防体系建设

清代前期海防体系建设以加强北部湾地区海疆稳定为中心，通过海、陆两方面的军、政部署，一方面强化了文、武官员参与海防建设的力度，另一方面将“防汛制度”与“巡洋会哨”紧密结合，并利用海防炮台建设，基本实现了对北部湾地区军事、政事力量全覆盖，最终形成了严密的海防体系，对清前期北部湾地区海防安全形势及地区地理空间格局产生了深刻的影响。

（一）明代对北部湾海防经营略述

关于明代海防建设，道光《广东通志》就有“古有边防而无海防，海之有

① （清）杜臻：《粤闽巡视纪略（卷一）》，《近代中国史料丛刊第九十八辑》，台北：文海出版社，1989 年，第 35 页。

② （道光）《遂溪县志·序》，清道光二十八年刊本，台北：成文出版社，1975 年，第 51 页。

③ （康熙）《雷州府志》卷一，沿革，清康熙十一年刻本。

④ （康熙）《雷州府志》卷一，沿革，清康熙十一年刻本。

防自明时"[1] 的结论，相关研究也认为我国海防建设"真正形成防御体系，则在明代"[2]。斯时，东南沿海一带海患频仍，"有明一代的海防经历了建立、废弛、发展、削弱四个阶段"[3]，明廷对于北部湾地区海防建设也正是在此背景之下，不断对地区海防建设活动进行调整，这对于维护北部湾地区海疆稳定以及清代北部湾地区海防建设产生了重要的影响。

明廷初建时，以方国珍为首的残余势力仍据沿海，海患、倭寇频频示警，"洪武、永乐间，倭夷入犯广东，屡为所扰"[4]，而"西路高、雷、廉，唯廉州接近安南、占城，为重地"[5]。西路为重地，雷、廉二府与交趾、占城最为相关，但是并非明廷海防的第一线，守大于攻，"防守少懈，则变生肘腋，滋蔓难图矣"[6]。到了嘉靖年间，东南沿海海患加剧，延及雷州府迤西，"由广省极抵琼、崖、交、南，茫洋二三千里之间，备御向疏，边防失讲，以故海上行劫，偷珠巨盗往往呼朋引类，向彼潜屯久住，略无忌惮"[7]，"表面上卫所还在，水寨犹存，但是实际上朱元璋所建立的海防体系已形同虚设，既不能预防于海上，也不能陆上堵截围追敌人"[8]。明中后期北部湾地区海防形势逐渐不可控制，据吴宏岐等考证，广东西路发生倭患 28 次，他认为明中期"东路倭患最为严重，西路次之，中路稍轻，与《筹海图编》所述情况也略有出入"，到了隆庆年间"西路倭患次数大大超过嘉靖年间，而东路、中路倭患次数只有西路的一半"[9]。

基于特定时期的海防形势，明代北部湾地区战略地位不断突显。明廷对广东沿海通过划定区划的方法，针对不同时期的海防形势对广东沿海地方进行了不同的海防战略调整，使得广东区划经历了从元末刘鹗的海防三路，至嘉靖时期三路的设想，再到万历时期的"从二路到三路的复杂过程"[10]。北部湾地区作

---

① （道光）《广东通志》卷一百二十三，海防略一，上海：上海古籍出版社，2003 年，第 2366 页。

② 范中义：《明代海防述略》，《历史研究》1990 年第 3 期，第 44 –45 页。

③ 范中义：《明代海防述略》，《历史研究》1990 年第 3 期，第 53 页。

④ （清）顾祖禹撰，贺次君、施和金点校：《读史方舆纪要》卷一百，广东一，北京：中华书局，2005 年，第 4857 页。

⑤ （明）黄佐：（嘉靖）《广东通志》卷六六，外志三，广州：广东地方史志办公室，1997 年，第 1724 页。

⑥ （明）茅元仪：《武备志》卷二百三十，占度载度，明天启元年刻本。

⑦ （明）《明经世文编》卷 342，吴司马奏议，北京：中华书局，1962 年，第 3671 页。

⑧ 范中义：《明代海防述略》，《历史研究》1990 年第 3 期，第 49 页。

⑨ 吴宏岐、崔文超：《明代广东倭患的时空分布特征研究》，《暨南史学》第 12 辑，桂林：广西师范大学出版社，2016 年，第 147 –148 页。

⑩ 韩虎泰：《明代广东海防分路新考》，《历史档案》2017 年第 2 期，第 63 –69 页。

为广东西路的一部分，明廷依情势缓急及地理形势将广东三路依次排序：东路为重，中路次之，“西路高雷廉又次之，西路防守之责可缓也”①，这种划分被倡议海防者奉行不渝，一直延续到清代，并对清廷海防战略指导产生了重要的影响。

明代海防体系建设，主要分为两个方面，即陆路卫所制度与海上巡海制度，总括为一句，即“量地远近置卫所，路聚步兵，水具战舰”②。具体而言，有两个方向的举措：

其一，设立同时具有陆防与海防功能的卫所城池体系。明代广东卫所的设置起源于洪武时期，彼时“广东指挥使花茂奏沿海宜立所，备海盗，故有是命”③，至英宗时广东按察使郭智强调“广东缘海地方设卫所城堡于要害之处，专备倭寇”④。明代的卫所在海疆之地兼有陆防以及海防两种功能，“设卫所以防海也。近代自元以来，海氛不靖，倭寇杀掠尤残。……有明深鉴于此，故沿海设卫所，防御至严，守土皆世袭勋旧军户子姓，各于附近州县荒橔之地，令其圈占屯田养马，世世捍御，所谓腹内之兵也，是以州县俱有大界，而卫独无”⑤。鉴于此，明廷在北部湾地区广设卫所，据相关研究考证明代在西路共置有 3 卫 11 所，其中“雷州卫，辖石城、锦囊、海安、海康、乐民五所；廉州卫，辖永安、钦州 2 所”⑥。以卫所为中心的军事防卫形态是北部湾地区海疆稳固的重要力量，北部湾地区除石城所以及灵山所属内地外，明代广东海防卫所设置中雷州卫与廉州卫所属 5 个千户所，均与海防相关。⑦

其二，建立巡海制度。此巡海制度即“设巡海备倭，官军以守之”⑧，并以卫所水军为主要支撑力量，加强巡检司海防职能，如“诏滨海卫所每户置船二

① （明）郑若曾撰，李致忠点校：《筹海图编》卷三，广东事宜，北京：中华书局，2007 年，第 245 页。

② （清）张廷玉等：《明史》，北京：中华书局，1974 年，第 2243 页。

③ （清）陈梦雷：《古今图书集成》（第 16 册），方舆汇编·职方典，成都：巴蜀书社，1987 年，第 20244 页。

④ 《明英宗实录》卷 100，第 2013 页，转引自何锋：《明朝海上力量建设》，厦门：厦门大学出版社，2015 年，第 84 页。

⑤ （清）苏潜修：《灵山卫志校注》卷一，图考志，北京：五洲出版社，2002 年，第 7 页。

⑥ 方小燕：《广东明清海防遗存保存现状的分析》，《明清广东海防遗存调查与研究》，上海：上海古籍出版社，2014 年，第 21 页。

⑦ 暨志远：《明代广东海防遗存研究》，《明清广东海防遗存调查与研究》，上海：上海古籍出版社，2014 年，第 31 页。

⑧ （明）黄佐：（嘉靖）《广东通志》卷六六，外志三，广州：广东地方史志办公室，1997 年，第 1724 页。

艘巡逻海上盗贼，巡检司亦如之”[①]。至嘉靖末年，东、中路海防形势严峻，为了增加对东、中路的海防力度，吴桂芳上疏，言及北部湾相关区域设水寨相关事宜“……极西曰钦、廉，接址交南，珠池在焉，惟海康所乌兔地方，最为扼塞。其中路遂溪、吴川之间曰白鸽门者，则海艘咽喉之地。此三者，广东省迤西海洋之要区也，以上处皆应立水寨……”[②] 其中，嘉靖年间所设之白鸽门寨、乌兔门寨涵盖了北部湾地区的巡洋范畴，并对巡海信地有了较为具体的规定，如白鸽门“一至赤水西，与北津兵船会哨，取吴川所结报；一至海康，哨逻涠洲一带，与新移泊守龙门、乾体港兵船会哨，去凌禄司结报即回，不许在彼驻泊”[③]，明确了涠洲作为北部湾地区巡洋中心的地位。对此，有研究表明，明后期建立起了围绕白鸽门寨与涠洲游击为主的北部湾地区军事部署格局。[④] 卫所体系的设置，以及巡洋制度的形成并趋于成熟，使得北部湾地区形成了明代“具有一定层次和纵深的海防防御体系”[⑤]。

综上所述，终明之世，大抵可以将北部湾地区海防建设分为陆上与海上两个方面的建设。陆上建设的形成在嘉靖以前，沿海防卫形态以卫所为依托，同时以巡检司为辅。海上则以卫所水军为支撑，实行巡海制度，形成于明前期，完善于嘉靖以后，形成了海防参将为统辖下的以涠洲为重心的防御格局。“终明一代，由于北部湾海域一直是朝廷采珠重地，北部湾的海防体系整体是围绕涠洲游击水寨展开”[⑥]，同时又对龙门、乾体进行军事兼顾的海防部署格局。从整个海防格局上看，嘉靖以后的北部湾地区海防格局在广东三路的海防战略部署格局中基本没有变化。

清廷继承了明廷在北部湾海防建设的遗产，继续加强了相关区域的兵力重点部署等，重点是对江河入海口等重要战略要地的防守，更重要的是将明时期大纵深防御的制度更加深入地贯彻了下来，尤其是清中后期北部湾地区的海防战略，以陆防、岸防为核心，细化与完善了巡洋会哨制度，同时依然采取明廷军事镇戍的做法，将“防汛制度”推行到北部湾地区各个地区。

---

① 《太祖实录》卷 201，洪武二十三年夏四月丁酉条，北京：中华书局，1962 年，第 3007 页。

② （明）应槚辑，赵克生、李燃标点：《苍梧总督军门志》，长沙：岳麓书社，2015 年，第 297 页。

③ （明）郭棐撰，黄国声、邓贵忠点校：《粤大记》（下）卷二十八，政事类，《岭南文库》，广州：广东人民出版社，2014 年，第 862 页。

④ 曾大伟：《明代北部湾地区海防体系研究》，暨南大学硕士学位论文，2014 年。

⑤ 杨金森、范忠义：《中国海防史》，北京：海洋出版社，2005 年，第 101 页。

⑥ 邢泷语、刘正刚：《明清时期北部湾海防探析——以龙门岛为例》，《北部湾海洋文化论坛论文集》，南宁：广西人民出版社，2010 年，第 26 页。

（二）清前期北部湾海防形势及其海防战略

1. 清代前期北部湾地区海防形势

清代前期的海防形势分为两个阶段——康熙二十三年（1684）以前、康熙二十三年至乾隆六十年（1795），分别对应清廷在北部湾地区统治日趋稳定以及加强边疆地区统治力度的背景。清初海防活动主要针对前明反抗势力及其拥护者、海匪，至康熙二十三年台湾郑氏集团覆灭，第一阶段的海防活动才完全结束。康熙二十三年以后，影响北部湾地区海防形势的主要是活动在北部湾地区的海匪。

表 2　清前期北部湾地区海事一览表（史料摘列）

<table>
<tr><th>时间</th><th>事件</th><th>资料来源</th></tr>
<tr><td rowspan="2">顺治八年</td><td>李胤元请出灵山收高雷之兵，迎王入海，至钦州之时被执</td><td>（民国）《合浦县志》卷五，事纪</td></tr>
<tr><td>平南王尚可喜、耿继茂定广东。夏，师至雷州，雷民归顺，定雷州营制</td><td>（嘉庆）《雷州府志》卷三，沿革</td></tr>
<tr><td>顺治九年</td><td>靖南王统师至雷，擒伪高雷总镇海康伯李明忠，斩之。雷人王之翰等占据西海一带。……土贼张彪大肆暴虐，与徐闻骆家相杀连年不解</td><td>（嘉庆）《雷州府志》卷三，沿革</td></tr>
<tr><td rowspan="2">顺治十年</td><td>总兵郭虎、知府杨谟圣帅师，复至廉州，擒伪弁周腾凤、曾仲宏、董履全等斩之</td><td>（民国）《合浦县志》卷五，事纪</td></tr>
<tr><td>伪漳平伯周金汤、东安伯熊兆佐陷遂溪。秋九月，雷协将先启玉率兵复之</td><td>（嘉庆）《雷州府志》卷三，沿革</td></tr>
<tr><td>顺治十一年至顺治十三年</td><td>明西安王李定国自粤西柳州经横州入灵山，由廉雷至高州，纵兵屠杀，民甚苦之。
冬十二月，大破李定国于河头，定国奔回广西，廉及高雷复定，设高雷廉总兵</td><td rowspan="3">（民国）《合浦县志》卷五，事纪</td></tr>
<tr><td>顺治十二年</td><td>裁廉州卫，严洋禁</td></tr>
<tr><td rowspan="2">顺治十三年</td><td>春正月，总兵官粟养志剿高雷廉山贼斩其渠魁彭兆龙、曹玉、陈选，三郡稍平。按钦州志粟养总兵，师乏纪律，纵兵沿村劫掠</td></tr>
<tr><td>王之翰来降，翰据西山，巡按张淳熙慰谕之，故出降</td><td>（嘉庆）《雷州府志》卷三，沿革</td></tr>
</table>

（续上表）

时间	事件	资料来源
顺治十五年	总兵张伟、副将周勇选舟师出征海寇	（民国）《合浦县志》卷五，事纪
顺治十七年	再申洋禁。郑昌缚王之铜（王之翰的弟弟）来降	
顺治十八年	海贼邓耀伏诛	（民国）《合浦县志》卷五，事纪，三三
	降盗郑昌复叛，总兵官粟养志阵斩平之	（嘉庆）《雷州府志》卷三，沿革
康熙元年	诏迁海界，令民徙内地五十里，差内大臣科尔坤、介山亲行边海。东起虎门，西迄钦州防城，设排栅严出入，以杜接济台湾之患	（民国）《合浦县志》卷五，事纪
	闽寇郑锦猖獗	（嘉庆）《雷州府志》卷三，沿革
康熙二年	春二月平藩尚可喜督师剿海寇杨彦迪、杨三败之……自台湾驾贼船八十余艘航海至龙门	（民国）《合浦县志》卷五，事纪
康熙十四年	秋八月逆藩吴三桂自滇黔遣伪将王宏诲、李廷栋陷廉州。合浦知县金世爵死之	
	高雷廉总兵官祖泽清叛，廉州陷。 夏五月，高州镇总兵官祖泽清叛，雷州副将谭捷元、白鸽寨土官陈大有应之，全雷俱陷，纵兵劫掠居民，沿海村落寨兵屠劫尤惨	（嘉庆）《雷州府志》卷三，沿革
康熙十五年	钦州贼施学盈煽乱，官兵讨平之	（民国）《合浦县志》卷五，事纪
康熙十六年	祖泽清归正	（嘉庆）《雷州府志》卷三
康熙十七年	祖泽清复叛，额将军率师平之。 雷副将谭捷元遁西山，寻归投诚，病死	（民国）《合浦县志》卷五，事纪
	祖党土贼杨二、梁羽鹤等阻府南渡作乱。 秋七月都统金榜选率师剿杨二，十二月……破之	（嘉庆）《雷州府志》卷三

（续上表）

时间	事件	资料来源
康熙十八年	讨叛镇祖泽清、灵山伪将郭仪、伪知县杜化凤闻风夜遁，游击朱梁提兵诛斩之	（民国）《合浦县志》卷五，事纪
康熙十九年	夏五月，海寇叶红旗率党焚大石屯村，知府佟国勷督兵斩之，焚贼船数十	
康熙二十九年	夏龙门副将叶胜率舟师大扫海上余孽，获方云龙、朱权二剧贼，械送军门，解京伏诛	
康熙二十年	春三月水师总兵官蔡璋、副将张瑜率舟师平海，败贼于海门，追至龙门尽破诸巢。杨二后，海贼悉平	（嘉庆）《雷州府志》卷三，沿革
康熙五十六年、五十九年	令於各属海口要隘堪以泊船登岸有淡水可取之处均相险筑炮台、城垣通省一百一十有六。 内，廉属合浦、冠头岭、八字山、大观港东岸、钦州香炉墩、牙山、石龟岭	（民国）《合浦县志》卷五，事纪
雍正元年、七年	（元年）申洋禁。 （七年）诏沿海守口兵弁救护遭风商船，严禁乘机抢夺	
乾隆五十二年	五月，海贼梁朝宽寇龙门官兵击斩之；夏六月，盗劫乌雷炮台	
乾隆五十三年	海寇吴以超劫西场，知府何如钟捕诛之	
乾隆五十五年	海盗劫遂溪县杨柑市，海盗上岸劫虏之始。自后近海村庄被劫者其重，并从其略	（嘉庆）《遂溪县志》卷二，事纪
乾隆五十九年	海贼劫北海，游击李林贵捕斩之	（民国）《合浦县志》卷五，事纪
乾隆六十年	秋八月，海寇吴大象劫冠头岭纲埠，知县李大根捕诛之	

资料来源：廖国器：（民国）《合浦县志》卷五，事纪；（清）雷学海修，陈昌齐等纂：（嘉庆）《雷州府志》卷三，沿革，嘉庆十六年刻本，《中国地方志集成·广东府县志辑43》，上海：上海书店出版社，2003年，第126－131页；（清）俞炳荣，赵钧谟等纂：（嘉庆）《遂溪县志》卷二，事纪。

清廷定鼎中原之初，全国大部分地区仍处于分裂状态。顺治八年（1651），清兵攻克广州，反清势力在清廷武力打击之下，逃往西南边疆、沿海以及清廷

统治薄弱或者尚未被征服的地区。而对北部湾地区海防形势影响最大的是以邓耀及其余部、李定国、台湾郑氏为核心的反清势力。清康熙二十三年（1684）至乾隆六十年（1795），北部湾地区海防形势有所好转，重大的海防战事业已结束。在北部湾地区海防安全无重大威胁的环境下，北部湾地区的海防建设以缉私捕盗、防止内外勾结为主要任务，同时加强北部湾地区文武体系建设，建立陆上以“防汛制度”、沿海以“巡洋会哨”与海防炮台建设相维系的海陆相维机制，这成为控制北部湾地区海防形势的重要内容，其严密的军事布防以及系统的行政体系建设对特定历史时期的海防建设发挥了积极作用。

从相关史料中可知，在顺治至乾隆年间，北部湾地区海防形势具有很强的时代性特点。在康熙二十三年（1684）以前，北部湾地区战事不断，明末农民起义军、北部湾地区明廷文武官员以及当地山贼、海匪是威胁北部湾地区海防形势的主要力量。这些反清势力大多拥护前明余部，与当地反清力量相互声援，成为清康熙二十三年以前最主要的威胁。这些反清势力借助北部湾地区的有利地形，与清廷周旋数十年，在清廷统治完全巩固后被彻底清除。康熙二十三年以后，战事稀少，北部湾地区海防建设主要目的是“重防其出”“缉私捕盗”，维持北部湾地区的统治秩序。因此，形成了更加严密的军政相协的海防网，“自是沿海内徙，卫所巡司、墩台烽堠、寨堡关隘，皆改设于外，略如明初之制”①，这是北部湾地区海防形势趋于稳定的重要原因。

总而言之，清前期北部湾地区的海防形势，主要与清廷在西南地区的统治进程相统一。顺治年间，明廷虽亡，北部湾地区社会秩序并没有迅速瓦解，反而成为反清势力滋生的沃土。清廷的军事力量逐渐深入北部湾地区以后，反清斗争日趋白热化，清前期尤其明显。随着清廷统治在全国的进一步巩固，反清势力被逐渐清除，海防形势也稳定了下来。大规模的海防战争不复出现，文武相协的海防机制成为乾隆末年以前维持北部湾地区海防形势稳定的主要力量。

2. 清代前期北部湾地区海防战略地位认知

清代前期的北部湾地区海防战略地位认知，既源于对前明历史经验的继承，也是不同时空背景下清廷依据北部湾海防地理形势所作出的对地区海防战略地位的总体评估。

北部湾地区为海疆之地，海岸线狭长曲折，沿海岛屿林立，港汊分歧，其属各县山水相连，地理形势各有不同。基于此，有清一代将广东海防分为三路，“广东濒海之府入其六府分为三路。东路惠潮接壤闽疆，商船通番所必经也；左挈惠、潮，右连高、廉、雷，而为中路者广州。倭寇冲突莫甚於东路，而中路次之，西路高雷廉又次之。高、雷、廉西洋贡道之所从入也，守广者以三路为

① （清）姜宸英：《海防总论》，北京：中华书局，1991 年，第 2 页。

扼要"①。三路划分始于明代，彼时倭寇肆虐，由东而入，闽广沿海大受其害，明廷依据当时海防形势而设三路："岭南滨海诸郡，左为惠潮，右为高雷廉，而广州中处，故於此置省其责亦重矣。"② 三路以政区为基本划分单位、各路所面临的海防形势为划分基准，广州虽非海防第一线，但是为省会之所在，掌控广东全局，故而海防地位高于西路。但是三路划分并非古制，乃应急而划定的战略区域，朝廷议定时，有意见称："广东三路虽并称险恶，今日倭奴冲突莫甚於东路，亦莫便於东路，而中路次之，西路高雷廉又次之，西路防守之责可缓也，是对日本倭岛则然耳。"③ 可见在北部湾地区海防战略的划分问题上，明廷从海防形势危急程度考量，相比于广东西路的海防地位，认为北部湾地区并非海防要冲之地，亦非政治中心，而使得海防地位居于三路之末。

清初，北部湾地区局势起伏不定，在大大小小的战役之中，北部湾地区的海防地位有所凸显。清顺治至康熙前期，清廷在北部湾地区的统治根基尚未稳固。清康熙二十三年（1684）以后，随着海防局势稳定，北部湾地区进入平稳期。至康熙五十六年（1717），北部湾地区建立了海防炮台工事体系，北部湾地区的海防战斗力有所提升，巡洋会哨制度、北部湾地区行政建设也逐渐完善，沿海重点防御、陆路严密控制的海防军事战略格局开始形成。

康熙朝以后，随着北部湾地区海疆治理逐渐成熟，海防建设与海疆治理融为一体，在很长一段时间内"海陆相维"治理模式有效地维护了北部湾地区海疆稳定。随着海疆承平日久，海防武备废弛，文武官僚、营伍兵弁腐化，北部湾地区海防地位被明显弱化，直至乾隆末年北部湾地区海疆安宁的局面被彻底打破。康熙二十八年（1689）起，清廷规定"水师总兵俱应亲身出洋，督率官兵巡哨"④。乾隆元年（1736），为了进一步管控北部湾地区沿海局势，细化巡海职责，清廷遂在原西路划分基础上，将北部湾地区海域划为西下路："广东西路洋面分为上下二路"，其中"自海安至龙门为下路，上班以海安营游击为总巡，下班以龙门协副将为总巡，率领海安、龙门各营为分巡，均于琼州洋面会哨所属一带"⑤，几乎包含了北部湾地区全部海域。此次划分，表明清廷已经开

① （道光）《广东通志》卷一百二十三，海防略一，上海：上海古籍出版社，第 700 页。

② （明）郑若增撰，李致忠点校：《筹海图编》卷三，广东事宜，北京：中华书局，2007 年，第 224 页。

③ （明）郑若增撰，李致忠点校：《筹海图编》卷三，广东事宜，北京：中华书局，2007 年，第 224 页。

④ 《清会典事例》（七）卷六三二，兵部九一・绿营处分条例，北京：中华书局，1991 年，第 1184 页。

⑤ （清）卢坤、邓廷桢主编，王宏斌等校点：《广东海防汇览》，石家庄：河北人民出版社，2009 年，第 661 页。

始对前明原有广东三路划分思路有所突破，作为广东西路的一部分，北部湾地区与广东西路细化趋势紧密相连，“使得广东防区部署由最初的三路演变为四路，对整个清代广东海防体系产生了重大影响”[①]。到了乾隆末年，承平日久的海防局面因北部湾地区海盗肆虐而被打破。在清廷国势渐衰、海疆治理体系僵化的窘境下，厚集兵力防守海口、要隘等重要军事地方的海防认知思想大量涌现。

在对北部湾地区军政实际部署上，清代也大体延续了明人的部署思路，以谈九畴著、张谦谊撰的《万里海防图》为例，北部湾地区部分山川、岛屿、卫所、府县都囊括其内，廉州府之龙门、牙山、乌雷山等重要军事地点均清晰列出，其中雷州府“所”军事单位的标记在数量、分布密度上大于廉州府，两府中廉州府河网密布、地理形势复杂，雷州府内无山川设险优势，依恃兵防的特点，都能够有所体现。虽然图中所列内容多不按实际绘制，且绘制简要，实用性意义不大，但是仍能够反映在朝代鼎革以后，清廷与前代在北部湾地区海防部署上认知大体一致。

关于《万里海防图》的绘制背景，一般认为其刊刻于嘉靖年间，美国国会图书馆根据其落款时间认定此图摹绘于雍正三年（1725）[②]，也有学者认为摹绘时间“是康熙年间”[③]。不论该图摹绘于哪个时期，可以肯定的是，清代学者再次摹绘该图，并采用彩绘的方式更加形象地将明时北部湾地区沿海、山川、岛屿、府、县卫所等重要军事地理地段分布形势展现出来，表明了清人是基本认可明代北部湾地区地理战略地位认知的。

清人对雷、廉地区的海防地理、地区经济利益及商业价值的认知也有所深入，如廉州府“南滨大海，西距交阯，固两粤之藩篱，控蛮獠之襟要，珠官之富，盐池之饶，雄於南服”[④]，雷州府则“三面距海，北负高凉，有平田沃壤之利。且风帆顺易，南出琼崖，东通闽浙，亦折冲之所”[⑤]。地缘价值以及经济利益成为清廷深入认知北部湾地区海防战略地位的重要因素之一，也成为“广东高、雷、廉三府土贼、民贼数多，又常有流贼往来行劫，最为难守，地方俱须

---

① 王亚哲：《清代广东西路海防地理专题研究》，暨南大学硕士学位论文，2018 年。

② 李孝聪：《美国国会图书馆藏中文古地图叙录》，北京：文物出版社，2004 年，第 164 页。

③ 李新贵：《明万里海防图之章潢系探研》，《史学史研究》2019 年第 1 期，第 8－18 页。

④ （清）顾祖禹：《读史方舆纪要》（第 5 册），卷一百四，北京：中华书局，1955 年，第 4308 页。

⑤ （清）顾炎武撰，黄坤、严佐之等主编：《天下郡国利病书 6》，《顾炎武全集》（第 17 册），上海：上海古籍出版社，2011 年，第 3290 页。

得人分守"[①] 等一系列地方、军政活动开展的舆论基础。

清前期在北部湾地区的直接军事控制力量以绿营兵为主，绿营兵"脱胎于明代镇戍制度而来"[②]，为了进一步在全国建立统治，巩固政权，清廷一改"明代镇戍在于整"的办法，采取"化整为散"，即"镇压人民，只求分营分汛的周密，撒下了星罗棋布的网，便可尽镇压的功能，故绿营重在分字"[③]。在地方控制上又强调文武相维，要达到对北部湾地区海疆治理与海防建设双赢的局面，在将海疆治理与海防建设一体化之前，充分认知北部湾地区的海防地位，了解北部湾地区各个要素的具体情形诚为必然。

清前期对北部湾地区的海防认知是在前明对北部湾地区的海防地位认知基础上的继承和进一步深化。乾隆末年以后，北部湾地区海防形势严峻，边疆地区陷入治理危机。随着西方殖民势力进一步深入，中国在北部湾地区的领海主权亦不断受到挑战，到法国侵越伊始，北部湾地区海防地位大幅度提升。清廷通过推行系列的防卫措施，有效加强了重点军事战略要地的武备力量，但在内忧外患之际，此地区的海防地位在广东海防战略中一直处于边缘化的位置。

（三）文武体系建设、驻防地理与海防

清代北部湾地区海疆治理遵循重陆轻海的治理原则，海防建设与北部湾地区海疆治理同为一体，文武官员共同参与海防建设，这是北部湾地区海防建设的主要内容。将北部湾地区的海防活动置于清廷军政系统中考虑，探讨北部湾地区文武职官在北部湾地区海防建设之中所扮演的重要角色，廓清不同时段文、武官员职掌、辖区因袭与流变，有利于我们全面、深入地了解清代海防建设在北部湾地区治理中的作用。为此，本节主要从文、武两方面入手，对文官系统中道、府、县、府县僚属的设置、驻防地理与海防关系，武官设置中的镇、协、营伍驻防地理与海防关系进行探讨。

1. 文官设置、驻防地理与海防

设官理民一直是清王朝"制治保邦之道"[④]。清代北部湾地区文官体系建设始于清初，迄于清末。北部湾地区地处海疆，海防建设活动自然作为"保邦"题中之义。清顺治、康熙年间是清廷在北部湾地区的底定时期，这一时期反清势力威胁着北部湾地区海疆的安全与稳定，从政治方面巩固在北部湾地区的军

---

① （清）汪森编辑，黄盛陆等点校：《粤西诗文载校点1》，议处广西地方事宜疏，南宁：广西人民出版社，1990年，第115页。

② 罗尔纲：《绿营兵志》，北京：中华书局，1984年，第13页。

③ 罗尔纲：《绿营兵志》，北京：中华书局，1984年，第30页。

④ （康熙朝）《大清会典》，《近代中国史料丛刊三编》第711册，台北：文海出版社，1992年，第5页。

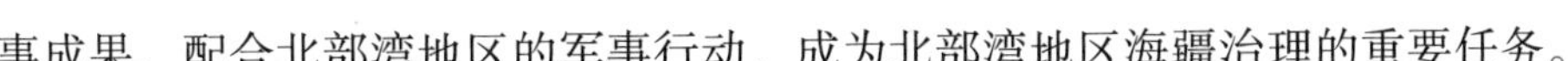

事成果、配合北部湾地区的军事行动，成为北部湾地区海疆治理的重要任务。

（1）道的设置与海防的关系。

文官体系建设方面，清廷基本是在明代的行政区划基础上设官治民。斯时，北部湾地区属于广东行政区划的一部分，地方大员以督抚、布政为首，但是从督抚、布政所驻防衙署所在之处看，他们并非北部湾地区海防建设、海疆治理直接参与者。而真正参与北部湾地区海防建设的是统县政区以上的官员，即督、抚之下的道一级的官员。

明代道员是布政、按察派出人员，“这种派遣只是临时性质”，而且“明代道员并无品级”①。清廷沿袭明廷旧制，在北部湾地区设守、巡道，道员“各察其司之职掌，以佐其所不及。乾隆十七年罢天下守、巡道兼衔定为守、巡各道秩正四品。嘉庆四年复申密封、奏事之制，职盖其重矣”②。其职掌职责主要是“凡府州县之廉洁贪污，俱宜细加察访，不时密详督抚，以凭举劾；地方有土豪武断，尤宜禁戢剪除，卫良锄莠，乃称其实”③。北部湾地区因循明代旧例，设立道一级行政机构，为总督、巡抚下辖机构。自清初顺治年间至清后期，北部湾地区的道的设置、因革，与海防建设密切关联，反映了不同历史时期清廷对北部湾地区海疆安全的整体考量。

顺治六年（1649）虽曾“裁天下守巡道一百八员”④，但在北部湾地区仍设分守、巡海北道。按明旧制，“分守海北，海南道一员驻扎雷州府，辖雷廉琼三府”⑤，“雷廉兵备一员驻扎廉州，整饬雷廉二府地方兵备，兼理分巡海北道，监督海康、乌兔寨”⑥。清初仍然沿明旧制，顺治四年（1647）设分守、巡海北道，后分别在康熙六年（1667）七月、康熙二年（1663）五月裁撤⑦。此时期，武将是北部湾地区海防建设、国家统一的主力，极易在军事战争中倚兵自重，况且北部湾地区为前明余部、山贼等势力重要聚集地，有降明参将蔡奎、降盗

① 傅林祥、林涓、任玉雪等：《中国行政区划通史·清代卷》，上海：复旦大学出版社，2013年，第194页。

② （清）陆心源撰，郑晓霞辑校：《仪顾堂集》卷八，高廉道题名碑记，扬州：广陵书社，2015年，第135页。

③ 《清世宗实录（一）》，第七册，卷三，北京：中华书局，1985年，第75页。

④ （清）陆心源撰，郑晓霞辑校：《仪顾堂集》卷八，高廉道题名碑记，扬州：广陵书社，2015年，第135页。

⑤ （明）茅元仪：《武备志》卷二百三十，占度载度十二·方舆十二，明天启元年刻本。

⑥ 吴廷燮：《明督抚年表》，北京：中华书局，1982年，第648页。

⑦ 傅林祥、林涓、任玉雪等：《中国行政区划通史·清代卷》，上海：复旦大学出版社，2013年，第506页。

黄海如曾经"合攻陷之"①，地方势力相互勾结的事件时有发生，因此设立道员不仅有控制地方局势的考虑，同时亦有辅助处理地区事务之用意。

海北兵备道在明弘治十年（1497）驻廉州，后在正德二年（1128）改驻灵山。隆庆初因海寇猖獗，又驻廉州，清康熙八年（1669）裁去海北兵备道。康熙八年以前，清廷在北部湾地区道一级的设置基本延续明廷旧制，而且道员兼有军、政大权，集中军、政力量应对北部湾地区海防局势的用意十分明显。康熙七年（1668）后设立分守高雷廉道、分巡雷廉道、分巡肇高廉罗道、分巡雷琼道。分守高雷廉道设立于康熙七年"弘迁海之禁，尽撤排栅，改设汛台"②。之后即康熙九年（1670）"复设高雷廉道驻高州府，兼辖罗定"③，"设立分守道，驻高州，辖高、雷、廉三府并罗定州"，并以分守道常驻，用以配合康熙元年（1662）以来为应对郑氏余部的"诏迁海界"政策。在康熙八年至康熙十三年（1674）间，"八年有诏，稍展界，纵民得采捕近海。十三年，成功子经乘闽叛，洊居漳、泉，王师收闽，寇遁，疆臣再修边备"④。为了配合地方海防政策的实施，抵御彼时海患，清廷又将廉州、雷州统合在一个行政单元之内，于康熙十三年设"分巡雷廉道"⑤，同时还将"高雷廉镇改为高雷镇"⑥。此举对康熙十六年（1677）吴三桂、十七年（1678）高雷廉镇祖泽清等叛乱，以及高雷廉镇总兵祖泽清反叛海寇叶红旗等诸多海患事件的平息，无疑具有重要的作用，直至康熙二十年（1681）水师总兵官蔡璋率师平海⑦。此期一系列海防战事，扰动北部湾地区海疆局势，因此在此阶段分巡雷廉道的设置长时间未变。

康熙二十一年（1682）"并肇、高、廉三府，罗定一州於岭西巡道，改为分巡肇高廉罗道；并雷州一府於琼州道，取为分巡雷琼道"⑧，"分巡肇高廉罗道，

---

① （嘉庆）《雷州府志》卷三，沿革，《中国地方志集成·广东府县志辑43》，上海：上海书店，2003年，第126页。

② （乾隆）《廉州府志》卷五，事纪，广东省地方史志办公室辑：《广东历代方志集成　廉州府部（二）》，广州：岭南美术出版社，2008年，第63页。

③ （清）阮元修，陈昌济纂：《广东通志》卷四十三，职官表四十三，上海：商务印书馆，1934年，第712页。

④ 魏源全集编辑委员会：《魏源全集》（第17册），《皇朝经世文编》卷八十三，兵政十四·海防上，长沙：岳麓书社，2004年，第510页。

⑤ （嘉庆）《雷州府志》卷九，职官，清嘉庆十六年刻本，第52页。

⑥ 广东省雷州市政协文史委员会：《雷州文史（第4辑）》，出版地不详，1994年，第115页。

⑦ （嘉庆）《雷州府志》卷三，沿革，《中国地方志集成·广东府县志辑43》，上海：上海书店，2003年，第131页。

⑧ 广东省地方史志编委会办公室、广州市地方志编委会办公室：《清实录广东史料（一）》，广州：广东省地图出版社，1995年，第185页。

驻肇庆府，辖肇、高、廉、罗”①。北部湾地区此次行政区划的变化，即将原属于雷廉道的雷、廉二府拆分，分置于两个道。对北部湾地区海防建设而言，雷、琼隔海相对，将雷、琼合二为一，注重了双方在处理相关事务上相互勾连的作用，客观上推动了琼州海峡与雷州的海防协作，但是巡雷琼道因道员驻地在雷州，不便于治理。相较于廉州，原有的“分巡雷廉道”化一为二，廉州并入“肇高廉罗道”，辖区范围扩大，不但因地域广阔不利于管理，反而削弱了雷、廉二府高层政区的紧密联系，加之道员的驻地远在肇庆，廉州府距治所之所在甚远，道员权力所辖力有所不逮，其弊端明显。直到雍正年间，“肇高廉罗道改为肇罗道驻扎肇庆，仍分巡道衔，分出高廉二府，合雷州一府为高雷廉道，驻扎高州加兵备衔”②。关于此事，郝玉麟奏曰：“五月奏言：‘广东肇高廉罗道驻肇庆府，控制千里外之高、廉二府。雷、琼道所辖雷州府在海北，琼州府在海南，俱鞭长莫及，请增设巡道，一驻高州，分辖高、雷、廉三府。改肇高廉罗道为肇罗道，雷琼道为海南道，并请将高雷廉道、海南道及旧惠潮道俱加兵备衔。’”③ 因郝氏之请，清廷遂于雍正八年（1730）五月置高雷廉道，驻高州府，辖高雷廉三府。

按清廷例，“凡道员加兵备衔者，即有节制所辖境内之都司、守备、千总、把总等武职之权，从而道员成为其辖区的地方文武长官”④。从郝玉麟的建议来看，北部湾地区军事地位得到提升，督抚影响力对北部湾地区的干预有所减小，道员对于统县政区的控制加强，基本实现了道一级直接对北部湾地区统县政区的军、政事务干预。高州府则在新一轮的高层部署中，成为高、雷、廉三府道一级的军政中心。高州府处于廉、雷二府内陆，居于二府之中，此番变动于廉、雷二府而言，海、陆压力变小，并可依据高州深居内陆的优势，以陆防为地区海防安全的重要支撑点，成为统辖廉、雷二府海防军、政建设的后方基地，这对北部湾地区海防建设具有重要作用。

然而，到了乾隆三年（1738），鉴于北部湾地区经济日益繁荣，琼州府与雷州府之间经济往来尤其频繁，而远驻雷州府之道员力不能及。为了维持雷、琼地区的稳定，雍正年间所设定的军、政格局被打破。两广总督鄂尔达等上疏：“广东琼州一府，孤悬海外，惟北与雷州府相近，米、谷、货物，俱赖雷州贩运接济，向有巡道一员统辖二府，权其缓急，随宜料理。雍正八年，分肇、高、廉、罗道辖之高、廉二府，分雷、琼道辖之雷州一府，添设高雷廉巡道一员驻扎高州。改雷琼道为海南道，止辖琼州一府，驻扎琼州，不特控制难周，即琼

---

① 《八旗通志》卷一百九十二，人物志七十二，清文渊阁四库全书。
② （光绪）《高州府志》卷四十九，记述二·事纪，清光绪十一年刻本，第31页。
③ 吴忠匡：《满汉名臣传》，哈尔滨：黑龙江人民出版社，1991年，第1053页。
④ 刘子杨：《清代地方官制考》，北京：紫禁城出版社，1988年，第95页。

民日用，亦多未便。请复海南道为雷琼道，改高雷廉道为高廉道，各兼兵备道职衔。”[①] 此建议得到吏部的议准。乾隆三年（1738）改高雷廉道为高廉道，改海南道为雷琼道仍驻琼州[②]，即雷琼道辖雷州、琼州二府［雍正八年（1730）雷州府析出］，廉州府则属高廉道。至乾隆十八年（1753），随着道员的权力逐渐提升，道员职责更加具体化，并成为地方实官。“道员职司巡守，以整饬吏治、弹压地方为任，至於钱、谷、刑、名则藩臬专责，各有攸司，且知府以下，悉其统辖，兼参议、佥事衔者，阶秩反卑，其何以表率？此皆旧例相沿，宜为变通以规画一，而重职守”[③]，因此，乾隆十八年“均裁去参政、参议、副使、佥事等，衔定守巡道均为正四品”[④]。

值得关注的是，乾隆初年将道一级官员变为地方具有实权的官，并将诸多名目的兼衔裁废，将道员职衔定一，确定品秩，这无疑解决了道员兼衔名目混杂、职权不清的弊端，肯定了道员对于地区稳定的价值。此举使“职司巡守”的道一级官员可以直接对北部湾地区统县政区进行管理，可以从北部湾地区全局的高度把握廉州府、雷州府二府海防局势，执行相关海防任务成为可能，也客观上增加了相邻的各道之间在督抚的领导下，实现更大区域的海防联系的可能。从清前期北部湾地区道的设置及流变中可知，从清顺治年间至乾隆中后期，道一级的行政机构经历了地方实权化的过程，且道的辖区范围复杂多变，并与地方海防多方牵涉，加之在不同时期军事区与行政区多有交集，凡此种种都证明了道在清前期地区海防安全以及地区军、政力量整合中扮演着重要角色。

（2）府、县官员的设置、驻防地理与海防的关系。

清代，作为省级行政系统下辖行政系统的一员，知府“掌总领属县、宣布条教、兴利除害、决讼检奸”[⑤] 之职责，对上有宣化、传达、执行命令的功能，对下则具体管理州县地方官员。按清例，北部湾地区所属五县，每州县设知州（散州）、知县各一人，“知县掌一县治理，决讼断辟、劝农振贫、讨猾除奸，兴养立教。凡贡士、读法、养老、祀神，靡所不综”[⑥]。管理北部湾地区的文官，位于道员之下，以雷州知府、廉州知府为辖区最高行政首脑，知州、知县次之。

---

① 广东省地方史志编委会办公室、广州市地方志编委会办公室：《清实录广东史料（一）》，广州：广东省地图出版社，1995 年，第 403 页。

② （嘉庆）《雷州府志》卷九，职官，清嘉庆十六年刻本，第 53 页。

③ （清）刘锦藻：《清朝文献通考》卷七十八，职官二，上海：商务印书馆，1936 年，第 5567 页。

④ （清）梁章钜、郑珍撰，冯惠民校：《称谓亲属记》，北京：中华书局，2018 年，第 319 页。

⑤ （民国）赵尔巽等：《清史稿》卷一百十六，志九十一·职官三，北京：中华书局，1977 年，第 3356 页。

⑥ （民国）赵尔巽等：《清史稿》卷一百十六，志九十一·职官三，北京：中华书局，1977 年，第 3357 页。

府县僚属名目多杂，府以同知、通判为主，县以县丞、主簿、典史、巡检为主，除此以外尚有训导、教谕等杂职，且大多数因事设立，并无定员，无从稽考，故仅以有关海防者论之。

与内地不同，北部湾地区地处海疆，远离王朝政治中心。为了有效地责成边陲之地文武官兵切实履行职责，控制海疆形势，清廷规定，“凡沿边、沿海及腹里府、州、县与武职官同住一城者，若遇边警及盗贼生发攻围，不行固守而辄弃去”及“被贼攻陷城池劫杀焚烧者”，“其府州县掌印，并捕盗官俱比照守边将帅被贼侵入境内掳掠人民者，律者边远充军”。① 这一点虽然广泛适应于清代沿海地区，但是从前文所涉之清代北部湾地区贼匪行劫、屠戮沿海居民等现象看，清代北部湾地区文、武官员的设置对沿海安全具有重要意义，在其职掌地区，权力所及之处，靡所不综。因此，府、县官员无疑是地方海防建设活动中的主导力量之一。

廉州府治所在合浦县，清康熙四年（1665）知府陈良玉改建府衙堂库，十一年（1672）知府徐化民重修府衙。乾隆六年（1741）再次修葺。廉州府府治与合浦县县治同城，城楼建置基本保存完善，府治依山川形势之便，廉江水系贯穿南北，南注大海，因其为府治、县治之所在，为一府军、政中心。廉州府城作为古海门镇，自宋以来，有其优越的地理形势，至乾隆年间依然形势结构完整，可见即使过了数百年，廉州府城对于廉州地方安全依然意义重大。到了清代，清初至乾隆年间海患频仍，该地对一府之中枢的海防地理战略价值自不待言。

雷州府府治在海康县，明清鼎革之际数遭焚毁，无存。“顺治间尚存县丞分署”，“府署在特侣塘，自汉为徐闻县时，治已在此”②。除此以外，道光《广东通志》并无过多记述，然而据《方舆考证》记载，特侣塘在遂溪县南一百六十里，广四十八顷，自宋绍兴末郡守何腴开渠筑堤，车灌东洋田四千顷，后乾道、万历年间都有修筑。乾道间所修筑之戴公渠，即时郡守戴之邵所开，即以“特侣渠近山易淹，於渠东四百二十步别开一渠”③。除上所述渠水以外，该地渠水四通八达，连通当地良田沃土，府署所处特侣塘有优越的经济条件，虽地处遂溪以南，但与海康县农业优越地带联为一片，不啻为遂溪与海康所共有的重要经济区。故而，雷州府军政中心府署在特侣塘，特侣塘的安全也是雷州府海康、遂溪安全之所系，这也是造成雷州府西岸政治、军事格局不均衡的重要原因之

---

① 田涛、郑秦点校：《大清律例》卷十九，兵律·军政，北京：法律出版社，1999 年，第 314 页。

② （道光）《广东通志》卷一百三十四，建置略十，上海：上海古籍出版社，2003 年，第 130 页。

③ （清）许鸣磐：《方舆考证》卷八十四，广东府三·雷州府·堤堰，清济宁潘氏华鉴阁本。

一，即雷州府军政重心在于雷州府东隅。

合浦县县署自明初建，就为百户所据点，具有一定的军事防守价值。清康熙后，合浦县署重修，这无疑肯定了原合浦县署所在地对于一县行政中心的价值。至乾隆初年，已经沿用数年的合浦县署发生了变化，嘉庆二年（1797）“知县戴锡纶以运判署地处低洼，详请修葺，旧县署移回，以判署改建为典史署”①。合浦地方水陆交叉之处尤多，水陆商运，缉捕盗贼，海防、河防、陆防任务皆重治。以运判署改为县署，县署改为典史署，由此可以判断，运判、典史、县令县署变更应当以水陆交通发达以及在职掌辖域上便利为原则。

钦州州署在城内，在防城未设县以前，钦州军事防守任务颇重，故而自康熙二十三年（1684）海内底定之际，鉴于钦州与安南水陆相交，龙门更是兵事不断，依托钦州城制御安南的军事策略更加明显，而重修州署，对钦州海防建设的军、政活动的开展无疑具有重要作用。灵山县属于北部湾内陆，为钦州、合浦腹地，与北部湾地区安全紧密相关，因此自明时为“千户所”，一直延续至清代。

雷州府属各县中，遂溪县县治在雷州府东隅，人口密集，管控地方用意明显，同时该地人口集中，必有鱼盐商运之利，因此遂溪县署多次重修应是题中之义。徐闻县最初与遂溪县相似，都处于人口较为密集的地方，县署于明时毁于寇以后，并没有在原址修建，而是迁往重要海防军事据点——海安所，清朝继续沿用，并集中于康熙年间海疆大治期多次重修。清廷在海安所设置县署，体现了海安所对于雷州半岛南隅海防的重要性。

清前期北部湾地区各地府县衙署设置，大体因循前明旧址，无太大变动，但是仍可寻得北部湾地区各县衙署变动的规律。府、县衙署为地方行政中心，海防职能为职官属性之一，结合各衙署变动地理空间来看，或直接与海防事务有涉，或在海防形势影响下与海防的联系逐渐加强。而从府县衙署修建的时间上看，主要集中于康熙二十年（1681）前后，顺治年间基本延续前明旧址，很少有修建城池。顺治年间兵制未定，海患肆虐且行踪不定，城池为永久性防守设施，修葺不易，在此条件下修建城池实属于时不合。康熙二十年左右，海疆日趋安宁，修葺衙署、执行相关海防政策、巩固海防建设成为这一时期最重要的海防举措。同时从各廨署修建主导者的身份来看，知府与县令成为修建廨署的主持者，其中合浦县县治以及钦州州署的修建由知府直接参与，可证钦州军事地位之重要。而且据前所述，府、县正印官有了解地方形势，并对府、县僚属署所的选址、修建负建议之责。综上所言，府、县官员在北部湾地区海防建

① （道光）《广东通志》卷一百三十四，建置略十，上海：上海古籍出版社，2003 年，第 127 页。

设中具有重要作用。

(3) 府县僚属设置、驻防地理与海防的关系。

清廷除府、县设知府、知(州)县以外，为了辅佐统县政区以及县级政区，又在各府县正印官之下，府设同知、通判等，州设州判、吏目等，县设县丞、主簿、典史等。按清制，“同知、通判分掌粮盐督捕、江海防务、河工水利、清军理事、抚绥民夷诸要职”，“县丞主簿分掌粮马、征税、户籍、缉捕诸职，典史掌稽检、狱囚。无丞，簿兼领其事”，“州同、州判分掌粮务、水利、防海、管河诸职。吏目掌司奸盗、察狱”[①]。钦州在光绪十四年(1888)以前为散州，下设州判、吏目等，职责与县丞、典史大致相同。由此可见，清代的府县僚属在职责范畴上，缉捕防务特点尤为明显，而缉捕防务正是清代海防建设的内容之一。北部湾地区以钦廉地区以及雷州半岛为主体，清代于北部湾地区的府县设立了相当数量的典史、县丞、主簿、巡检司等府县僚属，均负有缉私捕盗和海防的职责，是各正式行政中心的辅助以及实际命令执行者，其职司范围决定了府县僚属与北部湾地区海防建设密切相关。鉴于巡检司的重要性，下文另作详细探讨。

北部湾地区府县僚属驻防地理。廉防同知署在龙门，原为按察分司的旧馆，与知府同城。康熙二年(1663)“移廉防同知驻扎其地后，同知迁钦州防城。雍正二年令合浦县丞移驻，与龙门协右营水师守备同城”[②]，“嗣移永安，后迁钦州防城，乾隆十四年移驻龙门”[③]。廉州府同知署经过几次变迁，最终迁往龙门。然而从时间上看，据乾隆十六年(1751)六月周硕勋对龙门营仓的奏议是“同知原驻防城，乾隆八年移驻龙门”，“九年咨准将龙门仓谷一万石移驻龙门之廉防同知经理以专责成”，移驻龙门之目的是“钦州龙门自乾隆五年建仓贮谷以来，十余年间挪借空虚，事关海防要务”[④]，乾隆十二年(1747)方建衙署。对此，周硕勋对同知之职有了深刻的分析：“原议凡有海疆事宜与副将协同料理，但会哨操防均无需同知再参”，“看仓之外别无民事，将五品官竟作仓大使於体制亦不相宜”，且该仓为“接济兵粮”之用，“酌量各兵缓急情形，及扣存月饷、

① (民国)赵尔巽等：《清史稿》卷一百十六，志九十一·职官三，北京：中华书局，1977年。

② (道光)《广东通志》卷一百二十七，建置略二，上海：上海古籍出版社，2003年，第45页。

③ (道光)《广东通志》卷一百三十四，建置略十，上海：上海古籍出版社，2003年，第127页。

④ (民国)《合浦县志》卷三，经政志，海防，广东省地方史志办公室辑：《广东历代方志集成 廉州府部(六)》，广州：岭南美术出版社，2008年，第257页。

稽查混冒、拖欠等弊，非该管武职不能办理”，“势必事多掣肘”①。从以上史料来看，朝廷与地方知府周硕勋之间对海防同知经理龙门营仓之事存在不同看法：按朝廷的意思，基于龙门营仓的重要地位，以廉防同知专门经理龙门营仓事务并无不妥；而知府周硕勋认为，廉防同知为五品要员，其职权较重，主要职责为处理海疆各项事务，尽管龙门营仓事关海防，已有相应的大员进行料理，但是若专事专管，未免与设廉防同知之职的职能发挥有所违和。虽看法略有不同，但双方均认同廉防同知移驻龙门营仓，至少表明海防同知有着较为重要的地位。海防同知此次移驻适逢龙门海防事务艰难，选五品文官驻防，足见清廷对海防事务的重视。此次迁往龙门还有乾隆四年（1739）“安南内讧”的原因，故而，除防守龙门营仓外还有弹压沿海、严诘海寇的考量。

除廉防同知以外，雷州西海岸的海防，以徐闻南隅扼控琼州海峡，为北部湾地区东端海防重心，因此有海防同知驻于雷州半岛的军事战略要地海安所，以示其重。雷州海防同知署“在海安所城内，旧在府署内，国朝顺治四年改建于府治西，康熙八年同知沈鈖生重建，自为记，寻圮，后迁今治”②。雷州府海防同知由府治迁往海安，可依托海安所、锦囊所等优厚的兵力严诘海防，扼控雷琼海峡，同时海安所位于雷州半岛东西海岸折中之处，从距离上可以兼顾雷州府南隅东、西、南三面海防事务。

除廉州府属僚属以外，廉州府属各县中合浦县“县丞署旧在县治东，康熙二十四年县丞张景铨建。雍正九年移驻县东永安城，距县一百八十里”③。雍正九年（1731）永安所“移县丞驻此”④。典史署旧在县前。康熙二十三年（1684）建于道署前，乾隆七年（1742）改移旧县署。“典史职司监狱，旧因县署内无隙地，典史署居住辽远，不便巡查管理，致县署大门晚不能闭，且系草房竹屋，亦不足壮观瞻，请将县署改建为典史衙署，乾隆八年奉准部覆，移驻。嘉庆二年改移旧运判署。”⑤ 由此可知，合浦县丞署原是与合浦县同治，建立衙署之时为海疆大治时期，此时沿海之地百废待兴，民事、政事纷繁，加强当地治安，维护辖域稳定，具有巡捕之责的县丞至关紧要。对于掌管司狱刑法的典

① （民国）《合浦县志》卷三，经政志，海防，广东省地方史志办公室辑：《广东历代方志集成　廉州府部（六）》，广州：岭南美术出版社，2008 年，第 257 页。

② （道光）《广东通志》卷一百三十四，建置略十，上海：上海古籍出版社，2003 年，第 130 页。

③ （道光）《广东通志》卷一百三十四，建置略十，上海：上海古籍出版社，2003 年，第 128 页。

④ 《嘉庆重修一统志》卷四百五十，廉州府·关隘，四部丛刊续编景旧钞本，第 17 页。

⑤ （道光）《广东通志》卷一百三十四，建置略十，上海：上海古籍出版社，2003 年，第 128 页。

史署，因无隙地且衙署远离其管辖区域，而改县署为典史署，强化了县丞相关职能。而嘉庆二年（1797）的迁移，则是以运判署为驻地，稽查捕私的职能更加明显。

钦州州判署旧在州治东，康熙四十四年（1705），“州判傅祖说迁南隅坊，乾隆八年奉准部覆移驻东兴街弹压，动项建造衙署”①。此次移驻东兴，主要原因是“乾隆四年乙未二月安南内讧，初有韦赞基、韦福绾，继有兆晓啸聚掠劫，廉防同知由防城移驻龙门，原龙门司移驻防城，改为防城巡检”②。按清制，州判的职责是辅佐州同，州判分掌粮马、巡捕之事，其下属职官吏目掌辅理刑禁。钦州吏目署，“吏目李泽永重修，旧在州治西，今迁善庆坊”③。钦州之地在廉州府中属“冲、繁、难”④，按清代以冲、繁、疲、难定地方官员紧缺、要否，即“地当孔要者为冲，政务纷纭者为繁，赋多逋欠者为疲，民刁俗悍、命案多者为难”⑤。因此钦州之地既为要缺之地，且向属军事重地，文官重在刑、司缉捕之事，州判署移驻东兴街弹压地方、严诘边海防的目的明显。灵山县典史署在县署西，即旧县治，分防武职署在城内⑥。灵山县属简府，非要缺之地，典史与县令同驻，巡捕维护治安之事主要依恃巡检、兵防。

雷州府各县僚属设置。海康县为雷州府府治所在，其“典史署在城西南隅，原在雨花台南大街，后圮。国朝康熙十年移建于仁里坊，嘉庆三年知府陆维垣嫌其去狱稍远，难以稽查，改建今所”⑦。徐闻县典史署在县治前横街，顺治间市民房建。⑧ 遂溪县县丞署原在县署东，后缺裁，直至嘉庆中后期方设，典史署

① （道光）《广东通志》卷一百三十四，建置略十，上海：上海古籍出版社，2003 年，第 128 页。

② （乾隆）《廉州府志》卷五，事纪，广东省地方史志办公室辑：《广东历代方志集成　廉州府部（二）》，广州：岭南美术出版社，2008 年，第 68 页。

③ （道光）《广东通志》卷一百三十四，建置略十，上海：上海古籍出版社，2003 年，第 128 页。

④ （民国）赵尔巽等：《清史稿》（第九册），志四十七·地理十九，北京：中华书局，1977 年，第 2287 页。

⑤ 台北“故宫博物院”：《宫中档雍正朝奏折》（第十辑），台北：台北“故宫博物院”，1978 年，第 91 页。

⑥ （道光）《广东通志》卷一百三十四，建置略十，上海：上海古籍出版社，2003 年，第 127 页。

⑦ （道光）《广东通志》卷一百三十四，建置略十，上海：上海古籍出版社，2003 年，第 131 页。

⑧ （道光）《广东通志》卷一百三十四，建置略十，上海：上海古籍出版社，2003 年，第 133 页。

"在儒学西街，旧在县署东，后圮今建"①。雷州府属简府，府属各县非文官要缺之地，且雷州府三县中徐闻县控扼航海要道，以备海事外，海康、遂溪县治皆在雷州半岛东岸，若非辅之以兵事，与廉州府相联络，雷州府西海岸恐难周全。据《遂溪县志》载，顺治十三年（1656），为了招抚叛军，海康典史郭维渐、协标王应试受遣"亲往西海招谕之翰"。"已复遣同知周慓、推官赵承祚奉谕以复，翰始归诚"②，可见典史、协标等文武官员互相合作、共同安抚地方叛乱势力之事迹，已于清初就被载于史册，清后期文、武官员通力合作维护地方安全更是屡见不鲜。

清代北部湾地区府县僚属的设置与府县僚属的移驻，相较于府、县正印官设置及移驻，在地理空间上的变化更为明显。廉州府海防要地永安、龙门、防城、东兴等边、海战略要地，与府县僚属职司范围一致。雷州府属府县僚属在雷州府东海岸，虽然兵防为常态，但是清初亦有府县僚属参与雷州府西海岸平定海防事件的记载。北部湾地区地处海疆，文武官弁均负有一定的海防职责，各府县僚属作为府、县正印官下辖行政体系，是地方行政政策的执行者，亦是缉私捕盗、防范入侵等维护地方安全具体事务的直接承担者，尤其是府属同知、通判、州县属州判、吏目、县丞、主簿、典史等，在海防相关事务中责任尤甚。为了加强府县僚属与正印官的联系，雍正五年（1727）广东巡抚在一份奏折中将广东州县僚属权责明确为："凡有盗贼案件，上司责成于州县，州、县复责成于巡、驿、吏目、典史，所获盗贼，虽系州县报获，实皆出于巡、驿等官之手。"③ 因此，有清一代府县僚属多与正印官驻于一地，既是便于行政命令的上呈下达，也是为了更加有效地维护地方安全。当然，也常有因特殊情况移驻他地的，囿于篇幅，本文暂不探讨。

2. 武官设置、驻防地理与海防

清廷在北部湾地区的统治，主要是在长期与北部湾地区各方势力的军事斗争中逐步建立起来的。为了实现对北部湾地区长久的统治，清廷延续并发展了明代的镇戍制度，尤其是"明代边防、海防，远的万里，近的也数千里，而置兵不多，防戍暇整"④，在全国各地逐步建立起了以营为基本军事单元的绿营制

① （道光）《广东通志》卷一百三十四，建置略十，上海：上海古籍出版社，2003 年，第 132 页。

② （清）俞炳荣、赵钧谟等：《遂溪县志》卷六，沿海兵防图，道光二十八年刊本（影印），台北：成文出版社，1975 年，第 571 页。

③ 中国第一历史档案馆：《雍正朝汉文朱批奏折汇编》（第八册），南京：江苏古籍出版社，1991 年，第 806 页。

④ 罗尔纲：《绿营兵志》，北京：中华书局，1984 年，第 23 页。

度，“凡疆域要地，设提督总兵统辖。镇守又设副将、参、游分列营伍，递相钤辖”[①]，历经清前期历代王朝经营建设日臻完善，并成为终清之际维护我国北部湾地区海疆完整、海防建设的重要力量。

（1）镇、协设置、驻防与海防的关系。

清廷初入北部湾地区时，先后委任重要军事将领绥靖地方，随着地方营制更定，到康熙二十三年（1684）北部湾地区以镇为最高军事单元的军事架构基本确立：“国家幅员广大，沿疆重镇、关塞要害之地设立总兵，俾之镇守……当以静谧地方为念，严饬官兵巡缉奸宄，倘有匪类务必穷尽根株。”[②] 清初，清廷为了尽快统一南方地区，委军事重任于将帅，虽然在短期内获得了效果，但也形成了“总兵一官全疆之安危，焉得其人则克以胜，不得其人则易以乱”，“将帅蓄谋激成异变，江西一叛而广东随之”[③] 的局面。康熙二十三年以后，军镇建置基本以高、雷、廉镇为基础，除改设隶属关系以外，并无大的波动（见表3）。

表3　康熙至乾隆时期的军镇设置

<table>
<tr><th>时期</th><th>军区</th><th>设置</th><th colspan="3">所辖营及其兵数</th><th>资料来源</th></tr>
<tr><td rowspan="4">康熙</td><td rowspan="4">高雷廉镇</td><td rowspan="4">二十三年改高雷镇总兵官为高雷廉镇总兵官，左右二营各设游击以下将领八人，兵一千七百七名</td><td rowspan="2">五十七年以龙门水师协副将以下将领十六人，兵一千九百六十八名，隶高雷廉镇统辖</td><td>廉州营</td><td>廉州营游击以下将领八人，兵九百五十八名</td><td rowspan="4">（清）《文献通考》卷一百八十九，兵考·直省·广东广西·绿旗营，清文渊阁四库全书本</td></tr>
<tr><td>钦州营</td><td>钦州营游击以下将领八人，兵七百二十四名</td></tr>
<tr><td rowspan="2">雷州协副将以下将领十六人，兵一千二百十八名</td><td>徐闻营</td><td>徐闻营守备以下将领三人，兵二百六十六名</td></tr>
<tr><td>海安营</td><td>海安营游击以下将领八人，兵九百三名</td></tr>
</table>

① （清）王辅之等：（宣统）《徐闻县志》卷首，典谟，台北：成文出版社，1975年，第63页。

② （清）王辅之等：（宣统）《徐闻县志》卷首，典谟，台北：成文出版社，1975年，第54页。

③ 《皇清奏议》卷三，议陈安壤十计·顺治六年，民国影印本。

(续上表)

<table>
<tr><th>时期</th><th>军区</th><th>设置</th><th colspan="3">所辖营及其兵数</th><th>资料来源</th></tr>
<tr><td rowspan="4">乾隆</td><td rowspan="4">高州镇</td><td rowspan="4">高州镇总兵官一人驻扎高州府，本标左营兼中军游击一人，中军守备一人，千总二人，把总四人，兵八百十有四名。右营都司一人，中军守备一人，千总二人，把总四人，兵八百十有三名</td><td rowspan="2">龙门协副将一人驻扎钦州。左营兼中军都司一人、中军守备一人驻扎防城汛，千总二人、把总四人，兵九百八十五名。右营都司一人、中军守备一人，驻扎永安寨。千总二人、把总四人，兵九百八十三名</td><td>廉州营</td><td>廉州营游击一人驻扎廉州府，中军守备一人，千总二人，把总三人，兵八百二十八名</td><td rowspan="2">《大清会典则例》卷一百十二，兵部·营制四·广东广西，清文渊阁四库全书本</td></tr>
<tr><td>钦州营</td><td>钦州营游击一人驻扎钦州，中军守备一人，千总二人，把总四人，兵七百二十四名</td></tr>
<tr><td rowspan="2">雷州协，分防雷州协副将一人驻扎雷州府兼辖海安、徐闻二营。中军都司一人兼辖左右二营。左营守备一人驻扎锦囊所，千总二人，把总六人，兵七百三十五名。右营守备一人，驻扎寨城，千总三人，把总四人，兵七百三十三名</td><td>徐闻营</td><td>徐闻营守备一人驻扎徐闻县，千总一人，把总一人，兵二百六十六名</td><td rowspan="2">（清）《文献通考》卷一百八十九，兵考·直省·广东广西·绿旗营，清文渊阁四库全书本</td></tr>
<tr><td>海安营</td><td>海安营游击一人驻扎海安所。中军守备一人，千总二人，把总四人，兵九百有三名</td></tr>
</table>

从上表可知，康熙二十三年（1684）至乾隆年间，北部湾地区形成了镇、协、营三级的稳定的军事结构。廉、雷二府均设协驻扎两府军事要地，并防守所辖范围内的各营。在兵额对比上，清康熙年间，高州、雷州、廉州三府总兵额与乾隆年间高廉镇兵额总体相当，但是雷廉二府在兵力分配上明显有差异，廉州府属各营兵额明显高于雷州府属兵额，龙门协营与雷州协营水陆兼防，同

时有分防所属辖域的职责。钦州营、廉州营分防钦州、灵山以及合浦三县之地，同时辖域内多军事战略要地，故而兵额较重。

乾隆二十七年（1762）“以雷州协及徐闻、海安二营隶琼州镇统辖，改为琼雷镇，其高雷廉镇改为高廉镇”①，时任两广总督苏昌认为“若将雷州协及徐闻、海安二营改隶琼州镇统辖，则不惟内、外联为一体，血脉相通，而一切营伍事宜及考验官弁，片帆往返，较之远赴高州更为便捷”②。此次军镇的调动，虽说是为了方便营伍兵弁驻防，但是与乾隆初年改设琼雷分巡道不谋而合，此举对于北部湾地区来说改变了因军事统辖区过大而造成管控不周的弊端，同时也加强了琼州、雷州在军事部署上的整合，因此强化了北部湾地区的军事、政治地位。但是从另一方面讲，乾隆初期改设雷琼道并加兵备衔，此次复将高雷廉镇雷廉二府分属于高廉、琼雷二镇，在职责上未免重叠，且北部湾地区属较为封闭的海域，在高层军、政部署上尤其应当避免因行政区划重叠而导致统辖不周的情况发生，此举不利于应对重大海防事件。

（2）营汛制度与海防的关系。

北部湾地区雷、廉二府，形势迥异，关隘、水陆冲要之处，更是多不胜数，非依托周密的军事部署，不能收海防之效。因而本节主要以营汛弁兵防守为核心，探究北部湾地区营汛弁兵部署的时空地理变化。清廷在北部湾地区的统治稳定以后，从水、陆两方面，通过对乾体水师营的改革，以及对陆路营重新规划，在北部湾地区实现了廉州府域以龙门协为核心、雷州府域以雷州协为核心的军事部署，两个军事单元不仅对各自辖区范围内的地区稳定、海防建设起着至关重要的作用，同时又与巡洋会哨之制实现相互协作，对北部湾地区海疆安全、海防建设具有至关重要的价值。清廷前期在北部湾地区的军事力量主要包括廉州府域的乾体营、龙门协、廉州营以及钦州营，雷州府域西海岸的雷州协营、徐闻营。两府各军事单元都有自己较为稳定的辖区，以营为基本军事单位，通过“汛防制度”，使得北部湾地区的兵力分散于各地，成为北部湾地区维稳、控制海防局势的重要机制。

①廉州府诸营。

龙门协为廉州府军事中心，但龙门协的设置晚于廉州、钦州诸营，与乾体营密切相关。乾体营，地处珠场八寨，港口分歧，由珠场八寨可瞰视大海，形势一览无余，旧设白龙城。因乾体营扼控沿海要地，“扼江海之交”，自秦汉至

---

① （清）《文献通考》卷一百八十九，兵考，清江浙书局本。

② （清）卢坤、邓廷桢主编，王宏斌点校：《广东海防汇览》卷八，营制，石家庄：河北人民出版社，2009年，第262页。

明朝，乾体港是廉州府城的门户，是我国对外交通、贸易的要地。[①] 因乾体港至冠头岭大观港有数百里的距离，“海面辽阔，逼近郡城”[②]，因此康熙十一年（1672）“展界改为水师”，“船只设有龙艇六只，大船一十三只湾泊乾体、冠头岭以资防守”[③]。作为廉州府域最重要的军事力量，乾体营原为珠场寨陆营改设，直至康熙二十三年（1684），一直作为水师营，成为维护廉州府域海防安全重要的军事中心。然而，乾体营虽地处港口要地，但是在明清之交的三十余年间，当地反清武装势力如杨彦迪等活动频繁，使得清廷不得不对乾体营其地军事战略再一次评估，“船泊内港控御不得其地，而置钦州沿海西盐、白皮等场於户外”。军事布防漏洞日益凸显，故而康熙朝，钦州知州马世禄三次请设龙门水师以资防守，“一为逆渠未歼，龙门为必要区，请图善后之策等事；一为捕逆复聚狂逞，乞亟次剿除以安黎庶事；又於为龙门必守区，恳乘舟师剿荡之”，如驻守龙门，“不特可除海寇目前之患，并可弥交趾睥睨之端”[④]。马世禄的提议为龙门协水师的设立增强了舆论基础[⑤]。至康熙四十二年（1703）乾体营裁废，官兵充拨硇洲营，使得乾体营所属军事防守地区重新整合，以险设兵，廓清将弁防守区域，即改乾体营，代之以龙门协水师为重、陆防为辅，解决了乾体营的存在与龙门协职权范围相互冲突的问题，同时将钦州、廉州营防区明确化。从康熙二十三年（1684）起，廉州府各营经过十余年的改革，至康熙五十六年（1717）东南沿海广设炮台，沿海以海防炮台为中心的军事防守格局形成，才使得龙门协的军事中心地位正式确立。

有学者主张“清朝北部湾沿海逐渐形成以龙门岛为中心的海防布局”[⑥]，笔者认为清康熙二十三年（1684）以前，北部湾地区沿海军事布局核心区并非在龙门岛，而是在珠场八寨之地以及钦州防城一带。原因有三：首先，清廷初设钦州、乾体、廉州三营，各设游击，但龙门未设，若是龙门为军事核心，马世禄请设龙门水师议中不会刻意对“钦州既设游击毋再议龙门”之说进行驳斥。

---

① 北海市地方志编纂委员会：《北海史稿汇纂》，北京：方志出版社，2006 年，第 416 页。

② （乾隆）《廉州府志》卷二，边隘附，广东省地方史志办公室辑：《广东历代方志集成　廉州府部（二）》，广州：岭南美术出版社，2008 年，第 25 页。

③ （康熙）《廉州府志》卷六，武备志，广东省地方史志办公室辑：《广东历代方志集成　廉州府部（一）》，广州：岭南美术出版社，2008 年，第 437 页。

④ （雍正）《钦州志》卷十一，奏议志，广东省地方史志办公室辑：《广东历代方志集成　廉州府部（四）》，广州：岭南美术出版社，2008 年，第 431 页。

⑤ 梁玮羽：《明清时期钦廉地区的地缘背景及其归属问题研究》，广西民族大学硕士学位论文，2014 年。

⑥ 吴小玲、何良俊：《明清时期北部湾海防及其对海外贸易的影响》，《广西民族大学学报（哲学社会科学版）》2016 年第 6 期，第 134 – 141 页。

其次，龙门兵力在康熙二十三年以前并不多，马世禄因有“应否以乾体之兵酌量移驻”的想法，为了说服皇帝，更以“兵不添设，饷不加增”为由设水师营，设若龙门之地为军事中心，兵饷应不在话下，马世禄必不会有如此之说。最后，马世禄时任钦州知州，深知龙门之地海患频发之原因，即“龙门当钦州之咽喉，为高雷廉门户”①，而清廷以乾体营水师为中心的军事布防，不仅没有减轻海患，反而致使龙门之地成为海寇聚集之所，为了改变时下的局面，厚集兵力，扼守龙门各军事要地，马世禄多次提议设龙门，“反映了龙门在钦廉地区的海防重要性”②，但是更深层次的考虑应当是在不同海防形势下，乾体营的海防地位下降，龙门地方多事，当为设龙门协水师的主要原因。

廉州营地在合浦，“附郭面海背山，南十里名乾体海口，为廉州府城门户，西南五十里名冠头岭，再西名大观港，为合浦右腋”③。合浦地方与乾体、冠头岭以及大观港等重要海防战略要地极为贴近，清初为廉州协，顺治十二年（1655）“恢廉设协守副将一员，分左、右二营”④。康熙三年（1664），廉州协分设三营，各设游击，每人领兵一千，统辖乾体、钦州两营，将廉州府作为连接乾体与钦州的军事中心，突显了清初合浦作为军、政中心的重要战略地位。康熙十年（1671），廉州营军事管辖权再度扩大，右营守备李起鸿驻防灵山，此为廉州协营对灵山之地拥有分防职权之始。康熙十二年（1673），总兵许弘镇守廉州，使廉州俨然为廉州府最高军事辖区。这一军事级别的调整，廉州镇的设立，为应对廉州府范围的海陆安全以及执行海防政策起到了至关重要的作用，对平定三藩之乱、平定台湾郑氏等一系列战事所起的作用不言而喻。康熙二十三年（1684）裁镇改营，“设龙门协，将钦州、乾体二营官兵裁改”，以游击“分防合浦灵山二县”⑤。廉州营在廉州府的军事地位被龙门协取代，并为龙门协所统属，后又通过与龙门协营分治乾体营水、陆营地，最终奠定了清代的营制，基本确定了驻防范围，即以府治为中心，同时分防灵山县地。

---

① （雍正）《钦州志》卷十一，奏议志，广东省地方史志办公室辑：《广东历代方志集成　廉州府部（四）》，广州：岭南美术出版社，2008年，第431页。

② 梁玮羽：《明清时期钦廉地区的地缘背景及其归属问题研究》，广西民族大学硕士学位论文，2014年。

③ （乾隆）《廉州府志》卷二，疆域，广东省地方史志办公室辑：《广东历代方志集成　廉州府部（二）》，广州：岭南美术出版社，2008年，第25页。

④ （康熙）《廉州府志》卷六，武备志，广东省地方史志办公室辑：《广东历代方志集成　廉州府部（一）》，广州：岭南美术出版社，2008年，第438页。

⑤ （康熙）《廉州府志》卷六，武备志，广东省地方史志办公室辑：《广东历代方志集成　廉州府部（一）》，广州：岭南美术出版社，2008年，第439页。

钦州作为“控临大海，制驭安南，为藩篱要防，折冲重地”①，加强钦州边海地带的军事防控、海防建设对北部湾地区内、外安全均有裨益。因此钦州沿明旧制设钦州营，并在防城一带以及与交趾、广西上思相接处设军事据点，与原有之攘外营、澌凛营、防城营、那罗营等军事据点共同构成军事防守区。康熙八年（1669），更定营制之初，首添把总一员，后几经裁汰，加上驻守州城、派守防城官兵，共有官兵 1 061 人，其中驻防州城有 660 人，派守防城官兵 401 人②。分拨各处塘汛墩台的官兵未作统计。钦州营重兵防守城池，在兵员有限的情况下，塘汛墩台的兵员防守，势必会兵单力弱，而龙门、牙山等处，势必难以兼顾，唯有对重要军事战略要地进行防守，统筹钦州海、陆两个方面的力量，方能够将钦州海、陆安全从战略高度进行把握。正如《廉州府志》所言：“钦州边海严疆，考之往代陆地设有重兵捍御，防海多设船只扼守，如龙门、牙山、水营三处皆属要害，所当酌议者也。”③ 但是从客观上讲，钦州营在清初就承担繁重的军事防守任务，但因其兵力不足且分散，致使龙门等战略要地无法得到切实防守，在海患频仍的状况下，地方安全问题尤为紧要，直到龙门协的设立，钦州营防守任务大大减轻，与龙门协相互配合，主要防守钦州与安南交接的海陆之地。

康熙二十三年（1684）以前，廉州府域最主要的水、陆军事力量为廉州营、乾体营以及钦州营。之后，廉州府设立龙门协，将钦州、乾体二营官兵裁改，乾体营并入他营后，通过对整个廉州府域的海陆防务重新布置，逐渐改变了北部湾地区的营制格局。康熙五十六年（1717），沿海遍设炮台，龙门协拨水师官兵重点布防龙门岛一带的大观港西炮台、牙山、三口浪、石龟岭，钦州原属之防城，以及合浦东路永安所等汛地，廉州营带兵防守乾体、八字山炮台、冠头岭、大观港东炮台等汛地，钦州营则防守钦州治所及三十六村等汛地。此次重新布防，不仅解决了原乾体营汛地陆、海的军事战略要地兵力空虚、钦州营防守任务过重等问题，也加大了对钦州与交趾交接地带的海陆军事力量部署。廉州营与龙门协各营共同分割原乾体营重要汛地，加强了各营之间的联系。乾隆时期，为了更好地实现对北部湾地区的管控，不仅重视营汛弁兵对重要地区的防守之责，同时要求临村弁兵承担管控村庄的责任等，使得海防建设日趋保守，

---

① （清）顾祖禹撰，贺次君、施和金点校：《读史方舆纪要》卷一百四，广东五，北京：中华书局，2005 年，第 4757 页。

② （康熙）《廉州府志》卷六，武备志，广东省地方史志办公室辑：《广东历代方志集成　廉州府部（一）》，广州：岭南美术出版社，2008 年，第 441 页。

③ （康熙）《廉州府志》卷六，武备志，广东省地方史志办公室辑：《广东历代方志集成　廉州府部（一）》，广州：岭南美术出版社，2008 年，第 441 页。

形成了一营多地防守、一县多营的交叉部署防控网，这一部署影响了清前期北部湾地区长达数年的海防稳定局面。乾隆末年，北部湾地区海防废弛，这一海防部署格局最终被打破。

②雷州府域各营。

雷州之地与廉州府形势迥异，“徐闻北通石城，无津梁之阻，南抵琼、台惟一帆可达，而东南西三面巨浸”①，在并无明显的地利优势前提下，只有依托坚固的军事工事、严密的军事部署，方能够严诘海疆。因此，顺治八年（1651）“初定雷州罢镇守参将，革卫所指挥千百户，于雷州设协镇副总一员”②，初步改定营制后，以雷协为高级军事指挥中心，在府、县设有七营，包括雷州协属左右两营、遂溪营、海安营、徐闻营等。因七营中除徐闻营、海安营外，军事行政重心均不在雷州府西岸，为了加强雷州府西隅的防守，清廷通过设官驻兵、分兵防守的方式，构建起以军事据点为核心的雷州府西岸军事布防格局。

遂溪县西海岸防段。据康熙十一年（1672）《雷州府志》记载，清初遂溪县设遂溪营，并设“守备一员，千总一员，把总二员”，沿海西岸段墩台烟墩、调建、抱金等八烟墩“俱是乐民所拨兵防守”③，遂溪县驻军地，基本以县域所辖范围各港台烟墩为界。直至清康熙二十三年（1684），更定营制，“裁撤遂营守备千把总等官汛地，拨归雷协右营管辖”④，“西汛有乐民所城一座，最为险要，右营轮拨千总一员”并带兵驻防，草潭、调神、博里、调建各汛“南接左营海康、洪排地方，东面俱属深山茂林，西面汪洋大海，北面设有文体、羊脚、下落炮台，悉拨兵防守”⑤，遂溪县西海岩的八处港台、八处烟墩由雷州右营调拨官兵汛守。至此，遂溪县西岸防务建设正式完成。

海康县所辑西海岸段。海康县为雷州府府治所在，其县西海岸总堠、徒房、郎岛、吴蓬、博袍等烟墩“俱是海康所拨兵防守”⑥，康熙八年（1669）“修海康乐民等所城垣”⑦。康熙二十三年（1684）以后，更定营制，海康县弁兵驻守主要由驻扎府城内的雷州府左右二营承担，具体做法是“拨官兵分防乐民所、海康所汛地，及拨防淡水、调岭各台汛”，海康所“兵三百名驻防，并内拨兵分

---

① （康熙）《广东舆图》卷十，雷州府图说，清康熙二十四年刻本，第4页。
② （康熙）《雷州府志》卷八，兵防制·武镇，清康熙十一年刻本，第6页。
③ （康熙）《雷州府志》卷八，兵防制·营制，清康熙十一年刻本，第3页。
④ （康熙）《遂溪县志》卷三，兵防志·营制·防守，清康熙二十六年刻本，第22页。
⑤ （康熙）《遂溪县志》卷三，兵防志·烟墩，清康熙二十六年刻本，第25页。
⑥ （康熙）《雷州府志》卷八，兵防制·墩台，清康熙十一年刻本，第4页。
⑦ （康熙）《海康县志》上卷，舆图志·事纪，民国十八年铅印本，第11页。

防房参港口等台汛”[①]。

徐闻所属西南段。徐闻营的官制为守备、千总各一员，把总二员，海安营设游击、守备各一员，千总二员，把总四员[②]。从将领设置上看，海安扼控琼雷海峡，堪称海防第一防守阵地，以游击设于此，其军事地位之重自不待言。另外，海安营游击职重权大，能够在特殊时期更大限度地发挥海防职责，维护海防安全。徐闻营与海安营同处一地，其西岸烟下井、包西烟墩“俱徐闻营拨兵守”[③]，也在一定程度上分担了海安营在西岸的军事压力。海安营驻扎“在县城东南二十里，明洪武时建，周围四百九十四丈五尺，东西南北共四门”[④]，其中徐闻属之流沙港台、洪排港台等港台烟墩配备有瓦屋、毛竹营房，而且台周围均阔四丈以上[⑤]，在水师方面配有“海安营哨船大小共二十只”[⑥]。基于海安所的战略地位，及其本身拥有的完备工事体系，海安营在清前期海防建设方面发挥了重要作用。如康熙元年（1662）迁海之时，海安所城成为重要的海防指挥中心：“建海安所城，设高雷廉三府水师副将，辖兵二千五百，统战船援剿三府。”[⑦] 康熙八年（1669）展界“复设海安哨船二十只”[⑧]。康熙十年（1671）“修复水师哨船，分隶白鸽寨、海安营申严洋禁”[⑨]。康熙二十三年（1684），海安营的海防地位基本确立：“驻防并内拨兵防守白沙、三墩台汛，经制额设哨船二十只，内拨十四只湾泊海岸，河下尚六只分拨乐民港口，改营配兵，侦御巡防。”[⑩] 至雍正八年（1730）“裁海安所归并徐闻县”[⑪]。

雷州府三县之地，弁兵营伍的驻守经过清初至清康熙年间的营制建设，基本奠定了自徐闻南隅向北至遂溪所属西岸的海上防卫格局。然而从时间上看，在康熙二十三年（1684）以前，各县西岸汛台主要由各县卫所拨兵防守，且与县属营之间驻防、分防关系并不清晰；康熙二十三年以后，虽然仍以卫所城为军事据点，但是明确了各卫所由雷协分兵防守，雷州府三县弁兵防守在兵员的

---

① （康熙）《广东通志》卷十二，兵防，清康熙三十六年刻本，第 170 页。

② （康熙）《雷州府志》卷八，兵防制·营制，清康熙十一年刻本，第 4 页。

③ （康熙）《雷州府志》卷八，兵防制·墩台，清康熙十一年刻本，第 3 页。

④ （康熙）《广东舆图》卷十，雷州府·徐闻县，清康熙二十四年刻本，第 24 页。

⑤ （康熙）《雷州府志》卷八，兵防制·墩台，清康熙十一年刻本，第 6 页。

⑥ （康熙）《雷州府志》卷八，兵防制·哨船，清康熙十一年刻本，第 11 页。

⑦ （康熙）《雷州府志》卷一，舆图志·事纪，清康熙十一年刻本。

⑧ （康熙）《雷州府志》卷八，兵防制·哨船，清康熙十一年刻本，第 10－12 页。

⑨ （康熙）《雷州府志》卷三，沿革，清康熙十一年刻本，第 4 页。

⑩ （康熙）《广东通志》卷十二，兵防，清康熙三十六年刻本，第 108 页。

⑪ （清）王辅之等：（宣统）《徐闻县志》卷二，沿革志，台北：成文出版社，1975 年，第 253 页。

统属关系和驻防范畴上基本确定下来，即乐民、海康主要由雷协右营分防，海安营则统属于雷协，尤其重在水师战船建设。综观雷州府西岸的弁兵防守基本以沿海所城、墩台为重要的防守据点，通过逐步构建防汛制度，形成了以海安所城、海康、乐民为军事核心，雷协分防、各县驻军分防、各所城拨兵分防附近汛台烟墩，沿雷州府西岸至南隅的海上防卫体系，弥补了因雷州府各县行政、军事治所远离雷州府西海岸而西海岸海防乏力的状况。此后，雷州府各营驻防格局基本无太大的变动。

清前期北部湾地区的弁兵驻防地划分及廓清与地方营制改革的推动紧密相关。清康熙二十三年（1684）以前，以廉州营为军事核心驻防合浦、分防灵山，钦州营、乾体营水师分别管控钦州与乾体八寨地方，各营虽有军事防守区，但驻防区之间联系较少，驻防辖区范围与驻防区军事力量的设置存在着矛盾。至康熙二十三年，设龙门协的提议被提出并进一步开展与实践，乾体营水师地位丧失，最终被裁撤。龙门协在新一轮的营制改革中，继承了乾体营大部分水陆防区，钦州营、廉州营军事要地也均划归其防守范围之中。最终，在康熙五十六年（1717）廉州的海防炮台体系建设中，形成了廉州府以龙门协为军事重心，龙门协、廉州营、钦州营相互联系，佐以重要战略据点强大的火力点以及日臻成熟的巡洋会哨之制，奠定了清康熙五十六年以后的北部湾地区海防战略格局。

雷州府西岸营汛弁兵的驻防始于清初，依托沿岸数量众多的军事据点以及较为成熟的水师巡防制度执行海防建设任务是其最主要的特点之一，但是康熙二十三年，营制改革仍然对雷州府西海岸海防建设产生了明显的影响。在以雷州协分防雷州府西海岸各营的部署中，重视徐闻西南重点海防要地的军事力量建设，加强沿岸军事据点之间的联系，并建立起了以卫所工事设施为支撑的军事防控网，一定程度上缓解了雷州府西海岸远离军政中心所带来的海防压力。比较两府的防御特点，虽然都是依靠以陆制海的防御思维，但廉州府域在地理形势上既有依山设险的优势，也可依托海防工事建设完成军事布防，而雷州府除了以墩台卫所为主要依托，厚集兵力驻防军事据点，并无其他军事优势，海防建设活动具有一定的局限性。随着乾隆后期海防逐渐空虚，二府海患不断，雷州府西海岸之“海盗劫遂溪县杨柑市”，更是被县志编纂者称为“海盗上岸劫掳之始。自后，近海村庄在三四十里内者被劫无虚日”。[①]

3. 清前期北部湾地区巡检司的设置、驻防地理与海防

清代“巡检司巡检，从九品，掌捕盗贼、诘奸宄，凡州、县关津险要则置，

① （嘉庆）《雷州府志》卷三，沿革，嘉庆十六年刻本，第42页。

隶州、厅者专司河防”①，“掌缉捕盗贼、盘诘奸伪，凡关津要害并设之”②。其看似职权微末，却在地方社会安全治理中有重要作用，但常有“巡检职微权轻，防捕亦等虚文”③ 的现实处境。从巡检司的设置及其职能来看，清代巡检司在地方治理中，作为最基层政区，通常被看作是与县丞、主簿等具有相同职能与特点的次级县级政区④，尤其在地方治安、缉捕等事项中具有较为重要的地位。北部湾地区属边、海之地，内陆水系发达，关津险要之处良多，且有贼匪窜行其中，缉捕任务繁重，故而巡检司在北部湾地区职责之重，自不待言。清代北部湾地区巡检司的设置始于顺治年间，延续前明旧制，海疆局势尚未稳定之时，大多数在前明基础上或沿或改，在巡检的设置空间分布以及巡检所设数量上有所变更。至嘉庆时期，北部湾地区二府之地统共有十五巡检，包括廉州府属钦州那陈、沿海、长墩、防城、如昔五巡检，合浦县属高仰、珠场、永平三巡检，灵山县属林墟、西乡二巡检，以及海康县清道镇，遂溪县属湛川，徐闻县属宁海、东场，也包括乾隆元年（1736）移驻龙门地方而改龙门司巡检的“管界巡检”⑤。

表4　廉州府巡检司设置及其辖地

区域	巡检司	驻防地
钦州	那陈	（那陈巡检司）在那陈墟，乾隆二年设，坐落钦州西北二百六十里，西与广西宣化县迁龙司接壤，南与宣化县三官司接壤，北与广西新宁州地方接壤，东与灵山县西乡司接壤
	沿海	在州南十里中和城东二坊兼界，南遥望龙门，守其要害
	长墩	钦州西九十里大寺墟，明洪武十年置驻长墩关，本朝乾隆四年移此，仍旧名。（长墩司署）在州西三十里凤凰江口东西二江合流处，守其要害
	防城	在州南七十里，乃交趾入中国要隘，雍正三年裁管界司，设龙门巡检，乾隆四年移驻防城
	如昔	州治西南一百七十里如昔都那苏村，据十万大山，势甚险阻，防守交趾要害

① （民国）赵尔巽等：《清史稿》卷一百十六，志九十一，北京：中华书局，1977 年，第 3356 页。

② （光绪）《高州府志》卷十九，清光绪十一年刊本。

③ （清）《续文献通考》卷一百三十五，职官考二十一。

④ 傅祥林：《清代的次县级政区与辖区》，载冯昌纪主编：《东北亚历史地理研究》，香港：香港同泽出版社，1996 年。

⑤ （道光）《广东通志》卷一百三十四，建置略十，上海：上海古籍出版社，2003 年，第 132 页。

（续上表）

区域	巡检司	驻防地
合浦	高仰	在合浦县东北一百五十里，明初置，驻县北一百二十里马栏墟，后移此
	珠场	合浦县东南六十里，旧为采珠之所。明洪武中置驻白龙城后，移此，本朝康熙四年裁，八年复
	永平	署县治西南三百余里寨墟，康熙二十年巡检黄道泰建。其合浦永平巡司一隅则插入粤西横州兴业、贵县、郁林、博白五邑之内与狼獞杂处
灵山	林墟	署在县南八十里武利墟，雍正九年移驻陆屋墟，在县南一百里，所管地方俱属县治西南
	西乡	署旧在县西二百二十里上宁练，今移驻太平墟

资料来源：（乾隆）《廉州府志》卷六，建置公署；（康熙）《廉州府志》卷三，建置志；（清）穆彰阿：《嘉庆重修一统志》卷四百五十；（清）阮元修，陈昌济纂：《广东通志》卷一百三十四。

（1）廉州府域巡检司设置、驻防地理与海防。

那陈巡检司在钦州西北，为两广交接处，那陈江“出西北心岭，东北至那陈墟为那陈江，又东北复入宣化为八尺江也，有沿海、林墟、长墩三巡司，那陈司”①，那陈江所经之处，将沿海、林墟等巡检司辖地相连接，使得钦州、合浦、灵山在防守上相呼应，共同扼守战略要地，防守任务之重，显而易见。沿海巡检司“在州南十里中和城东二坊兼界，南遥望龙门，守其要害”②。按，明时烟通营“在州南烟通岭之阳，即沿海司旧址，水通龙门、海口，海舟可至之处。知州林希元为有事安南始建，后废”③，“在钦州北七十五里小董村，明洪武五年置”④，到了乾隆时期“沿海巡检司署在州南，今迁州东北九十里与灵山县

① （民国）赵尔巽等：《清史稿》卷七十二，地理十九，北京：中华书局，1977 年，第 2288 页。

② （康熙）《廉州府志》卷三，建置志，广东省地方史志办公室辑：《广东历代方志集成　廉州府部（一）》，广州：岭南美术出版社，2008 年，第 354 页。

③ （雍正）《钦州志》卷六，武备志，广东省地方史志办公室辑：《广东历代方志集成　廉州府部（四）》，广州：岭南美术出版社，2008 年，第 373 页。

④ （清）穆彰阿：《嘉庆重修一统志》卷四百五十，廉州府・关隘，上海涵芬楼景印清史馆藏进呈写本，第 16 页。

西乡司接壤，乾隆四年咨准部覆修”[①]。许鸣磐则考证“沿海巡司在钦州东，志本在钦州南十里，明洪武五年置，今迁於小董村，在州北七十里”[②]。沿海巡检旧址在明时与明烟通营军事据点同于一地，到清时沿海巡检由清初的沿海地带迁至北部，接近广西上思界，与西乡巡检共同管辖广西边界。所迁之小董村水车江“经小董村，一名小董江，流合渔洪江”[③]。沿海巡检的迁移，除专司河防、缉私捕盗外，与其他边界巡检共同严诘中越边、海交界处。长墩巡司在“钦州西九十里大寺墟，明洪武十年置驻长墩关，本朝乾隆四年移此，仍旧名”[④]。长墩司署“在州西三十里凤凰江口东、西二江合流处，守其要害”[⑤]，清初曾在长墩地方设汛，并在长墩东西两岸设有炮台，东炮台在康熙年间废弃，西炮台“原汛兵二十名，今撤，止留兵五名河口盘查船只”[⑥]。长墩关“在钦州西南三十里凤凰江口”[⑦]。道光省志则载长墩巡检司署旧在州西三十里，又向西移动至大寺墟“去州西九十里，乾隆四年咨准部覆，动项建”[⑧]。“大寺墟坐落州西陆路九十里，北与广西宣化县连界，西与广西上思州连界。”[⑨] 巡司从凤凰江口，进而又西移六十里，与广西上思尤近，可推知主要目的是严诘两广边境，扼守长墩关，防止流匪骚扰钦州之地，成为守护钦州免除由两广边境而来的威胁的保障之一。

防城巡检司署在“州西一百八十里永乐乡白花山下，防守广西廉界要害之地”，亦是“交趾入中国要隘，雍正三年（1725）裁管界司设龙门巡检，乾隆四

---

① （清）阮元修，陈昌济纂：《广东通志》卷一百三十四，建置略十，续修四库全书本，第129页。

② （清）许鸣磐：《方舆考证》卷八十四，广东府三·廉州府·关隘，清济宁潘氏华鉴阁本。

③ （清）穆彰阿：《嘉庆重修一统志》卷四百五十，廉州府·关隘，上海涵芬楼景印清史馆藏进呈写本，第10页。

④ （清）穆彰阿：《嘉庆重修一统志》卷四百五十，廉州府·关隘，上海涵芬楼景印清史馆藏进呈写本，第12页。

⑤ （康熙）《廉州府志》卷三，建置志，广东省地方史志办公室辑：《广东历代方志集成 廉州府部（一）》，广州：岭南美术出版社，2008年，第354页。

⑥ （康熙）《廉州府志》卷三，建置志，广东省地方史志办公室辑：《广东历代方志集成 廉州府部（一）》，广州：岭南美术出版社，2008年，第445页。

⑦ （清）穆彰阿：《嘉庆重修一统志》卷四百五十，廉州府·关隘，上海涵芬楼景印清史馆藏进呈写本，第11页。

⑧ （清）阮元修，陈昌济纂：《广东通志》卷一百三十四，建置略十，续修四库全书本，第129页。

⑨ （乾隆）《廉州府志》卷六，建置，公署，广东省地方史志办公室辑：《广东历代方志集成 廉州府部（一）》，广州：岭南美术出版社，2008年，第80页。

年移驻防城”①。乾隆元年（1736）“移驻龙门地方，改为龙门司巡检。十二年题准部覆，将防城同知移驻龙门，以龙门巡检驻防城，改为防城司。并将防城同知署改为防城司署”②。从以上史料可知，防城巡检司的变迁，主要是由于龙门之地的军事地位提升，巡检之职职微权轻，故以同知驻扎龙门。而防城之地又为前明“兵备伍袁萃、副总兵杨应春筑城以制贴浪、时罗及海上诸贼”③，素为海防重要战略之地，以龙门巡检移驻防城，改为防城司，通过置换品级较高的文官而不是以裁废的形式来实现地区管控，更加突显了龙门、防城作为防海重地的军事战略价值。如昔巡检司在钦州“西南一百七十里如昔都那苏村，据十万大山，势甚险阻，防守交趾要害”④，明时，此地设为防城营，驻时罗都，为州西门户。雍正九年（1731）因“如昔司地方逼近交趾，兼近海滨”，巡抚鄂弥达疏请“移廉州府同知驻扎，专司缉捕”⑤。如昔地方“在州西一百六十里，距交趾永安州二十里，据大山之巅，势甚险阻”，其地北连东西两江，南接交趾，“有如昔、了葛、贴浪、澌凛、古森、时罗七峒”⑥。从如昔地方特殊的军事地理位置来看，可知如昔巡检责任甚重，既有边防职能，同时海防亦在其职司范畴以内。

合浦县属高仰、珠场、永平巡检司。高仰巡检司“原在县治北一百二十里马栏墟，今在张黄墟”⑦。《一统志》载“在合浦县东北一百五十里，明初置，驻县北一百二十里马栏墟，后移此”⑧。“高仰巡检司署旧在县治北一百二十里马

---

① （乾隆）《廉州府志》卷六，建置，公署，广东省地方史志办公室辑：《广东历代方志集成 廉州府部（一）》，广州：岭南美术出版社，2008年，第80页。

② （清）阮元修，陈昌济纂：《广东通志》卷一百三十四，建置略十，续修四库全书本，第129页。

③ （清）穆彰阿：《嘉庆重修一统志》卷四百五十，廉州府·关隘，上海涵芬楼景印清史馆藏进呈写本，第16页。

④ （康熙）《廉州府志》卷三，建置志，广东省地方史志办公室辑：《广东历代方志集成 廉州府部（一）》，广州：岭南美术出版社，2008年，第354页。

⑤ （清）阮元修，陈昌济纂：《广东通志》卷一百三十四，建置略十，续修四库全书本，第129页。

⑥ （清）穆彰阿：《嘉庆重修一统志》卷四百五十，廉州府·关隘，上海涵芬楼景印清史馆藏进呈写本，第17页。

⑦ （康熙）《廉州府志》卷三，建置志，广东省地方史志办公室辑：《广东历代方志集成 廉州府部（一）》，广州：岭南美术出版社，2008年，第353页。

⑧ （清）穆彰阿：《嘉庆重修一统志》卷四百五十，廉州府·关隘，上海涵芬楼景印清史馆藏进呈写本，第16页。

栏墟，今移张黄墟，距县一百五十里。”[①] 高仰司由明时驻县治北，至清移驻县东北。而《方舆考证》所载“高仰巡检司在合浦县西南十里，明初置，今因之”[②] 则与高仰巡检司所驻之地有所出入。《明史》载：“又北有高仰巡检司，治马栏墟，后迁於县西南。”[③] 查《方舆纪要》：“高仰镇，在府西南十里，有巡司，洪武初置。又珠场巡司，在府东南六十里，永平巡检司，在府西北四百里，皆洪武初置。”[④] 故《方舆考证》之高仰巡检司在“县西南十里”或为“高仰镇在府西南十里”。从以上可知，高仰巡检司在明初从县北马栏墟向西南移，清时又向东北移动，其移动轨迹是不断靠近广西玉林地区的，其兼防灵山同时扼控两省边境地区用意明显。珠场巡检司署“在县治西南六十里白龙寨”[⑤]，“旧为采珠之所。明洪武中置驻白龙城后移此，本朝康熙四年裁，八年复”[⑥]，负责稽查沿海八寨地方，为滨海军事重地，康熙元年（1662）迁界后，“将珠场八寨改为水师营，设游击镇此，十九年裁，止设千总防”[⑦]。珠场巡检驻防之地港湾纷杂，又要与当地军事机构相配合，察盗捕私，执行各时期海防政策，责任颇重。故自明置此后虽有所移动，但是康熙年间不仅恢复了珠场巡检司，更是将八寨地方设为水师营，这无疑是对珠场地方战略价值的肯定，同时也说明了珠场巡检司职责之重。永平巡检司在合浦县东北永平村，明初置，后废。嘉靖十三年（1534）复置，司署在“县西南三百余里寨墟，康熙二十年巡检黄道泰建”[⑧]。至乾隆初，“合浦永平司地方三百余里并无汛地”[⑨]，又与广西毗连，可见，永平巡检司职掌两广两府交接地带，稽查捕盗责任甚重，但是因其属两省的远边地带，

---

① （清）阮元修，陈昌济纂：《广东通志》卷一百三十四，建置略十，续修四库全书本，第128页。

② （清）许鸣磐：《方舆考证》卷八十四，广东府三·廉州府·关隘，清济宁潘氏华鉴阁本。

③ （清）张廷玉：《明史》卷四十五，志第二十一·地理六，北京：中华书局，1974年，第1145页。

④ （清）顾祖禹撰，贺次君、施和金点校：《读史方舆纪要》卷一百四，北京：中华书局，2005年，第4755页。

⑤ （康熙）《廉州府志》卷三，建置志，广东省地方史志办公室辑：《广东历代方志集成 廉州府部（一）》，广州：岭南美术出版社，2008年，第353页。

⑥ （清）穆彰阿：《嘉庆重修一统志》卷四百五十，廉州府·关隘，上海涵芬楼景印清史馆藏进呈写本，第16页。

⑦ （清）阮元修，陈昌济纂：《广东通志》卷一百三十四，建置略十，续修四库全书本，第128页。

⑧ （清）阮元修，陈昌济纂：《广东通志》卷一百三十四，建置略十，续修四库全书本，第128页。

⑨ （乾隆）《廉州府志》卷二十下，艺文条例，广东省地方史志办公室辑：《广东历代方志集成 廉州府部（一）》，广州：岭南美术出版社，2008年，第477页。

数百里要地仅委以一塘三兵，孤弱寡援，不免职重权轻，力所不及。

灵山县属巡检有林墟、西乡。林墟巡司在县治南一百里武利墟，“新墟至陆屋墟水道五十里以上，共二百八十里”①，又“永乐七年海贼阮瑶等寇劫钦州，长墩巡司及林墟巡司官军追败之”②，到清雍正九年（1731），林墟巡司“移驻陆屋墟，在县南一百里，所管地方俱属县治西南”。③ 因此林墟巡检不仅有稽查河运水道、缉私捕盗的任务，同时其管辖范畴与合浦、钦州相接连，扼守钦、灵、合浦水陆要地，防守之责很大。西乡巡检司旧“在县治西二百里上宁乡”④，“西乡巡检司署旧在县西二百二十里上宁乡，今移驻太平墟”⑤。按西乡地方，有那良江“出那良山，南流过太平墟曰‘太平江’，又东北入广西横州为平塘江”⑥。明朝时期，都指挥曾调官军防守，正德后因地方无事，营堡遂废，迁西乡巡检司于此后，其地设西乡上、中、下三都，“旧志有獞人初来自广西之上思州，为人佣耕岁久，遂成土著”⑦。按以上所述，西乡巡检司当水陆要道，曾为明廷军事防守之地。清时依然遵循扼守水陆要道原则，并管控两广边界，而三都之地又为少数民族聚居区，可见西乡巡检司在维持地方社会稳定中扮演着重要角色。

（2）雷州府属巡检司驻防地理与海防。

雷州府明时置六巡检，至清前期，位于北部湾地区的巡检只余其二——清道镇巡检、东场巡检。其中遂溪湛川巡检司“明洪武三年迁于县东南七十里旧县村，本朝康熙五年裁，九年复置，雍正十一年移驻东海之东山墟，仍旧名”⑧。徐闻县“西南百六十里西冠头岭东西南三面滨海，北遇贤水出石湾岭会青桐港水，又西合濂滨水，为流沙港，入海”，大水溪则“西南流为海安港，入海，有

---

① （乾隆）《廉州府志》卷六，建置，公署，广东省地方史志办公室辑：《广东历代方志集成 廉州府部（一）》，广州：岭南美术出版社，2008 年，第 80 页。

② （清）顾祖禹撰，贺次君、施和金点校：《读史方舆纪要》卷一百四，北京：中华书局，2005 年，第 4755 页。

③ （乾隆）《廉州府志》卷六，建置，公署，广东省地方史志办公室辑：《广东历代方志集成 廉州府部（一）》，广州：岭南美术出版社，2008 年，第 80 页。

④ （康熙）《廉州府志》卷三，建置志，广东省地方史志办公室辑：《广东历代方志集成 廉州府部（一）》，广州：岭南美术出版社，2008 年，第 354 页。

⑤ （清）阮元修，陈昌济纂：《广东通志》卷一百三十四，建置略十，续修四库全书本，第 130 页。

⑥ （民国）赵尔巽等：《清史稿》，北京：中华书局，1977 年，第 2287 页。

⑦ （康熙）《遂溪县志》卷二，公署，康熙二十六年刻本，第 37 页。

⑧ （清）穆彰阿：《嘉庆重修一统志》卷四百五十一，雷州府 · 关隘，上海涵芬楼景印清史馆藏进呈写本，第 11 页。

宁海、东场二巡检司"①。宁海巡检司在县东七十里武安墟，明初置；海康县涠洲巡检司在县西八都海岛中，久裁。因此，清道、东场二巡检司驻防对于北部湾地区东部海防责任尤重。本节只就与北部湾地区相关的清道、东场二巡检司予以探讨。

清道镇、东场巡检司均沿袭明廷旧制，居于雷州府西海岸，《大清一统志》载：清道镇巡检司"在海康县西南九十里北和墟，明洪武二十七年置"，东场巡检司在"徐闻县西四十里迈陈墟，明初置。通志自此渡海抵琼州府临高县"②。徐闻县东南原还有黑石巡检司，于"崇祯三年裁，今为黑石埠"③。雷州"东、西、南三面滨海，海寇乘风而至，无常时，亦无定处，故防御为难"④，清道镇、东场巡检司外，在雷州西海岸还有洪排台、房参港、青桐港、流沙港、海安港等，"城西南一百四十里，有洪排台、房参港即石头港；在城西南一百五十里有防参台、流沙港即翁家港；在城西南二百里与徐闻交界为青桐港，分兵防守"⑤。

雷州府海康县属清道镇巡检、徐闻县属东场巡检，位于雷州半岛西海岸南部，海港纷繁，接近琼州海峡，海防之重自不待言。若非各处海港要道均有一定兵力把守，且有海康、海安等重要的军事据点为主力，恐难周全。

总之，北部湾地区的巡检司，廉州府居大半，雷州府次之。廉州府一州二县之地，所面对的海防地理形势各有不同。钦州巡检设置以防城、龙门为重，基本循两广边界、广东与交趾界而驻防，旨在缉捕匪患，弹压地方，威慑安南。灵山林墟、高仰巡检驻防地接近广西边界，居中，位于合浦、钦州县域相交地带，其中林墟巡检扼守钦江中游地区，高仰巡检则在廉江水系驻防，权力辐射可达雷州府边境。廉州府域部分巡检设置的时间大多处于雍正中后期至乾隆初期，即安南内讧、海患初起之时，也处于雍正至乾隆期间"从羁縻到直辖的转变，并将西南边疆系隶于中国版图之内"⑥ 的环境下。时雍正言及云、贵、川、广地区的改土归流，"并非以烟瘴荒陋之区，尚有人民之可利，因之开拓疆宇，

---

① （民国）赵尔巽等：《清史稿》，北京：中华书局，1977 年，第 2286 页。

② （清）穆彰阿：《嘉庆重修一统志》卷四百五十一，雷州府·关隘，上海涵芬楼景印清史馆藏进呈写本，第 11 页。

③ （清）穆彰阿：《嘉庆重修一统志》卷四百五十一，雷州府·关隘，上海涵芬楼景印清史馆藏进呈写本，第 10 页。

④ （清）顾炎武著，谭其骧、王文楚等点校：《肇域志》第 26 册，上海：上海古籍出版社，2004 年，第 2226 页。

⑤ （道光）《广东通志》卷一百二十四，海防略二·雷州府，上海：上海古籍出版社，2003 年，第 724 页。

⑥ 马亚辉、王巧娟：《清前期西南边疆民族政策的动态考察》，《广西民族研究》2017 年第 5 期，第 131－138 页。

增益版图，而为此举也”[①]。因此，北部湾地区巡检移驻，主要原因是雍正至乾隆时期清廷为了加强对西南边疆地区的直接管理，而严格加强海疆边、海防管控力度则成为海疆地区海防安全的重要保障。

钦州之地与越南交界海、陆巡检的驻防地理格局的形成，则应看到越南边境不断变动加速了这一变化，推动了清廷边海防建设历史进程。有学者认为“明清中越边界（实际控制线）的多次变动，成为钦州政区调整、佐杂地转移的直接原因”[②]，认为明清钦州佐杂转移固然是钦州边界线移动影响的原因之一，但更重要的原因则是雍正乾隆时期西南边疆的巩固、边疆实行直接管理。笔者赞同此观点。从整个廉州府巡检设置及驻防看钦州、灵山各县巡检驻防的轨迹，钦州不仅向西南方向移驻，也向西北方向移驻，灵山巡检则基本延续明廷布局，但总体上在防城一带、粤东与粤西边界附近聚集，更倾向于沿水陆交冲地带设防。

（四）“巡洋”与海防炮台工事体系建设

清廷在北部湾地区的巡洋会哨制度与海防炮台工事的建设，是北部湾地区形成水、陆相维海防机制的重要内容。其中巡洋会哨制度以水师营为主要军事承担者，剿捕沿岸匪患、海盗，执行相关海防政策，维护地区安全稳定为主要任务，通过划定巡防区域，以总巡、分巡的方式，定时于特定地点展开巡洋活动。海防炮台工事系统的建设，则是以沿海炮台为主要军事据点，利用沿海城池、烟墩、水寨等军事工事，实现其防御、攻击的功能。

康熙五十六年（1717）两广总督杨琳“题请于各属海口要隘堪以泊船登岸，凡有淡水可取之处，均相地堡添设，改筑炮台城垣，共一百一十六座，安置炮位，派拨官兵防守”[③]。以此为界限，标志着康熙五十六年后，以水师战舰为主，水、陆相维的海防布局开始转变。主要标志是以炮台为中心的海防工事系统在两广地区的开始实践，随着大规模修建炮台工事体系的完工并与水师海上巡防相互配合，这成为维护北部湾地区海、陆安全的重要防御机制，也是清代海防建设体系的重要内容。鸦片战争以后，广东海防体系受到了冲击，北部湾海防形势趋于紧张，清廷在加强广州府海防的同时也加大了对北部湾海防建设的投入力度，比如对北部湾地区的海防战略资源的支持，继续强化重点战略要地海

① 《世宗实录》卷六四，“雍正五年十二月乙亥”，《清实录》第七册，第 986 - 987 页。

② 黄忠鑫、徐静琼：《中越边界变动背景下的钦州佐杂设置（1368—1888）》，《云南大学学报（社会科学版）》2018 年第 3 期，第 63 - 68 页。

③ （清）卢坤等编，王宏斌校点：《广东海防汇览》卷 31，方略二十 · 炮台，石家庄：河北人民出版社，2005 年，第 807 页。

上巡防以及海防炮台工事体系建设。基于此，即使在清后期制度、武备变化以及长期以来北部湾地区政治边缘化等背景下，北部湾地区的海防建设活动依然对我国边、海防建设发挥着不可忽视的作用。

1. 北部湾地区水、陆相维机制的形成

北部湾地区水上防御力量的形成在清初就已经有了一定的规模，到康熙二十三年（1684）大规模进行营制改革，成为清代北部湾地区水、陆相维机制的重要基础。康熙五十六年海防炮台的建设与巡洋会哨制度的结合，使得北部湾地区水、陆相维机制形成，这种海防模式深刻影响了清康熙至乾嘉之际的海防战略部署。

廉州府水师建设。清军初入廉州府，将廉州府水陆官兵分为三营，顺治十二年（1655）将“右营守备移驻珠场寨”，康熙二年（1663）“统辖乾体、钦州两营游击各一员”①。康熙元年（1662）迁界，“将珠场寨改为水师营，水师船湾泊乾体，把守门户”，“其沿海八寨以及永安所城皆是水师营分拨官兵防守”。② 康熙二十三年，随着龙门协水师的建立，乾体营水师职能被龙门协所取代。康熙四十二年（1703）两广总督郭世隆上疏，“龙门协属之乾体营，名为水师营，向驻于陆地，可归并廉州营”③，此后，乾体营成为廉州府沿海的一个汛地，因其重要的战略地位而由龙门协营与廉州营所分管。

为便于对沿海战略要地的管辖，以龙门协为主的水师营从建设之初，就同时兼有水师为主、陆防为辅的角色，在龙门协与海安营共同协作的巡海范畴之内，将沿海炮台陆防与水师海上巡防融为一体。康熙五十六年（1717）以后，随着沿海炮台工事的健全，龙门协水师成为廉州府沿海军事中心，在雷、廉二府的巡洋会哨中，龙门协水师成为主体力量，并整合了雷、廉二府海上军事力量，将北部湾地区海防安全、海疆稳定连为一体。为了支撑水师任务的完成，同时加强陆上防卫力量，清廷将龙门协、雷州协当作重要的沿海军事单元，同时赋予它们水、陆两方面的防卫任务，即在海上加强配备水师战备的同时，也大规模地修建沿海工事设施。在水师战舰配备上，雷州府以战船为主力。康熙八年（1669）“复设海安哨船二十只”④，康熙九年（1670）、乾隆十九年

① （乾隆）《廉州府志》卷十，兵防，广东省地方史志办公室辑：《广东历代方志集成 廉州府部（二）》，广州：岭南美术出版社，2008 年，第 127 页。

② （康熙）《廉州府志》卷六，武备志，广东省地方史志办公室辑：《广东历代方志集成 廉州府部（一）》，广州：岭南美术出版社，2008 年，第 446 页。

③ 湛江市地方志办公室：《湛江古今大事》，湛江：湛江市地方志办公室，2006 年，第 40 页。

④ （康熙）《雷州府志》卷八，兵防制·哨船，清康熙十一年刻本，第 11 页。

（1680）前后均有加强水师战舰配备，水师战舰维修的居多[①]。龙门协营也有配备水师战舰的举措。为了跟进不同时期海上形势的变化，清廷通过巡洋会哨制度的变化调整水、陆关系，强化巡洋区域中海防炮台对于海上军事力量的支撑。

雷州府西岸水师营以“海安、白鸽二营乃镇海重地”[②]，以海安营为重，依托完善的城池系统，驻重兵于雷州府南隅，与白鸽寨共同维护东西两岸海防，执行各项海禁政策。因为海安营海防地理价值颇重，故康熙三年（1664）清廷以雷州府海安营为执行相关海防政策的指挥中心，“设水师副将援剿高雷廉三府，驻扎海安口严诘海禁”[③]，被认为是“雷营专设水师之始”[④]。康熙四年（1664）后雷州府设水师副将，水师副将江起龙更因“出洋捕盗，风发舟覆，殒”[⑤]。此后，海安营又设游击，分上、下两班巡防雷州府海岸附近，成为雷州府西岸海防主力，也是为清廷执行海禁策略、严诘海疆的重要军事力量。由上可得，雷州府西海岸水师体系建设在清初就已经是重要的军事基地，后来虽然出现了“哨船知有禁不知有警耳”[⑥] 的弊病，但是不可否认的是海安营在维护雷州府西海岸的海防安全上扮演着重要角色。康熙二十三年（1684），北部湾地区进入了营制改革阶段，雷州府西海岸水师力量再次得到加强，“经制额设哨船二十只，内拨十四只湾泊海岸，河下尚六只分拨乐民港口，改营配兵侦御巡防”[⑦]。康熙二十三年（1684）以后，雷州府水师建设日益完善，至清乾隆年间，海安营作为水师营，除了在兵员调动上、船只配备上有所变动外，其作为水师营长久不变。可见，水师建设对于雷州府西海岸的海防安全以及清廷水、陆相维海防机制的形成至关重要。

2. 巡洋区域划分中的海防战略部署

有清一代实行严格的海禁政策，清前期主要任务在于缉私捕盗，每个时段均有明显的指向，如康熙十一年（1672）主要“以防藏聚接济奸匪之弊”，“海船制造之禁”则始于顺治十二年（1655），主要防“潜通海贼，同谋结聚”，与外藩勾结。康熙四十二年（1703）虽有议准出洋贸易，但是对船只大小、人数等做了严格的限制。“出入海洋之禁”，康熙二十三年（1684）议准“除夹带违禁货物仍照例治罪外”，经过允许方可出洋。康熙五十六年（1717），出入洋范

---

① （嘉庆）《雷州府志》卷十三，海防，清嘉庆十六年刻本，第 12 页。
② （康熙）《雷州府志》卷八，兵防制·哨船，清康熙十一年刻本，第 11 页。
③ （嘉庆）《雷州府志》卷三，沿革，清嘉庆十六年刻本，第 22 页。
④ （民国）《海康县志续修》卷十九，兵防·沿海台汛，第 5 页。
⑤ （清）翁方纲：《英佑将军江公祠壁记》，《复初斋文集》卷五，清李彦章校刻本。
⑥ （康熙）《雷州府志》卷八，兵防制·哨船，清康熙十一年刻本，第 11 页。
⑦ （清）金光祖：《康熙广东通志》卷十二，兵防，清康熙三十六年刻本，第 180 页。

围扩大到南洋诸国，此后雍正、乾隆多次严申此令。“货物出洋之禁”以杜“出售外夷，接济奸匪之弊”则始于康熙二十三年，雍正、乾隆诸朝均重申。“军器出洋之禁”则始于雍正六年（1728）。雍正七年（1729）“沿海弁兵之禁”，清廷规定在海巡洋兵弁有救护海事遇险人员的责任，“谕粤东三省，此国家设立汛防之本意不专在于缉捕盗贼已也”①。从以上海禁内容看，清廷海防目标及任务在每个时段都各有侧重，可谓不同时期海防形势与海防政策的反映，而海防任务、目标的达成，是通过海、陆两个方面力量支援而实现的，只有划分海上巡洋辖区，确定官员海防职守责任，并在陆上依托强大的火力威慑，才可以尽可能完成水、陆相维的军事布防。

清前期为了责成沿海各地加强巡缉，北部湾地区滨海县也有划定的管辖区域，即有内洋、外洋之分。其中合浦县内洋包括了大观港、白龙港、珠场港、永安港、英罗套等沿海 25 处重要港口。② 钦州内洋则涵盖了石龟岭、渔洲坪、红沙湾、牛头湾、三口浪、亚公山、鸦墩、黄坡门、猫尾海、猫尾港、丝螺港、乌雷山等 15 处沿海要地。③ 内洋划分基本以沿海关口险隘、岛屿以及弁兵汛守地为基准，不仅强化了沿岸营汛弁兵海、陆兼防的责任，同时也加强了国家对海洋的控制。但是在对于外洋的控制上，相较于内洋存在较大的不足，即对外洋的管辖不够重视。彼时，廉州知府认为外洋之所以不能够详细记载，没有较为明确的界限划分，其“淼淼者不胜书也”是一个原因。华夷交界处武职仍有巡洋职责，但是武官不仅没能恪守辖区内巡洋职责，还人为推卸责任，肆意将内、外洋划分地带不作为管辖范畴，这又是另一原因。为了明确相关地区海防辖区，廉州知府斥责相关武将，如是“华夷交界处如粤东面有与安南接壤者”等处，“倘以夷地俱作为外洋，将武官一律处分，则武官分管界限，究竟何所抵止”④。直至道光时期，清廷开始逐渐重视外洋界的防御，并着重强调了“俾文武各凛巡防”⑤。

刘正刚等从国家与地方对海洋控制以及管辖权形成的过程这一角度，针对北部湾地区清前期的内外洋划界，指出“清代洋界的划分体现了海权意识的萌

① 《大清会典则例》卷一百十四，兵部·海禁，清文渊阁四库全书本。

② （乾隆）《廉州府志》卷二，边隘附，广东省地方史志办公室辑：《广东历代方志集成 廉州府部（二）》，广州：岭南美术出版社，2008 年，第 28 页。

③ （乾隆）《廉州府志》卷二，边隘附，广东省地方史志办公室辑：《广东历代方志集成 廉州府部（二）》，广州：岭南美术出版社，2008 年，第 28 页。

④ （乾隆）《廉州府志》卷二，边隘附，广东省地方史志办公室辑：《广东历代方志集成 廉州府部（二）》，广州：岭南美术出版社，2008 年，第 28 页。

⑤ （道光）《廉州府志》卷十四，经政志五·海防，广东省地方史志办公室辑：《广东历代方志集成 廉州府部》，广州：岭南美术出版社，2008 年，第 305 页。

发，但是这种以岛屿为界标的简单划分显然不能与今天海洋疆界相提并论”，“尽管清廷坚持对外洋的管辖，但内外洋在管理与防御上有所区别，内洋成为陆地的延伸，被严加控制，而对外洋的控制力却始终较薄弱”①。王宏斌认为“凡是靠近海岸或府厅治岛岸的岛澳均划入内洋，凡是远离海岸的岛屿和洋面均划入外洋”②。以上观点对于笔者极具启发。虽然北部湾地区向来有划分海洋管辖区域，但是为了使具体巡防区域得到切实的维护，清廷不断通过巡洋制度的变化，在巡洋将弁的职责上以及巡海区域变化中对北部湾地区巡洋活动进行了调整。

初，清廷将广东海防分为三路，北部湾地区属西路一部分，又称西下路、下路，即自海口至龙门。自康熙二十三年（1684）以后，北部湾地区形成了以海安营以及龙门协军事据点为中心的海上防卫力量。随着巡洋活动的开展，巡洋会哨制度逐渐完善，北部湾地区将巡哨的地点、将领权责归属确定下来，“以总兵为统巡，亲身出洋督率将备巡哨”，并以“副将、参将、游击为总巡，都司守备为分巡”③。康熙五十七年（1718），“自春江协以西龙门协以东，分为西路。以春江龙门二协副将轮为总巡，率领二协营员及电白、吴川、海安、硇洲各营员为分。每年分为两班巡察如遇失事照例题参”。④ 此次巡洋之制，在传统的广东三路的基础上进一步细化，主要是基于各营制已经健全，各军事单元已经有了自己的陆海防守区域，军事据点之间大规模的联合巡防的条件业已成熟。乾隆元年（1736），粤西地区形成了自海安至龙门为下路的巡洋制度，其分为“上班”和“下班”：“上班以海安营游击为总巡，下班以龙门协副将为总巡，率领海安、龙门各营员为分巡，均於琼州洋面会巡。”⑤ 乾隆十七年（1752），仍分为上、下两班，每班会哨两次，“每年下班以龙门协副将为统巡，于七月初十与吴川营会哨于硇洲洋面，九月初十则与琼州协副将会哨于白沙洋面”⑥。

乾隆年间北部湾地区有两次巡洋会哨，在乾隆元年时以龙门协和海安营为巡洋活动的主导者，有确定的会哨地点。乾隆十七年的会哨范围上出现了西下路，不仅明确了龙门协在此区域军事中心的地位，同时也将龙门协巡防范畴扩大至雷州东部海域。从整个巡洋路线看，从龙门至海安构筑了自龙门海西部至

---

① 刘正刚、王潞：《清前期海防拓展与疆域观变化》，《厦大史学》2013 年第 4 辑，第 324 页。
② 王宏斌：《清代前期内外洋划分与水师职能》，《红旗文摘》2015 年第 3 期，第 22 页。
③ （清）严如煜：《洋防辑要》卷二，洋防经制上，清道光戊戌来鹿堂藏本。
④ 《大清会典则例》卷一百十五，兵部·巡防，海外巡防，清文渊阁四库全书本。
⑤ 《大清会典则例》卷一百十五，兵部·巡防，海外巡防，清文渊阁四库全书本。
⑥ （乾隆）《廉州府志》卷十，兵防，广东省地方史志办公室辑：《广东历代方志集成　廉州府部（二）》，广州：岭南美术出版社，2008 年，第 144 页。

雷州府东部、以各营为连接点的海上防御军事防御体系。从客观上讲，龙门协营本身水、陆防务任务皆重，“龙门一协水、陆相兼，其所辖防城等处陆路塘汛环绕十万大山，北连西粤、接安南，乃全省西路咽喉，实非专管水师各协营可比”①。在当时的条件下，从龙门至吴川硇洲等处海程漫长，沿海地理形势复杂，兵员的身体状况、后勤等事项均难以保障，巡洋会哨的效果也会受影响。因此此次巡洋会哨也因龙门陆路汛防较重、往返路途遥远，加之龙门至硇洲海道危险，砂礁错杂、沙淤水浅、海难频发，经奏请，“改委硇洲营都司配驾本营战船就近代往会哨，照例联衔通报，委员稽查。仍饬该副将督带随行官弁往来龙门海安各洋面实力游巡，俾得声势联络于海疆实有益焉”②。

纵观康熙五十六年（1717）到乾隆十七年水师制度的变化，清廷通过规定巡防时间、地点、营汛弁兵的职责等，确定了北部湾地区的巡洋会哨的区域，从制度上为北部湾地区巡洋会哨各水师兵弁提供了基本的依据。从巡洋会哨所涉及的军事据点来看，不同军事单元之间的联系明显得到了重视和加强，乾隆十七年更是期冀通过龙门协与雷州协各营之间的军事联络构建起一条绵延数千里的海防线，但终因客观因素不得不有所变通。总而言之，清前期的巡洋会哨制度逐步健全、完善，北部湾地区海上一体化军事巡防布局业已完成，但是也因巡洋会哨的细化、巡洋范畴的扩大，巡海任务繁重，使得同时承担繁重陆防任务的军事单元“海陆不得兼顾”，海防战斗力未得到专门加强。

3. 清前期北部湾地区海防炮台体系

清前期，经过与南明余部、台湾郑氏为首的反清势力长达数年的斗争，清廷在全国的统治趋于稳定。随着营制的更定以及海上巡防区的逐渐明确化，康熙五十六年（1717）以后，禁海条例层出不穷，以“重防其出”为旨要的海防策略日趋保守，并深刻体现在北部湾地区的海防实践中。为了“严防其出”，加大对海上活动的限制，有效管控地区社会稳定，海防炮台建设与海上军事力量建设变得尤为重要。而逐渐改变单一的海上水师战舰防御模式，更重视“水、陆相携”，以守为主、攻守兼备的防御模式，就必然要加强陆上海防炮台为中心的海防防御工事体系建设。

海疆大治以后，北部湾地区沿海各炮台隶属陆上各军事单元，各军事单元相互联系，又是水师巡防的主导者，使得沿海炮台建设成为巡洋区域中沿海重要的军事联络点，成为雷、廉二府维系陆上与海上安全的重要保障。雷州府属

---

① （乾隆）《廉州府志》卷二十上，艺文奏议，广东省地方史志办公室辑：《广东历代方志集成　廉州府部（二）》，广州：岭南美术出版社，2008 年，第 407 页。

② （乾隆）《廉州府志》卷十，兵防，广东省地方史志办公室辑：《广东历代方志集成　廉州府部（二）》，广州：岭南美术出版社，2008 年，第 144 页。

西海岸，虽因特殊的地理形势，海防炮台的军事优越性被降低，巡洋区域内仍通过汛防制度加强海防。因此，本节从营汛弁兵驻防与海防炮台之间的关系以及各海防炮台之间军事地理分布角度，分析清前期廉州府海防炮台在陆、海防中的战略地位，以及雷州府各墩台卫所的战略部署情况（见表5）。

表5　清前期北部湾地区廉、雷二府炮台现状

炮台名称	所处位置	现状	资料来源
石龟岭炮台	防城港市港口区企沙镇炮台村南面	始建于清康熙五十六年。炮台周边有海石砌筑的城墙，与越南隔海相望。现遗址地面建筑不存	吴付平：《北部湾沿海古炮台与明清海防》，《中国港口》2017年第S1期，第55页
牙山炮台	又称鹰岭炮台，在钦州大番坡水井坑营盘村南鹰岭	炮台始建于清康熙五十六年（1717），鸦片战争、中法战争期间都曾进行维修加固。台基由石块围成一圈，内填以土筑成，台面高出海滩10余米，主要控制东南西海面（北面向陆）。今台面已遭严重破坏，仅残存几块基石。残炮台面径长约7米，台基径长约12米，东面有一古井残迹。现存一炮，长260厘米	周开日、李智：《钦州市志》，文物名胜志，南宁：广西人民出版社，2000年，第1161页
乌雷炮台	钦州市犀牛角镇乌雷村东南香炉墩岛上	建于清康熙五十六年（1717）。2011年4～5月，考古发掘表明，炮台平面呈圆形，炮台城墙墙基用石块堆砌，墙体用青砖砌成，部分城墙被海水冲毁，仅残存一门、一侧墙体及另一侧墙基。城墙内兵房等仅存部分遗址	吴琳波、陈虞添：《浅论钦州乌雷炮台》，《广西博物馆文集（第十三辑）》，南宁：广西人民出版社，2018年，第155－159页

（续上表）

炮台名称	所处位置	现状	资料来源
大观港东炮台	北海市合浦县西场镇官井村大观港东岸，又称官井炮台	建于清康熙五十六年（1717）。大观港东炮台受自然界风雨侵蚀，年久失修，水土流失严重。炮台上生长树木，且根系覆满整个炮台，植入炮台内部，夯土台基基本完整，现作耕地种植木薯，砖石构筑的墙基表面早年已被村民撬作他用	蔡安珍：《广西北海炮台现状和保护修复探讨》，《中国文物科学研究》2018年第4期，第40页
大观港西炮台	今钦州市钦南区犀牛脚镇炮台村	建于清康熙五十六年（1717）。该炮台与对岸的东炮台互为犄角，扼守江口，防卫外敌入侵（笔者注：现仅存遗址）	吴琳波、陈虞添：《浅论钦州乌雷炮台》，《广西博物馆文集（第十三辑）》，南宁：广西人民出版社，2018年，第155－159页
冠头岭炮台	北海市银海区冠头岭西岸半山腰	建于清康熙五十六年（1717）。因经年自然侵蚀，加之树木丛生，炮位凹凸不平，损坏严重，墙体大部毁坏，上部缺失，并有多处开裂	蔡安珍：《广西北海炮台现状和保护修复探讨》，《中国文物科学研究》2018年第4期，第37页
八字山炮台	北海市合浦县乾江镇城乡八字山村西门江旁八字山上	建于清康熙五十六年（1717）。现仅存一座平面略呈圆形的炮台，高约3米，外围用青石砌筑，中间夯筑黄土。八字山炮台由于常年遭受风吹日晒、雨水侵蚀、生长树木根系扰动、缺少养护等因素，导致墙体多处坍塌、缺失，局部后砌灰砖墙。炮台残存挡土墙，墙体破损、开裂严重	蔡安珍：《广西北海炮台现状和保护修复探讨》，《中国文物科学研究》2018年第4期，第39页

（续上表）

<table>
<tr><th>炮台名称</th><th>所处位置</th><th>现状</th><th>资料来源</th></tr>
<tr><td>三墩炮台</td><td>位于徐闻原五里乡南山村东南</td><td>该炮台位于一小山丘之上，经年失修，已废弃。炮台顶部原为石砌，今已不存</td><td rowspan="2">徐闻县文化广电出版局：《徐闻县文物志》，北京：中国文史出版社，2006 年，第 27 页</td></tr>
<tr><td>博涨炮台</td><td>位于徐闻海安码头西段</td><td>遗址原有三座炮台，今仅存一座。仅存炮台高 30 米，台面方圆。2003 年于该遗址发现乾隆铁炮一尊，后存于徐闻县博物馆</td></tr>
</table>

（1）清前期廉州府海防炮台的战略地位。

廉州府域的临海炮台分布于两个主要区域即合浦、钦州沿岸，灵山县所设炮台多为府城炮台。廉州府域炮台多数建于康熙五十六年（1717），“提督王文雄临钦，勘设大观港、香炉墩（乌雷）、牙山、石龟岭”①，之后均有建设炮台的情况。现在记载的广西炮台共有 20 多处，这些炮台“均处于扼海道咽喉，海湾入口或与内河相通的河口临海的山上及近海小岛上，每处炮台大多设 3 座或 4 座炮台，成‘品’字形分布，互为犄角。各炮台又各设 1 门或 2 门进口铁炮，每处铁炮附近设守兵营地等设施”②。雷州府域西海岸虽设有炮台，但是并没有形成以炮台群为中心的沿海防御形式，而是更突出卫、所、城、堡在巡洋会哨中以及港口防御中作为军事联结点的作用。

廉州府海防炮台建设在战略部署上不仅强调依险设防，同时也兼顾航道防守、炮台之间相互配合，尤其是强调各营汛炮台作为重要的防御、攻击工事设施在战略部署上对各军事中心的拱卫作用。廉州营作为合浦军事中心，下辖炮台包括大观港东炮台、冠头岭炮台以及八字山炮台，都配有完备的军事工事、营房、火药库等，火力配备基本都在五百斤炮以上。其中大观港东炮台在“府城西南七十里”，主要配备“二千斤炮二位、五百斤炮四位”；冠头岭炮台在府城南五十里，有“一千斤炮一位、七百斤炮一位、五百斤炮三位”；八字山炮台在府城南二十里，康熙二十三年（1684）为防范郑成功以及杨彦迪而建，有

① （雍正）《钦州志》卷一，舆图志，历年纪，广东省地方史志办公室辑：《广东历代方志集成　廉州府部（四）》，广州：岭南美术出版社，2008 年，第 332 页。

② 中国海洋文化编委会：《中国海洋文化·广西卷》，北京：海洋出版社，2016 年，第 176 页。

“二千斤炮二位、一千斤炮二位、五百斤炮四位”①。从火力看，八字山炮台在重型火器配备上高于其他二炮台，大观港其次，冠头岭又次之。从地理位置看，从八字山至大观港东炮台，距离廉州府城路途依次递增。而八字山更接近府治，又位于南流江支流、廉江出海处，同时距离乾体港不远，冠头岭炮台“在府治西南八十里，外是大洋，与乌雷炮台对峙”，“由乾体至冠头岭大观港数百里，海面辽阔，逼近郡城”②。由此可知，三炮台中八字山炮台是府治最后一层防护线，也是确保北海港及龙门港之间沿岸港口、航道的重要军事据点。康熙以后，廉州营三炮台在战略配合上更加紧密，在防守上也愈加强调对军事据点附近村庄人员的管控，陆防、海防责任明显加重。

大观港、冠头岭、八字山三炮台，统属大观港千总管辖，八字山外委把总协防，其中八字山炮台分管村庄八处，大观港分管村庄五处，冠头岭分管村庄四处，三炮台均负有陆防之责。大观港“东至西场圩三十里，西至龙门协水师西炮台隔一海汊，计水程十里，南至海港一里”③。大观港东炮台战略部署上注重与龙门协西炮台相互配合，同时又有陆路分管村庄的任务，海、陆兼防的战略部署用意明显提升。如此一来，廉州营所属三炮台水、陆防务任务皆重。按乾隆十八年（1753）知府周硕勋言：“大观港东炮台、八字山炮台虽在海滨，竟是陆路只于防守内港，向未设有战船，今西炮台现设水师把总一员，安兵七十六名。而廉营东炮台复设千总一员，安兵七十六名，只留十八名，所属八字山炮台距郡城仅十五里而贴近水师之三汊汛，现设千总一员、配兵九十五名、拖风船二只、快马一只，而廉营又驻外委一员，额兵十四名亦似过多。”④ 从周硕勋之言，可知三汊汛的军事地位对于廉州营水、陆防卫均有重要作用。查三汊口在八字山炮台附近，“州江口流入河分为三，入海名为三汊口”，三汊口设三汊汛“在龙营东水路二百二十五里，外连冠头岭，内接府城，实为廉郡门户”⑤，设有重兵防守，并且专事海事。“右营冠头岭三汊口汛，千总一员，兵九十五名，拖风船二只，快马船一只。东至白龙城汛水路一百里，西至大观港汛水路

---

① （康熙）《廉州府志》卷六，武备志，广东省地方史志办公室辑：《广东历代方志集成　廉州府部（一）》，广州：岭南美术出版社，2008年，第445页。

② （乾隆）《廉州府志》卷十，兵防，广东省地方史志办公室辑：《广东历代方志集成　廉州府部（二）》，广州：岭南美术出版社，2008年，第130页。

③ （乾隆）《廉州府志》卷十，兵防，广东省地方史志办公室辑：《广东历代方志集成　廉州府部（二）》，广州：岭南美术出版社，2008年，第130页。

④ （乾隆）《廉州府志》卷二十下，艺文条例，广东省地方史志办公室辑：《广东历代方志集成　廉州府部（二）》，广州：岭南美术出版社，2008年，第435页。

⑤ （民国）《合浦县志》卷三，经政志，海防，广东省地方史志办公室辑：《广东历代方志集成　廉州府部（六）》，广州：岭南美术出版社，2008年，第245页。

一百二十里，南是大洋，北至廉营乾体汛水路五十里，至府城水路约六十里，边海并无分管村庄该汛千总专管。”① 三汊口毗邻边海，虽然没有防守村庄的职责，但是靠近府城、白龙城、大观港、乾体等重要军事据点，且为军事要地，它的设立不仅承担廉州营大观港汛等陆防任务过重的责任，同时也由于其专属水师，极大地弥补了沿海军事防守据点海上巡防任务难以维系的境况。故而，廉州营三炮台的设立以及三汊口汛对于廉州营各炮台军事力量的补充作用，使得自龙门岛迤东廉州府海防、陆上管理得到了切实的维护。

在康熙二十三年（1684）以后，廉州营虽为龙门协所属，但是廉州营与龙门协营所直属海防炮台很明显有各自的防守重点区域。前所述廉州营海防炮台以行政中心的安全为防守重心，防守廉州府府治即合浦以南地带的港口、沿海。而钦州地方“是中国西南门户，地理位置重要，遂成为防御越南和海盗的要地”②。龙门协所辖炮台则成为钦州防城与越南相交地带的安全之所系，同时龙门发达的水、陆地理形势，将龙门协所属各炮台通过水、陆联系，使得龙门协成为对内管控地方海盗、对外制御安南的重要军事单元。钦州地方“入海之水道有南港在州南六十里，牙山港在州东南七十里，大观港一名大洸港，在州东南九十里，其东为篷罗港。又贴浪港，在州西南二百四十里，接交阯界”③。而所谓龙门七十二迳，不唯言其发达的交通地理优势，更重要的是龙门亦是重要的军事港口、要地，如《广东通志》所言“龙门之外群山错列，海中有七十二水道随山而转，彼此相通，故名龙门七十二迳。自此东经牙山、乌雷岭达合浦县，西经涌沦、周墩达交阯永安州，实一州要害之地”④。其中所重点言及的一州要害之地与龙门协所辖的石龟岭、牙山、乌雷、大观港基本一致，这些地方均建有炮台。故龙门协所防守炮台有其各自的地理形势，各炮台互相配合把龙门协“防守不易”的劣势转化为依靠强大火力支撑的军事优势，并在龙门协强大的军事力量支撑下，形成了廉州府海防军事空间布局，即以龙门为廉州府海防区域划分的界线，龙门以西钦州之龙门地带“设龙门协副将于州之海口，内安外扞，隐然称重镇焉……越南之长恪守藩围”⑤。龙门协营成为廉州府军事中

① （乾隆）《廉州府志》卷十，兵防，广东省地方史志办公室辑：《广东历代方志集成　廉州府部（二）》，广州：岭南美术出版社，2008 年，第 140 页。

② 吴琳波：《浅论钦州乌雷炮台》，《广西博物馆文集》（第 13 辑），南宁：广西人民出版社，2018 年，第 156 页。

③ （道光）《广东通志》卷一百一十，山川略十一，廉州府·钦州，上海：上海古籍出版社，2003 年。

④ （道光）《广东通志》卷一百一十，山川略十一，廉州府·钦州，上海：上海古籍出版社，2003 年。

⑤ （道光）《钦州志》，序，清道光十四年刻本，第 4 页。

心后，其所属廉州营、钦州营各炮台均位于扼要海防地段。密集的海防炮台，加上充足的兵力，使得龙门海防重要性突显，水、陆兼辖职能使得海、陆相维机制最终得以形成“廉郡海防以龙门为冲要，历代重视其地，守以协镇大员，向日巡哨北海港五十汉之师船皆归龙门协副将管辖”①。

龙门协营下辖海防炮台，包括龙门岛炮台，亦大多建于康熙七年（1668），主要为龙门协右营与左营共管。龙门协左营防守牙山炮台、石龟岭炮台，右营防守大观港西炮台以及乌雷炮台，四所炮台均为康熙五十六年（1717）所建。经考证，乌雷炮台、大观港西炮台、鹰岭炮台“炮台高度、建筑样式大体相似。乌雷炮台驻兵较大观港西炮台和鹰岭炮台多，大观港西炮台和鹰岭炮台兵员上大体相当。三个炮台的火炮类型和火炮数量，也基本一致”②。龙门协所属炮台，大多配备有官署、火药局等，并有强大的火力支撑。其中每个炮台的地理位置都有其战略目的所在，每个炮台战略地位构成了龙门协海防战略的一部分。“龙门岛则迳迳相通，处处可守。龙门岛之南三十里有牙山，东九十里有乌雷山，西二十里有红沙湾，有三口浪等汛，均设炮台驻兵防守，为龙门重要保障。若牙山尤为天险，所谓一夫当关万夫莫敞者，此也。”③

乌雷炮台位于钦州市犀牛角镇乌雷村东南香炉墩岛上，因北部与乌雷岭相近，故称乌雷炮台。笔者曾到当地考察，村民称乌雷村因临海，海涛声响如闷雷，故得此名。乌雷炮台岛，呈弧形月牙状，中部突起，北与乌雷岭隔海而望。炮台主要由石块、烧制青砖以及石灰浆构成，并有补修痕迹。今尚有炮位可见。按照乌雷炮台所处的地理位置，其北部为乌雷岭，“廉府水路经过其前，龙门协设汛，拨把总战船防守，康熙五十六年（1717）建造炮台、营房，周围筑城”④。所谓的廉州府水路即从钦州海道由龙门东南至乌雷岭，可至合浦界，同时可向西南而行，“与交趾分界一朝程，皆要害之处，海军瞭哨之所及也”⑤，“自乌雷正南二日至交趾，历大小鹿墩、思勒隘、茅头捍门入永安州，茅头少东

① （民国）《合浦县志》卷三，经政志，海防，广东省地方史志办公室辑：《广东历代方志集成　廉州府部（六）》，广州：岭南美术出版社，2008 年，第 243 页。

② 吴琳波：《浅论钦州乌雷炮台》，《广西博物馆文集》（第 13 辑），南宁：广西人民出版社，2018 年，第 156 页。

③ （民国）《合浦县志》卷三，经政志，海防，广东省地方史志办公室辑：《广东历代方志集成　廉州府部（六）》，广州：岭南美术出版社，2008 年，第 258 页。

④ （康熙）《廉州府志》卷二，地理志，广东省地方史志办公室辑：《广东历代方志集成　廉州府部（一）》，广州：岭南美术出版社，2008 年，第 330 页。

⑤ （嘉靖）《钦州志》卷六，兵防·备倭，广东省地方史志办公室辑：《广东历代方志集成　廉州府部（一）》，广州：岭南美术出版社，2008 年，第 91 页。

则白龙尾，海东府界”①，“广东海道自廉州冠头岭发舟，北风利二、三日可抵安南海东府。若沿海岸行乌雷岭一日至白龙尾，二日至玉门山”②。同时乌雷岭有淡水湾，“在龙门之外东七十里，南通大海。乌雷岭旁有巨石，淡水出焉，往来舟楫于此汲水”③。因此可知，乌雷炮台向北扼守廉州府水道，“乌雷炮台在钦州内洋航线之上，是商船必经之地”④，向南控御大海，制御安南为其主要战略目标。而乌雷炮台与牙山炮台东西相望，牙山炮台则居中，深入龙门腹地，与龙门协军事相呼应，无异于围绕龙门而设的沿海炮台群。

大观港西炮台“东至冠头岭三汊口海汛，水路一百二十里；西至乌雷汛水路三十里，南接大洋；北至廉州营东炮台水路十里，至钦州城水路一百五十里”⑤。其所防守之大观港“西距龙门港 36 浬，东距北海港 23 浬。该港港内水域宽阔，水深，又经炸礁，碍航物少，水面平静，能避 10 级以下台风”⑥，大观港西炮台东连接廉州营大观港东炮台，并与冠头岭炮台相呼应，是廉州府西海岸海防战线的重要结点。而牙山炮台（鹰岭炮台）位于现今钦州市钦南区大番坡镇，“州东南龙门外海之东，去龙门六十里。海中峙起三峰，广十里，形如排牙”⑦，而距牙山不远的墩坑营“迤东为乌雷港，迤西为马鞍山，皆海外扼吭之区”⑧。

石龟岭炮台则位于防城港企沙镇，军事职掌范围“东至三口浪汛水路七十里，西至渔洲坪汛水路三十五里，南是大洋，北三十里至安南国啼鸡村，坐落州城南水路一百六十里”⑨，与渔洲坪汛、水营汛互为犄角。而三口浪之三口浪汛，“东与乌雷相对，为西南要路，实龙门第二门户。石龟岭炮台与白龙尾相

① （康熙）《廉州府志》卷六，武备志，广东省地方史志办公室辑：《广东历代方志集成　廉州府部（一）》，广州：岭南美术出版社，2008 年，第 437 页。
② （乾隆）《廉州府志》卷二，边隘附·安南海道，广东省地方史志办公室辑：《广东历代方志集成　廉州府部（二）》，广州：岭南美术出版社，2008 年，第 29 页。
③ （康熙）《廉州府志》卷二，地理志，广东省地方史志办公室辑：《广东历代方志集成　廉州府部（一）》，广州：岭南美术出版社，2008 年，第 330 页。
④ 黎亦准：《明清海防研究（第八辑）》，广州：广东人民出版社，2015 年，第 218 页。
⑤ （乾隆）《廉州府志》卷十，兵防，广东省地方史志办公室辑：《广东历代方志集成　廉州府部（二）》，广州：岭南美术出版社，2008 年，第 130 页。
⑥ 中国人民解放军司令部航海保证部：《航路指南第四卷》，中国人民解放军司令部航海保证部，1971 年，第 116 页。
⑦ （道光）《广东通志》卷一百十，山川略十一，清道光二年刻本。
⑧ （乾隆）《廉州府志》卷二，边隘附，广东省地方史志办公室辑：《广东历代方志集成　廉州府部（二）》，广州：岭南美术出版社，2008 年，第 26 页。
⑨ （乾隆）《廉州府志》卷十，兵防，广东省地方史志办公室辑：《广东历代方志集成　廉州府部（二）》，广州：岭南美术出版社，2008 年，第 142 页。

对，商渔凑集，华夷接壤，不独为龙门第一重门户，又为高、雷、廉第一重门户”①。大观港西炮台，除了扼守海港之外，与钦州之牙山炮台、石龟岭炮台在地理位置上构成了连接龙门、钦州以及合浦的战略线，成为发挥龙门军事要地作用的重要组成部分。

廉州府诸多炮台利用地理形势，互相呼应，营汛制度又使得一个军事单元内的多个海防炮台构成战略防守区域，最终使得北部湾地区海防炮台成为一个严密的军事火力防护网，完成了北部湾地区海、陆相维机制的建设。

（2）雷州府各墩台卫所的战略部署。

设置在雷州北部湾畔的海防炮台，现有廉江英罗炮台、安铺炮台，南部琼州海峡附近海安的博涨炮台、徐闻三墩炮台。② 除炮台以外，雷州府西岸台、墩众多，“左、右两营及徐闻营所属汛地尚有沿边墩台数十处，自宜连类并画，以昭全制。因其地势环海，匪艘往往由之出没，虽属陆汛，实为防海之要区”③。其中博涨炮台、三墩炮台、海安港、流沙海、乐民海、锦囊海等均为海安营分防。④ 博涨、三墩、青桐三炮台，都位于徐闻南隅，三炮台与其他诸多墩台相互配合，又有海安所、乐民所等重要的军事据点作为支撑，不仅解决了“徐以弹丸之地，僻处南服，陆路惟北方一带通于高凉”的战略区位劣势和“调神湾台、博里港台、官场港台、调建湾台……悉为盗贼之乡，非有规划，布置防守，亦云难矣”⑤ 的窘境，也可在诸多海防军事据点的配合下，成为雷州府南隅密集的军事防御网。对雷州府的安全而言，诸多炮台与海安营相互配合，从琼南而来取道锦囊入雷州府东海或进入北部湾地区海域，并“於东海一片广招居民设兵巡缉，令其西与徐闻之锦囊、海安相应援，东与吴川之芷芋、硇洲相联络，则东南一带可以无虞，今制营制，意实本于此”⑥。除了徐闻南隅的青桐、三墩、博涨炮台之外，雷州府西海岸还有右营把总把守的文体汛所辖文体、下落港等炮台工事，均由“雷州右营调拨官兵防守”⑦。雷州右营作为雷州府西海岸海防安全重要军事力量，对防守重点区域如草潭港台“此处港口常为贼船湾泊、取

---

① （民国）《合浦县志》卷三，经政志，海防，广东省地方史志办公室辑：《广东历代方志集成　廉州府部（六）》，广州：岭南美术出版社，2008 年，第 251 页。

② 吴付平：《北部湾沿海古炮台与明清海防》，《中国港口》2017 年第 S1 期，第 57 页。

③ （嘉庆）《雷州府志》卷十二，兵制，清嘉庆十六年刻本，第 12 页。

④ 雷州历史文化丛书编委会编，余石、王宇撰：《雷州史潭》，2013 年，第 83 页。

⑤ （清）王辅之等：（宣统）《徐闻县志》卷十，兵防志，台北：成文出版社，1975 年，第 431 页。

⑥ （道光）《遂溪县志》卷六，沿海兵防图，台北：成文出版社，1968 年，第 478－479 页。

⑦ （道光）《遂溪县志》卷六，沿海兵防图，清道光二十八年刊本，台北：成文出版社，1975 年，第 471 页

给水米之地，防察宜严”，江洪埠“埠原非汛地，因商贾辐辏，贼船常於此私卖赃物。于各汛拨兵守御，以山口汛外委兼守”①，责任自不待言。

综上所论，清前期北部湾地区海防炮台地理空间分布，位于廉州府的部分，分为两段，分属于廉州营与龙门协两个军事单元。据黄铮先生的研究，清代广西临海地区共建有大小炮台 41 座，其中北海市 18 座，钦州市 16 座，防城港市 7 座②。“炮台一般扼守出入重要城池的海口，控制商渔船只航海必经之海道，把守重要海港以及守卫关税、盐场等重要经济区域”③。以廉州府治为中心，即“主要环绕龙门岛设立炮台，分守交趾附近洋面”④，集中于钦州、防城、北海一带。各海防炮台，所处地理位置，或扼守海上商道，或扼守重要港口要塞。

从总体布防空间格局上看，清前期的海防炮台设置，龙门军事中心逼近越南边、海。龙门迤东各炮台阵地的设置，考虑的是各地理形势军事力量的配合对于行政中心的拱卫作用，各炮台之间则以军事单元为联络点，在战略地理形势基础上完成配合。而巡洋会哨制度则在更大范围将不同军事单元内的海防炮台火力点联系起来，如龙门协与海安营相互配合的巡海活动，其巡洋范畴使得龙门协下属的各海防炮台与海安营所属的海防炮台置于北部湾地区框架之内，直接促成了清代北部湾地区海防建设的“海、陆相维”机制的形成。清廷正是依托配合有效的“海、陆相维”机制，取得了陆防与海防安全的双重成效，这也成为清代北部湾地区海防建设体系的重要组成部分。鸦片战争以后，广东海防体系受到极大的冲击，北部湾海防形势趋于紧张，清廷一方面加强广州海防，另一方面对北部湾地区的海防资源的支持也有所增强，但是在制度僵化、武备废弛以及长期以来北部湾地区政治边缘化的多重困境下，北部湾地区海防体系所发挥的海防功能有限。

四、清后期北部湾地区海防体系的变迁

清后期国势日衰，军事力量疲弱，“时值旗营久敝，绿营仅存形式，清廷之恃以威内御外者，惟勇营而已”⑤。海防废弛，武备不修，没有强大的军事力量

① （道光）《遂溪县志》卷六，沿海兵防图，清道光二十八年刊本，台北：成文出版社，1975 年，第 471 页。

② 黄铮：《广西清代边海防设施遗址的历史概况》，《广西社会科学专家文集·黄铮集》，北京：线装书局，2011 年，第 43 页。

③ 广东文物局：《广东明清海防遗存调查与研究》，上海：上海古籍出版社，2014 年，第 23 页。

④ 张建雄：《清代前期广东海防体制研究》，广州：广东人民出版社，2012 年，第 117 页。

⑤ （民国）文公直：《最近三十年中国军事史》，郑州：河南人民出版社，2016 年，第 11 页。

作为支撑的国家海防建设，几成虚设。因此，自鸦片战争后国门洞开，国防空虚，边疆危机四起，北部湾地区海防形势愈加危急。

（一）清后期北部湾地区海防形势

北部湾地区海防体系松动，始于乾隆五十二年（1787），廉州府府域海盗"盗劫乌雷炮台"，"时龙门右营都司柳胜率兵往御战不胜，炮台失守。先是癸卯五月海贼梁朝宽寇龙门，官兵击斩之，河道不靖始此"①。雷州府则以乾隆五十六年（1791）左右为时间界限，"是年海盗劫杨柑市，此海盗劫掠之始，自后近海村庄被劫掠者其众"②。二府盗匪自此无有间断。嘉庆元年（1796），粤盗分四路"曰郑一嫂，曰乌石二，曰东海霸，曰李三嫂，而郑最强，为诸盗雄，聚众至数十万，船二三千艘，四出掠劫民不聊生，剿捕不易"③。其中对北部湾影响最大的当属海寇乌石二、张宝等患。"先是张宝与乌石二分道劫掠，宝在广州各港口，乌石二在高雷琼各港"④，"时乌石二与张宝互相联络蹂躏沿海各州县，张保仔占据中东路洋面，乌石二东海霸则占据西路洋面以资牵制"⑤ 乌石二等海盗在嘉庆八年、十年、十一年、十五年先后劫掠石埠、合浦、冠头岭、大观港，两广总督百龄"生擒乌石二、石大、符九家等。全夥礫、乌石二等九人於市，数千人或诛或宥，按律究办，海疆数十年虐焰至此方得销减"⑥。此次海盗从雷府半岛漫延至整个北部湾，导致当时的徐闻从乐土变为畏途，"商旅往来咸有戒心。守土者非於兵加之意，则防守不固，风鹤时惊"⑦。袁永纶言及海防西路海防形势，"西路则乌石二、虾蟆养、三寇踞焉。由是近海居民不安业者十余年矣"。⑧ 嘉庆以后，乌石二等巨盗虽已扑灭，但是承平日久的海防军事格局已被打破，至道光年间，"粤东海外内河，奸匪丛集，往往结党同舟，昼夜横行。或偷载违禁私货，或强劫商贾财务，此等匪类随处皆有"⑨。道光以后，外患日亟，

---

① （民国）《合浦县志》卷五，事纪，广东省地方史志办公室辑：《广东历代方志集成　廉州府部（六）》，广州：岭南美术出版社，2008 年，第 43 页。

② （道光）《遂溪县志》卷二，纪事，台北：成文出版社，1975 年，第 168 页。

③ （清）张云璈：《简松草堂诗文集》卷七，清道光刻三景阁丛本。

④ （嘉庆）《雷州府志》卷三，沿革，清嘉庆十六年刻本，第 45 页。

⑤ （民国）《海康县志》卷四十五，前事志，雷阳印书馆，民国二十七年铅印本，第 17 页。

⑥ （道光）《遂溪县志》卷二，纪事，台北：成文出版社，1975 年，第 169 页。

⑦ （清）王輔之等：（宣统）《徐闻县志》卷十，兵防志，台北：成文出版社，1975 年，第 431 页。

⑧ （清）袁永纶：《靖海氛纪》卷上，碧萝山房藏本，第 5 页。

⑨ （清）梁廷枏等：《粤海关志》卷二十，兵备，十八，《近代中国史料丛刊第十九辑》，台北：文海出版社，1975 年，第 1474 页。

列强竞相争夺，挟以兵轮横行海上。到了光绪年间，法人谋越，窥伺我西南边疆，西南边疆危机加深，然此又与清后期中法战事颇有关联，故将此部分与中法战争中北部湾地区海防建设相关问题另作详细论述。

北部湾地区海防局势失控肇始于乾隆末年，据日本学者松浦章统计："从乾隆末期到嘉庆中期，大约相当于1789年至1810年间，在浙江、福建、广东沿海海盗活动十分猖獗，发展到组织大船队反抗政府的地步。"① 北部湾地区海患的严重，主要有内外两个方面的因素，从外部而言，与越南政治局势波动有关，乾隆五十四年（1789）安南王黎维祺为阮惠所逐，乾隆五十九年（1794）又被安南人阮光平逐，奔入广西。嘉庆六年（1801），阮福映回国后，"光平之子与其臣麦友金遁入海，海贼郑七、吴之青附之"，此后"海贼红、黄、青、蓝、黑、白诸旗蜂起"，其中"吴知青号东海伯，黄旗李宗潮附之。麦友金号乌石二蓝旗"②。嘉庆二年（1797）"安南国王阮光缵擒获洋匪黄柱等六十三名解两广军门"③。许毓良就安南国内局势对于粤海的影响进行了深入的分析："乾、嘉时期，安南阮氏父子虽以武力得国，但却萌生财政上的困难，不得不招滨海亡命，资以师船充做补苴之策。从此夷艇出没广东沿海，夏至秋归大为商民患。加上内地悍民依附，接受安南总兵若王侯敕印担任向导，势力从粤再深入闽、浙。清廷不是不知安南的纵容，但因西北白莲教举事不暇穷治，只能责成地方大吏防御。"④

此次大规模的海患主要的内在原因是乾隆以后北部湾地区社会秩序紊乱，海防废弛，文武不行，官兵相互勾结。如嘉庆十年（1805）"近闻广东洋匪较多，一由於营伍废弛，一由於经费不敷。营伍所以废弛之故，皆因兵丁等多与洋匪声气相通，每遇出洋巡缉，该兵丁等不但不能出力，还与洋匪相通消息，致令远扬。且於本管督、抚、提、镇各官，渐不知畏惧，文员虽亟欲设法擒捕，竟至无计可施，武官因所带兵丁与洋匪潜相勾结，呼应不灵"⑤，海上水师力量"粤东水师废弛已久，纪律全无，遂致盗船四出为患，屡有上岸抢劫之事"⑥，嘉

① ［日］松浦章著，谢跃译：《中国的海贼》，北京：商务印书馆，2011年，第123页。

② （宣统）《南海县志》卷二，舆地略，清宣统二年刻本，第46页。

③ （民国）《合浦县志》卷五，事纪，广东省地方史志办公室辑：《广东历代方志集成 廉州府部（六）》，广州：岭南美术出版社，2008年，第44页。

④ 许毓良：《清代台湾海防》，北京：社会科学文献出版社，2003年，第162页。

⑤ 《那文毅公奏议》，《两广总督奏议》卷十一，清道光十四年刻本。

⑥ （清）梁廷枏等：《粤海关志》卷二十，兵备，六，《近代中国史料丛刊第十九辑》，台北：文海出版社，1975年，第1449页。

庆七年（1802）“冬十一月南康会匪陈公道煽乱”①。更有北部湾地区海患肆虐，“秋八月海寇吴大象劫冠头岭纲埠，知县李大根诛捕之”。另有乾隆五十九年（1794）“秋七月大水”，乾隆六十年（1795）“乙卯大饥”②。光绪年间更有天灾不断，以光绪十九年（1893）为例，“廉州自三月二十七日起大雨三昼夜，平城水深丈余，冲倒民房淹毙人口，灵山县一带亦被灾。钦州三月二十八日风雨极大，城外河涨丈余，居民被灾甚重。”③ 以上所述，北部湾地区海防吃紧，虽说是多重因素之下的结果，但是具有决定因素的当属文、武制度僵化，不能够发挥其维稳的功能，致使原本海防事件高发的北部湾地区，安全系数进一步降低。乾隆以后，国势日颓，至光绪年间中法事起，在以张之洞为首的地方要员努力下，北部湾地区海防建设再次兴起，影响了清后期北部湾地区的海防形势，对维护我国海洋安全、国防建设做出了一定的贡献。

（二）清后期北部湾地区海防体系的调整

清后期，随着海防形势的发展，北部湾地区海防格局开始松动，主要表现为以文武相协为主的军、政系统僵化，运行不灵，无法灵活应对北部湾地区海防形势，“以升平既久，武备渐驰，故陆路则丛林莽野，孤鬼夜鸣。水路则骇浪警波，鲸鲵窟穴”④，加之“高、雷、廉、琼等府皆土旷人稀，城市村镇相距辽阔”⑤，致使“久年来海宇澄清，鲸鲵无患，文恬武嬉，不知兵革为何事，殆咸同后地方渐多故，海防更急”⑥，文武官兵玩忽职守，以分散驻防为主要特点的防汛制度又鞭长莫及，那么乾嘉之际的海盗肆虐就不足为奇了。清廷为了应对北部湾地区的海防局势，从乾隆以后至光绪年间，尤其是中法战争前后，采取了通过调整军、政部署，加强边、海地带重点地区水、陆布防，改革营制、水师巡洋制度等措施加强北部湾地区的海防建设，并力图构筑以北部湾地区为中心，地区军、政单元互动的西南地区海防体系。

---

① （民国）《合浦县志》卷五，事纪，广东省地方史志办公室辑：《广东历代方志集成　廉州府部（六）》，广州：岭南美术出版社，2008 年，第 44 页。

② （民国）《合浦县志》卷五，事纪，广东省地方史志办公室辑：《广东历代方志集成　廉州府部（六）》，广州：岭南美术出版社，2008 年，第 554 页。

③ （清）郭嵩焘：《出使日记》卷八，清光绪二十四年刻本。

④ （清）王辅之等：（宣统）《徐闻县志》卷十，兵防志，台北：成文出版社，1975 年，第 431 页。

⑤ 《海康县志续志》十九，兵防 · 沿海台汛，民国二十七年铅印本，第 6 页。

⑥ （清）王辅之等：（宣统）《徐闻县志》卷十，兵防志，台北：成文出版社，1975 年，第 431 页。

1. 调整军镇设置，加强水、陆布防

清后期在区划层级上主要以调整地区军区设置以及地方行政区划为主要内容。乾嘉以来，张宝、乌石二等匪患肆虐雷州之地，其中又有“会匪林添申等作乱，知府五泰督乡勇擒之”[①]，海贼、会匪充斥雷州府地区。以遂溪为例，该地区即对兵力进行了调整，“抽三江口协步兵二十名，守兵八十名拨归左右二营防海”[②]。嘉庆十五年（1810），乌石二等被歼灭，鉴于杨柑市为雷州府贼患肆虐之地，且乌石二等贼患余党仍未尽灭，总督张百龄“奏于县之杨柑市设县丞一员，稽查草潭庙北罗乌石二等处地方”[③]，“嘉庆十五年奉文专管陆路，辖有左、右两营，并徐闻营。”[④] 可见，雷州府的海患肆虐，使得清廷逐渐认识到薄弱地方管控的不利，并加强了雷州府东海岸的军事布防。廉州府域之龙门，成为匪患藏匿之处，“雷州之涠洲、高州之广州湾、廉州之江平为匪船往来避风要地，可以设法截剿。明年又奏曰高、雷、廉三府土旷人稀、城村镇市相距辽阔，在塘、汛官兵实有鞭长不及之势。”[⑤] 地方地理形势复杂，且大规模的海患使得原本分散的防汛制度疲于应付，使得清后期的北部湾地区海防形势日益严峻。

（1）调整巡洋会哨制度，加大重点海域的巡防力度。

嘉庆十五年（1810），乌石二等伏诛后，至嘉庆十六年（1811）时，两广总督认为此时广东三路水师“声势联络极为周密”，而西上、西下两路水师共11营，“自海口至龙门为西下路，所有海口龙门海安崖州各协营均归琼州镇管辖。”将西上、下两路仍按上、下两班派员巡洋搜缉[⑥]。西路之所以海患频仍，主要是因为阳江镇对西路部分洋面力所不及，琼州镇的设立即是因其占地利之便，利于管控洋面。清廷也认可该提议，遂颁布新的巡洋会哨条例，“上班是龙门协副将统巡，左营都司、左营守备分巡於三月初十日，左营守备在涠洲与海口协兵船会哨一次，五月初十日统带各船在白龙尾洋面自行会哨。下班系龙门营都司左营都司统巡，右营守备随巡，於八月初十日齐赴涠洲洋面与琼州镇会哨一次。

---

① （嘉庆）《雷州府志》卷三，沿革，清嘉庆十六年刻本，上海：上海古籍出版社：2003年，第139页。

② （道光）《遂溪县志》卷二，纪事，台北：成文出版社，1975年，第169页

③ （道光）《遂溪县志》卷二，纪事，台北：成文出版社，1975年，第168页。

④ （嘉庆）《雷州府志》卷十二，兵制，清嘉庆十六年刻本，上海：上海古籍出版社，2003年，第2页。

⑤ （清）曾剑：《面城楼集钞》卷四，清光绪十二年刻学海堂丛刻本。

⑥ （道光）《钦州志》卷五，广东省地方史志办公室辑：《广东历代方志集成 廉州府部（五）》，广州：岭南美术出版社，2008年，第118页。

十一月初十日在白龙尾自行会哨。责成钦州禀报”①。该次巡洋会哨海口、龙门协营以及琼州本土水、陆，俱为琼州镇所辖，成为专职海防的军事力量，另将嘉庆以前作为巡洋的主力之一的海安营取代为海口协，形成了二协、一镇共同巡防，加大了北部湾地区的军事力度，在巡洋范畴上重新重视涠洲、白龙尾，加强了与海南的联系。巡洋会哨在上、下班巡洋会哨时间上明显有所缩短，在权责范围上，明确了钦州责成之职。巡洋区域的划定，体现了琼州镇对北部湾主体地区海域的作用，对固有的军事体系有所突破。

（2）调整军镇设置。

清嘉庆十五年，“改雷州营属高廉镇”②，“龙门协改归琼州镇水师营，高廉镇专管高、雷、廉、罗陆路营伍”③。按乾隆二十七年（1762）“雷州协及徐闻、海安二营隶琼州镇统辖，改为琼雷镇。其高雷廉镇改为高廉镇”④，雷州营改归高廉镇，龙门协营归属琼州镇，琼州镇属外海水师，系琼雷镇改，除管辖琼州本地水路官兵以外，“兼辖廉州龙门协水师左右两营，雷州水师海安营”，镇标左营驻扎琼州，“雷琼镇左、右营，嘉庆十六年改为琼州镇左、右营”⑤。此次划分军区形成了陆路以高州镇为中心，海防以琼州府为中心的北部湾地区海疆管控模式，水、陆专防的用意十分明显。而雷琼道以及雷廉道又俱为兵备衔，北部湾地区俨然成为军政兼顾，水、陆兼防的重要地区。对于乾嘉之际匪患常于广东三路游弋的局面，琼州改水师营，又处扼控要害之处，在特殊时期缓解了北部湾地区的海防局势。但总的来讲，北部湾地区本属海陆兼重的地方，此次改设虽然使得军、政要员权责分明，提升了处置海疆事务的效率，却忽视了北部湾二府水路相连的现实，即二府当处于一个军事系统之中，方能从整个北部湾地区海防安全、陆防安全的角度，兼系水陆两个横面，实施军政措施，若非如此，则客观上增加了处置北部湾地区海疆事务时在水、陆防务实施上的难度。中法战事以后，光绪十二年（1886），张之洞奏请“分高州镇所辖自石城以西之陆路各营，琼州镇所辖海安所以北之龙门协水师两营，专设一镇”⑥，并认为

---

① （民国）《合浦县志》卷三，经政志，海防，广东省地方史志办公室辑：《广东历代方志集成　廉州府部（六）》，广州：岭南美术出版社，2008 年，第 13 页。

② （嘉庆）《雷州府志》卷三，沿革，清嘉庆十六年刻本，第 46 页。

③ （光绪）《高州府志》卷十七，经政五·兵防，清光绪十五年刊本，第 3 页。

④ （清）《文献通考》卷一百八十九，兵考·直省·广东广西·绿旗营，清文渊阁四库全书本。

⑤ （道光）《琼州府志》卷十二，经政·铨选，道光修光绪补刊本，第 6 页。

⑥ 苑书义、孙华峰等：《张之洞全集》卷一十六，奏议十六，石家庄：河北人民出版社，1998 年，第 434 页。

"防海之要尤在水师，而龙门协水师副将隶于隔海之琼州岛，呼应不灵"[①]。统辖不便，专重水师，是张之洞请旨整合地方军事力量的直接理由。彼时，北部湾地区中法战事之余波尚未完全消弭，张氏有此议，当是目睹了中法战争中北部湾地区在越南战事中的重要战略地位而言的。

光绪十三年（1887）"设北海镇辖廉州，高镇改辖高阳罗水陆营伍"[②]，光绪十四年（1888），"设北海镇总兵一员。光绪十四年奏请由阳江调缺，驻扎廉城，管辖电、白、石、钦、防、合、灵等属十一营。合浦分左、右亲标二营"[③]，"各营地皆滨海，该镇居中控驭，形便责专"[④]。北海镇的设立一改之前水、陆专防的军事调整，使得北海镇成为军政一体、水陆兼防的重要军政区，同时设北海镇水路总兵，节制诸营官兵。新设北海镇，解决了"若常驻廉郡，则于高、罗等处腹营边备鞭长莫及；若仍驻高遥制其余，炮械、台垒、港口等事断不能并力经营"[⑤] 的问题，极大提高了北海镇在雷廉二府处置地方军政的机动灵活性，同时打破了清初以来高州作为北部湾地区军政中心的地位，首次将雷廉二府的中心设于廉州府，形成了以北海镇为中心，并与高州镇、琼州镇声势联络、互相应援的局面，与驻扎于龙州的柳庆镇相呼应。到光绪二十七年（1901）又有新变化，即"谕兵部奏遵议广东裁、并、改、拨总兵各缺一折：广东阳江镇水师总兵着即裁撤，改设北海镇水、陆总兵以资控制，其高州镇总兵并著改为水、陆总兵"[⑥]，海防建设不断加强。

2. 调整行政区划，增强对边、海地带的管控力度

调整行政区划的主要目的是从宏观上加强北部湾地区军政资源的整合，提高清政府对北部湾地区乃至东南沿海地带的管控效率，微观上则是以对某一政区之内具体事项的解决为主要目的，而中法战争则是行政区划变动的推动因素。

光绪十四年（1888），改钦州为直隶州，"改为高廉钦道移驻廉州"[⑦]，设置

① 苑书义、孙华峰等：《张之洞全集》卷一十六，奏议十六，石家庄：河北人民出版社，1998 年，第 434 页。

② （光绪）《高州府志》卷十七，经政五·兵防，清光绪十五年刊本，第 3 页。

③ （民国）《合浦县志》卷二，兵制，广东省地方史志办公室辑：《广东历代方志集成 廉州府部（六）》，广州：岭南美术出版社，2008 年，第 21 页。

④ 苑书义、孙华峰等：《张之洞全集》卷一十六，奏议十六，石家庄：河北人民出版社，1998 年，第 434 页。

⑤ 苑书义、孙华峰等：《张之洞全集》卷一十六，奏议十六，石家庄：河北人民出版社，1998 年，第 434 页。

⑥ 《东华录（光绪朝）》卷七十六，清宣统元年铅印本。

⑦ （清）李瀚章修，廖廷臣等纂：（光绪）《广东图说》卷七，清宣统元年重印本，粤东编译公司，第 1 页。

防城县。此次一系列的行政区划变动，主要是对中越划界后的海防要地进行置官管控，以明晰海防辖区管理职责，加强边海防管控。中法战争后“白龙尾江平黄竹等处一律划归中国，江平、黄竹向为华民聚居，白龙尾地方岁祗巡哨一，及此后各该处善后事宜应如何设官分汛妥筹布置?”“新经划定白龙尾地方重山巨浸，界划中外，诚海防一大关键”，“以钦州地方本属荒阔难治，今复拓地定界幅员愈广控制愈难，惟有於近边扼要分设县治，将钦州量为升改以重事权而资抚驭”①。按张之洞言，钦州原为县级政区但是土地广阔，难以治理，权责有限，今又添多处重要的战略要地，其重要的地缘政治价值攸关国、海防安全，加上“边民新附，中外时有交涉事件，抚绥防范断非一州牧所能独任，若分置同知、通判等官与钦州不相统摄，势隔权分反生窒碍，酌古准，今惟有升钦州为直隶州，相度边要，分建一县为辅车之依资，指臂之使。查防城司钦州西南一百里东达州治，西近东兴，前控白龙尾，后通广西南宁府属各隘，乃钦州西南之冲要”②。所谓酌古准当是“以钦州志及舆地诸书，参稽互证，自黄州以至遵化，州县郡名凡十八，均位于钦州西南，与钦州或离或合，可为其地括有今县之证”③。

升钦州为直隶州，不仅提升了钦州地方的政治地位，还达到了对重点地区重点部署、设官治民的目的。而设防城县才是直接解决划界地区战略要地管控的问题。至于设高廉钦道，则是如何从高层布局上解决对钦州升为直隶州后的管理问题。钦州改直隶以后一切事务则归高廉道，高廉道作为高层政区，其政治中心又驻高州府城，不仅“缓急难资筹办”且“所属各海口既非冲要，陆路北界广西容县亦非极边，廉钦边海交冲，今昔情形迥异，海防边备最为叹重，应请改为高廉钦道”，同时“应将该道移驻廉州府城以便控驭”④。防城县“乃交趾自海岸登岸入中国之要隘，为钦廉门户”⑤，划界后的四峒、江平“以距钦州辽远，难于控制，因于光绪十四年十二月，以防城、如昔，两巡检司辖地，

① （清）张之洞：《遵筹钦州新界善后事宜折》，《张文襄公奏议》卷二十四，奏议二十四，民国年间刻本。

② 吴剑杰：《张之洞年谱长编上》，上海：上海交通大学出版社，2009 年，第 221 页。

③ （民国）《防城县志初稿》，广东省地方史志办公室辑：《广东历代方志集成　廉州府部（二）》，广州：岭南美术出版社，2009 年，第 364 页。

④ （清）张之洞：《遵筹钦州新界善后事宜折》，《张文襄公奏议》卷二十四，奏议二十四，民国年间刻本。

⑤ （光绪）《防城小志》卷一，志地·城池，《广东历代方志集成　廉州府部（二）》，广州：岭南美术出版社，2009 年，第 177 页。

划置防城县”①，“分钦州之东兴、如昔司、白龙尾及新收迤南之江平、黄竹迤西之嘉隆、八茌等处悉隶防城”②，这些地带“均系地处极边，防务吃重兼系烟瘴”，在升钦州为直隶州、设防城县后，州县僚属的裁改自应跟进。如“钦州之州判裁汰，改为防城县县丞、吏目”③，长墩司巡检、沿海司巡检改为钦州直隶州属。按原防城县境内所设之官属州判、巡检等官，为原钦州所隶属，防城既然设县，则既要保证防城县作为边海要地不能因为行政区划的调整而发生混乱，又要发挥防城设县管控边海要地的职能。防城既升为县，并立县丞承接原防城司的职属范畴，防城司被废已属必然。原钦州州判仍驻于东兴，与防城县在权重上也会有所抵牾，如昔巡检与交趾相交，明清以来又一直管辖如昔七峒地方，今边事又重，固然不能废弃。因此设防城县丞于东兴，统属于防城县，如昔改隶防城，防城知县直接对防城县丞与如昔巡检进行管控，又增设江平司巡检。

3. 中法战争背景下的北部湾地区海防

光绪年间，法国在越南的势力逐渐深入，并意欲通过吞并越南，以越南为突破口，将势力伸向我国西南地区。越南与我国水陆相连，边海防危机骤然紧张。朝野上下虽然有主和、主战之分，但是基本共识认为，越南为我国西南藩篱，有唇亡齿寒的关系，“若任其全占，越土与粤西唇齿相依，后患堪虞”④，且“越南受封中朝，久列属邦，该国如有紧要事件，中国不能置若罔闻”⑤。北部湾地区海防形势在外患侵逼的背景下，清廷武备不修，饷事、兵事皆处于下风，更有“自广东以无船为解，而南北洋各守其封兵船不愿通假，於是言兵者略不及琼廉”⑥。然而，随着法人步步紧逼，越南北圻、河内相继失守，法军攻击了驻防在越南山西的清军，清军被迫反击，中法战争爆发。

（1）中法战争之际北部湾地区边、海防部署。

道光、咸丰之后，法国先后与越南签订《西贡条约》《顺化条约》，直接威胁到我国边疆安全，光绪七年（1881），“刘长佑移督云、贵，知法人志在得越

---

① 苑书义、孙华峰等：《张之洞全集》卷二十五，奏议二十五，石家庄：河北人民出版社，1998 年，第 655 页。

② 吴剑杰：《张之洞年谱长编上》，上海：上海交通大学出版社，2009 年，第 221 页。

③ 苑书义、孙华峰等：《张之洞全集》卷二十五，奏议二十五，石家庄：河北人民出版社，1998 年，第 655 页。

④《总理各国事务衙门奏法人谋占越南北境并欲通商云南现拟预筹办法折》，《清光绪朝中法交涉史料》卷二，军机处原档，第 1 页。

⑤ 王彦威、王亮辑，李育民、刘利民等点校：《清季外交史料 2》，《使俄曾纪泽奏法人谋占越南北境拟筹办法折》，长沙：湖南师范大学出版社，2015 年，第 524 页。

⑥（清）张佩纶：《边情已亟宜定宸谟折　光绪九年五月十七日》，《涧于集·奏议》卷三，民国十五年涧于草堂刻本。

南以窥滇粤，上疏略曰：‘边省者中国之门户，外藩者中国之藩篱，藩篱陷则门户危，门户危则堂室震，越南为滇、粤之唇齿’”①。光绪时，张佩纶言：“法得越南则广东防海，广西防边，云南防江又防陆，饷且十倍于今日。”② 虽言银饷之费，却也反证法人入侵越南，必将对中国西南边疆领土、领海安全构成严重威胁，致使中国西南三省边海防双重危机。清廷也认为“若任其侵削则滇粤藩篱尽为他族逼处，后患不可胜言”③，在一系列军事部署以后，通过加强相关区域的军事联合，陈兵边、海地带，以北部湾地区为主体逐步架构起云南、广西、广东相互应援的“边、海防联防机制”，以及短暂的“中、越国际联防”局面。

北部湾地区的陆防，主要是两广边境地带的军事驻防。光绪八年（1882），清廷在接见越南使者之时，告以“西省已饬统领边防各营黄提督酌派营勇出关，分布扼扎，为未雨绸缪之计，越国亦宜早图自强，勿堕法人术中”④。中越双方照会以后，在光绪八年二月，法人以兵舰自西贡至海阳，拟谋取河内，清廷即“移曾国荃督两广……张树声奏令滇、粤防军严守城外以剿办土匪为名，藉图进步，并令广东兵舰出洋，遥为声援”⑤。而北圻之山西、北宁为军事要地，为了防止北圻失守，清廷下令地方要员加强以滇、粤、桂三省兵力合规北圻。“先是刘长佑命藩司唐炯率旧部屯保胜，曾国荃至粤，命提督黄得胜统兵防钦州，提督吴全美率兵轮八艘防北海，广西防军提督黄桂兰、道员赵沃相继出关，所谓三省合规北圻也。”⑥ 光绪九年（1883）正月，唐景崧假道越南入滇后，又入越密见刘永福并陈三策，刘永福认为“微力不足当上策，中策勉为之”，所谓中策即“提全师击河内驱法人，中国必助之饷”⑦。

北部湾地区海防军事部署。提督黄得胜前往钦州就近招募劲勇二营，“如果洋面有警，即当捡派大号轮船，遴委得力将弁、管带前往该处海口驻泊，以壮

① （民国）赵尔巽等：《清史稿》卷五百二十七，列传三百十四·属国二，北京：中华书局，1977年，第14648页。

② 《张佩纶奏敌情诡诈请开浮议折》，《清光绪朝中法交涉史料》卷四，军机处原档，第28页。

③ 《军机寄直隶总督李鸿章等上谕》，《光绪朝中法交涉史料》卷二，军机处原档，第4页。

④ 《广西巡抚庆裕奏报越南国使臣回国到省及起程日期折附件一　庆裕奏法人派兵至越使笔谈嘱其转达国王熟思审虑保境土片》，《光绪朝中法交涉史料》卷二，军机处原档，第13页。

⑤ （民国）赵尔巽等：《清史稿》卷五百二十七，列传三百十四·属国二，北京：中华书局，1977年，第14650页。

⑥ （民国）赵尔巽等：《清史稿》卷五百二十七，列传三百十四·属国二，北京：中华书局，1977年，第14650页。

⑦ （民国）赵尔巽等：《清史稿》卷五百二十七，列传三百十四·属国二，北京：中华书局，1977年，第14651页。

声威”[①]。而张之洞也建议“粤西陆军万人出龙州镇南关，粤东水师二万人出廉州海，入越南港口，皆会于越东京”[②]，同时认为“士卒必须闽、粤之人，师行必须水陆并行。责两广以援，责云南以守，防援同此一兵，动静同此一饷”[③]，并认为援越事体重大，“此举乃关系国势、海防，岂得谓之轻于发捻军务?”[④] 提请由李鸿章前往粤东督办相关事宜。光绪八年（1882）十二月，“着广东兵轮各船应克期整顿出洋，藉壮声势。著裕宽迅将该省兵输各船，挑选齐备，即派吴全美统带，驶赴廉琼一带驻扎，认真操练，防剿黎匪。巡缉重洋之师仍不时驰往越南洋面游弋，确探消息，随时知照。裕宽妥筹因应之方，相机调度”[⑤]。

法军进一步入侵越南，清廷饬两广、云贵督抚在边境之地挑选劲旅，扼要进扎，北部湾地区的海防由广东原驻廉琼水师“移船洋面严密防查，凡海军应筹应备之端，必须尽力请求不可稍涉松懈，此次筹备各节非从前事机尚缓可比，该督抚等务当悉心经画，实力整顿，总之衅端不可自我而开，要必壮我声威”[⑥]，命令岑毓英等“督饬关外防军挑选劲旅，扼要进扎”，并着令曾国荃、裕宽指导水师提督吴全美“移近越洋认真巡哨，凡海军应筹应备之端必须尽力请求，不可稍涉疏懈”[⑦]。至中法战争前夕，因“水师提督吴全美出防廉琼洋面，船少且小，不足自成一军”，“署潮州镇总兵方耀带兵五营驻扎钦州”[⑧]。一系列边、海战事部署及人事调动，体现了中法战争前夕清廷对北部湾地区海、陆布防的考量，缓解了主战区海陆双重防务压力，有效地支援了西南地区陆防任务的完成，也在一定程度上缓解了北部湾地区的海防压力。

从法国第二次攻占河内之后（1882 年），至中法战争之观音桥事件（1885

① 《广东巡抚裕宽覆妥筹边备并欲粤西商办情形》，《清光绪朝中法交涉史料》卷三，军机处原档，第 10 页。

② 苑书义、孙华峰等：《张之洞全集》卷四，奏议四，石家庄：河北人民出版社，1998 年，第 94 页。

③ 《奏陈越南日蹙滇防渐紧宜筹兵遣使折》，苑书义、孙华峰等：《张之洞全集》，石家庄：河北人民出版社，1998 年，第 94 页。

④ 《请遣重臣驻粤筹办粤事片光绪八年》，苑书义、孙华峰等：《张之洞全集》，石家庄：河北人民出版社，1998 年，第 97 页。

⑤ 《军机处密寄署直隶总督张树声等上谕，光绪八年四月十四日洋务折》，《清光绪朝中法交涉史料》卷二，军机处原印档，第 27 页。

⑥ 《总理各国事务衙门奏越事有变密筹防务折》，《清光绪朝中法交涉史料》卷三，军机处原印档，第 38 页。

⑦ 《军机处密寄署两广总督曾国荃等上谕》，《清光绪朝中法交涉史料》卷三，军机处原印档，第 38 页。

⑧ 《两广总督张树声奏报到任查看粤东海防情形折》，《清光绪朝中法交涉史料》卷六，军机处原印档，第 10 页。

年）发生，清廷谕令吴全美等率领兵轮于北部湾地区海域作威慑之举之时，也加紧了广西、云南与越南边防地区的军事防卫。越南山西是从越南进入滇省的门户，北宁地区是越南与广西接壤的前哨，是兵家必争的战略要地。北宁失守后，清政府在滇、桂、粤边境所构筑起来的边海防联防机制，由于重要战略地的丧失，以及清廷内部的妥协等原因而遭受重创。但是观音桥事件以后，清政府任命张之洞为两广总督，在他的积极谋划下，北部湾地区的海防建设向与桂、琼同为一体的海疆建设框架不断发展。

清政府注意加强与越南的军、政联系，以期共防法人侵略。在法人侵越时，清廷一方面加强国内兵事部署，另一方面也与越南一方就共同抗御法人展开了短暂的、较为频繁的政治互动、军事互援。这种政治互动、军事互援现象，其原因除了法人侵越外，还与嘉庆年间北部湾地区海患肆虐、海匪劫掠商船有密切关系。对此情形，北部湾地区沿海巡洋会哨制度在巡查范围上鞭长莫及，陆路追捕又因各种因素难收其效。于是，作为宗主国的清政府要求越南一方协同北部湾地区地方文武官员缉捕海贼。北部湾地区军、政相协的海防抵御机制已然成熟，廉州府属州、县具有较为完备的军事力量和成熟的行政系统支撑，钦、廉之地成为清政府在北部湾地区的海防重心。钦、廉地区海、陆皆与越南一衣带水，发达的海防基础设施力量建设，决定了钦、廉地区重要的海防军事价值。道光年间，因“壤地相接，越境行劫”的事件频繁发生，为了中越两国边、海安全，清政府与越南方面在军事、政治上联系日益密切，如道光帝敕命两广水师提督会同道、府等分头堵截，并“一面檄该国王合力同心，剿除净尽，令该国王敬服，合力剿捕”①。至中法事起，越南主权尚未由法人完全掌控之时，中越仍然保持着密切的外交联系，越南方面更是派遣使臣请求清廷给予保护。刘永福援越抗法，清廷沿中越边境不断派遣兵力，正是两国在“宗藩体制”之下展开“国际联防”的写照。但是，中法战争以后，中越之宗藩关系瓦解，中越之间的边、海防合作也不复存在，继之而起的则是中越边防危机加重，北部湾地区边、海防危机并发。

综上所论，清代后期围绕中法战争开展的北部湾地区军事布防工作，主要包括了两个方面的内容：一是构建包括北部湾地区主体部分陆海安全在内的西南边疆地区海陆安全体系，以北部湾地区海防军事力量部署支持主战区陆防军事建设的完成；二是在中越宗藩体制尚未完全瓦解、越南尚未完全为法人所侵吞的情况下，与越南方面保持紧密联系，并以刘永福为应援，完成中越边境战略部署。虽然中法战争最终以清廷主和派的妥协而告终，但是深刻地影响了战

① （清）《宣宗实录》卷二二六，北京：中华书局，1986年，第381页。

后北部湾地区海防建设以及相关海防实践的开展。

（2）中法战争越南战事结束后北部湾地区战略地位的变化。

中法战争越南战场部分战事即将结束之时，主战派要员张之洞于光绪十年（1884）闰五月任两粤总督，到任之际，法军正在为进攻基隆做准备，南疆海域海防吃紧，在“建攻越南以救台湾，为围魏救赵之计”[①]战略指导之下，张之洞在中法战争中启用冯子材等著名将领，赢得了镇南关之战、谅山之役等重大战役的胜利。而正是在这一系列反侵略斗争中，北部湾地区对清廷而言战略地位急剧提升。为了严饬边海防，进一步巩固甲申之役中的成果，重新部署中越交接地带的防卫力量，张之洞对广东地区军事战略部署的基本要点与难点进行了全面的评估。他在“巡历外海、内河各炮台，省城外陆军各营垒”后，指出海防应重点做好几个重要地区的防御工作，即省防、琼防、廉防、潮防，要做到“兼顾广属六门，远驭琼、廉两郡，救邻疆之急，供入越之军，种种棘手情形，实为事势时日之所限”[②]。对于战事的筹备，“举凡设险、创台、造船、购械，必需经年累月而后成者，势不能兴作”[③]。在特殊时期内，应快速有效地对广属要地进行军事部署，加强军备建设。对于北部湾地区海防状况，张之洞有清醒的认识：“钦廉一带水、陆兼防，法船顷刻即可来，教匪窟穴不能去，且距省僻远，多河少骑，文报难达，何况应援以后，边患未有已时，此廉防大略也”，“廉州北海一口去越甚近，自海防来之法船，半日可到。所属钦州与越之海宁府毗连，一名芒街，而此中越交错数百里之中，教民素多，皆是客匪，又为九头山海匪出没之区”[④]。按张之洞所言，廉防之难，在于水陆相兼，陆上缉捕、海上防御不易，军情传递上存在沟通不便，而使得边患难除。北海和中越海陆交接地带同为廉防重点防御地带，北海的安全与合浦军政中心一体相连，海防地位之重自不待言。钦州与越南接壤，是廉州府边海交界地带安全的保障，且地方社会状况复杂，更有海匪出没于此，相比之下钦州的海、陆安全在当时形势下更为紧急。光绪十三年（1887），在中越勘定新界后，为了加强广东滨海地区的战略布防，强化钦廉地区的海、陆战备，在以张之洞为首的地方文武要员的

---

① （清）张之洞著，周伟民、唐玲玲选编：《张之洞经略琼崖史料汇编》，海口：海南出版社，2015 年，第 266 页。

② 《敬陈海防情形折》，苑书义、孙华峰等：《张之洞全集》卷九，奏议九，石家庄：河北人民出版社，1998 年，第 252 页。

③ 《敬陈海防情形折》，苑书义、孙华峰等：《张之洞全集》卷九，奏议九，石家庄：河北人民出版社，1998 年，第 249 页。

④ 《敬陈海防情形折》，苑书义、孙华峰等：《张之洞全集》卷九，奏议九，石家庄：河北人民出版社，1998 年，第 252 页。

推动下，北部湾地区建立了水、陆军事区北海镇，并实施升州设县，设立高廉钦道等提高北部湾地区军事战略地位的一系列强化国海防建设的措施。在此背景下，张之洞通过对相关区域划分汛地、建设炮台、修造战舰等措施，将其海防军事战略落实到北部湾地区海防建设上。

（3）中法战争之后北部湾军事布防。

张之洞初到两广之时，中法战争越南战事基本结束，但是目睹边、海地区局势仍然不安定，法国在越南战事后并未得到满足，意欲在我国福建沿海一带继续扩大其在华利益的境况，张之洞深有感触。基于此，自张之洞开始主政两广地区，北部湾地区的海防建设始终处于高涨的势态，举措频仍：光绪十三年（1887）“五月，钦、越海界议定，江平、黄竹、白龙尾等处均归于我”，“十二月，定琼州营制”“巡视钦、廉、雷、琼各属海口”。光绪十四年（1888）“六月奏陈钦州新界设官分汛事宜”“八月，定北海、高州两镇巡洋会哨章程”①。

①重视廉州的战略地位。

以1887年钦、越海界议定为北部湾地区中法战后的部署为伊始，张之洞从整个边海防安全出发对北部湾地区的边海防战线进行构建，确定了以廉州为重心的边、海防战略。在经历了前期中法越南战事以后，张之洞对北部湾地区尤其是钦廉海域的战略形势乃至整个广东中、西路的战略形势，有了明确的认识。他认为廉州是两广地区的核心枢纽，不仅关涉两广之安全，同时也会影响西南三省，在阐述相关毗连地区的利害关系之时，他提到“廉州至广西南宁，止四日程，若敌由廉袭邕，则南断龙州之后路，北据梧江之上游，西绝百色之运道。一路有失，而广、桂、滇三省皆病”。② 除了对钦廉海域有较为明晰的战略形势判断外，张之洞早在光绪十年（1884）就曾以全局性的角度对广东中、西路布防进行了战略部署构想：“潮、琼、高、廉各府，同系滨海要区，亦须设法兼顾，非厚集兵力，严为之备，不足以扼敌锋”③。至光绪十一年（1885），张之洞言及廉州海防形势：“今海氛虽平，越防日逼，而要害所在彼此共知。此次法人受创於粤，他日如法人生事，必自廉琼始。不乘此时筑坚台、练巨炮，终为

① 张之洞著，庞坚点校：《张之洞诗文集·张文襄公年谱》，《中国近代文学丛书》，上海：上海古籍出版社，2015年，第718－720页。

② 《筹办廉琼炮台折》，苑书义、孙华峰等：《张之洞全集》卷一十二，奏议十二，石家庄：河北人民出版社，1998年，第349页。

③ 《添募水陆勇营折》，苑书义、孙华峰等：《张之洞全集》卷九，奏议九，石家庄：河北人民出版社，1998年，第259页。

两广肘腋之忧，故往日则琼最急，今日则廉尤重。”① 依上所述，以廉州为军事战略重心，控扼陆海，同时兼顾广东中、西路以及广西沿边地带的战略构想已成雏形。

②重新划分讯地。

这一时期的北部湾海防布局是以北部湾地区军事地理形势为基础，整合北部湾地区军事布防力量，在尽可能不对原有地区的军事系统进行过多调整的前提下，通过重新划定营汛弁兵驻防地，对北部湾地区的军事力量重新分配，以期在新的行政区调整之后在地方实际管理中实现军、政相协。新设之防城政区辖地是钦州的一部分，包括江平、黄竹、白龙尾等重要边海要地，过度管辖数量较多的边海重地，不仅不能解决新收边海之地的管控问题，反而会使兵力不敷、效率低下。因此，在局部调整钦州营汛的同时，张之洞认为“其防城司巡检旧辖之三娘湾头，二、三甲地方与防城隔一海港，仍应归钦州管辖。”② 至于龙门协水师左营所辖汛地基本在钦州境，宜将龙门左营“其余近内陆路汛地弁兵概拨归钦州营参将管辖”，在东兴驻钦州陆路守备以及龙门左营水师中军，“其龙门协左营水师中军守备事务本是该协左营都司兼管，无庸再设”③。划分汛地以后，龙门左营迤西陆路大部汛地，基本由钦州营以及新设之白龙营所分割，“原辖之滨海牙山炮台、石龟岭炮台、渔洲坪、渔埇港、三口浪、红沙湾等汛及旧有弁兵仍归该协左营都司管辖”④。新附皆滨海重地，海上巡防尤其重要，“新经划定白龙尾地方重山巨浸，界划中外，诚海防一大关键”⑤。白龙尾一带的海防地位使得龙门协所管洋面远至白龙尾以西地带，而“其地盗匪出没无常，且附近洋面时有法船游弋”。若要对该地段从军事上完全掌控，惟有从军备建设与职责管辖范畴上划分防守范围，才能够切实实行重点管控，因此张之洞认为只有一艘中号轮船是不够的，他调派省城的“兵轮一艘驻泊白龙尾一带，协同往来巡缉。其滨海各港汛地盗、匪，则责成该协左营都司督同师船及原有汛兵缉捕，内地支河盗匪则责成钦州营缉捕，庶内河外海各有攸司，不同此前之漫无

① 《筹办廉琼炮台折》，苑书义、孙华峰等：《张之洞全集》卷一十二，奏议十二，石家庄：河北人民出版社，1998 年，第 349 页。

② 《遵筹钦州新界善后事宜折》，苑书义、孙华峰等：《张之洞全集》卷二十四，奏议二十四，石家庄：河北人民出版社，1998 年，第 640 页。

③ 《遵筹钦州新界善后事宜折》，苑书义、孙华峰等：《张之洞全集》卷二十四，奏议二十四，石家庄：河北人民出版社，1998 年，第 641 页。

④ 《遵筹钦州新界善后事宜折》，苑书义、孙华峰等：《张之洞全集》卷二十四，奏议二十四，石家庄：河北人民出版社，1998 年，第 641 页。

⑤ 《遵筹钦州新界善后事宜折》，苑书义、孙华峰等：《张之洞全集》卷二十四，奏议二十四，石家庄：河北人民出版社，1998 年，第 641 页。

稽考，此又钦州添设水陆营汛之拟议办法也”①。以政区为基础，将龙门协军事力量进行分割，使得在业已变动的行政区划与军事管控趋于统一的前提下，又强调各军事单元对于重要边海地带的军事防守之责。

③设白龙营，加强重点地区边、海地带的军事管控。

张之洞认为：“江平近接防城墟，又在东兴之后，去州城百余里，均属华离要害之地，不能不与力争，庶边氓不致终沦异域，而与设防固圉实大有裨益。”②并明确表示白龙尾一地确系龙门协汛地，斥责法人将白龙尾地带“妄指为越界”③。到光绪十四年（1888），按照张之洞计划“白龙尾为边、海极冲，已经择定地势拟筑炮台四、五座以资控而卫边氓”④。除了建设炮台以外，为巩固钦、越接连地带重要战略地点的军事防御力量，清廷在中越边境山海相连之处，重新设立白龙营并设都司，防城、江平等设千总、外委等，同时白龙营“归钦州营参将统辖，当于水陆提臣筹商”⑤，以示其重。对于白龙营的军事力量辐射范畴，当以钦州之东兴、江平、芒街等以及新勘钦、越边界地方为主，“南自江平至长山，此傍海之要区也，北至嘉隆至峒中，此沿边之隘害也。而东兴一处，山势峻耸，与越南芒街对峙，民越往来隔一河，杜渐防微，是在镇抚。白龙尾横截海外，崇山巨浸犄角，龙门筑台守险最善形胜，凡此皆筹边者所宜加意也”⑥。此外，还加强了白龙营的军事力量，“防城、江平两千总，及东兴千总所辖之埇崙外委、那马、松柏隘、罗浮峒三汛，既原有裁存额兵归新设白龙营都司管辖”⑦，新设兵额百名，尚觉薄弱，又加派“冯子材所部萃军防勇分哨驻防，尚可联络一气”⑧。由此可见，龙门协的军事地位不断上升，龙门一隅为龙门协

① 《遵筹钦州新界善后事宜折》，苑书义、孙华峰等：《张之洞全集》卷二十四，奏议二十四，石家庄：河北人民出版社，1998 年，第 642 页。

② 《钦越边界亟应改正折》，苑书义、孙华峰等：《张之洞全集》卷一十二，奏议一十二，石家庄：河北人民出版社，1998 年，第 372 页。

③ （清）张之洞著，周伟民、唐玲玲选编：《张之洞经略琼崖史料汇编》，海口：海南出版社，2015 年，第 134 页。

④ 《遵筹钦州新界善后事宜折》，苑书义、孙华峰等：《张之洞全集》卷二十四，奏议二十四，石家庄：河北人民出版社，1998 年，第 642 页。

⑤ 《遵筹钦州新界善后事宜折》，苑书义、孙华峰等：《张之洞全集》卷二十四，奏议二十四，石家庄：河北人民出版社，1998 年，第 641 页。

⑥ （光绪）《广东舆地图说》卷十四《钦州直隶州》，清宣统元年重印本，粤东编印公司，第 2 页。

⑦ 《遵筹钦州新界善后事宜折》，苑书义、孙华峰等：《张之洞全集》卷二十四，奏议二十四，石家庄：河北人民出版社，1998 年，第 642 页。

⑧ （光绪）《广东舆地图说》卷十四，钦州直隶州，清宣统元年重印本，粤东编印公司，第 2 页。

军事核心之所在，且与白龙尾等地相去不远，对白龙营的军事支援明显加重。

白龙营的设立，使得新设之防城县的行政、军事完全处于地方掌控之中。在行政管理上“全县疆域化为三区，东南区及附城属典史佐治，东北区属如昔巡检司佐治；西南区属江平巡检司佐治。江平巡检司，并就近受成于驻东兴之县丞。”① 在军事上，张之洞以钦州地带龙门协所属之营汛划分以及江平一带海防重地的部署为主要内容，基本形成了以白龙营陆路及新设各营汛为军事防守重点，钦州重陆路防御，龙门协则侧重沿海巡防，并成为直接承担海防任务的主要军事力量。直至宣统年间，龙门水师改为廉洋缉私船，州府辖巡缉水师“长官为督带，领外海、内河巡船官兵共150名”②。

④建白龙炮台。

在对白龙尾一带军、政周密部署后，光绪十三年（1887）起，白龙尾设立炮台的计划正式实施，直到光绪二十一年（1895）白龙炮台完全建成，成为白龙尾一带防守战略的一部分。白龙炮台群位于今防城港江山半岛白龙尾，为清张之洞所提议，琼军管带陈良杰于光绪十三年（1887）至光绪二十一年（1895）期间所建。白龙炮台群分为龙珍、白龙、银坑、龙骧四炮台，分别坐落于江山半岛南端突起的山丘上，银坑、龙骧居东，近有怪石滩；龙珍、白龙则位于半岛西隅，与东兴遥望，扼控前往东兴近海航道。其中白龙炮台为主炮台，设施保存较为完整，其门楼气势恢宏，门楣刻有主持修建者以及建造时间等信息。炮台内部设有厢房、地下室等，并有通道直达炮台顶部，炮台顶部呈圆形，设有弹药库，炮台尚存。炮位面海，与其他炮台相互配合，共同扼守白龙尾。同时白龙炮台群与防城石龟岭“一东一西，恰如掎角之势，素有‘龟蛇守海门’之称”③，白龙炮台的建设使得其与石龟岭炮台以及乌雷炮台互通声气，成为护卫龙门岛左右两翼的重要军事据点。

---

① 国家民委：《中国民族问题资料·档案集成》，第5辑，第120卷，北京：中央民族大学出版社：2005年，第563页。

② 潘乐远：《合浦县志·军事篇》，南宁：广西人民出版社，1994年，第262页。

③ 黄铮：《黄铮集》，北京：线装书局，2011年，第47页。

图1　白龙炮台群之龙珍台（笔者摄于2018年）

白龙炮台的修建，是基于“其白龙尾一处为北海之蔽遮，南溟之门户，上可设炮台，下可泊兵轮，宜设专营弁兵驻守岛岸，再於龙门协酌添师船巡缉洋面，庶水陆各专责成，边海自臻静谧”的考虑①。白龙尾作为廉州府西南海隅重要的海防军事要地，为北海的前哨之一，加上江山半岛南部突出海中，可远瞰大海，具有天然的军事价值，是阻挡由外而内的海上侵略势力的扼吭之区，并对新设的防城县及新附的江平等处均有重要军事价值。厚集兵力，部署炮台，并配合巡海水师，完成水、陆军事任务，应是捍卫边海建设的重要步骤。对于钦州防城而言，白龙尾是战略要地，与防城的安全密切相关，有鉴于白龙尾的重要海防地位，光绪十五年（1889）张之洞等再次提及白龙尾设炮台之事，认为“新收之白龙尾地方亦为紧要，前遵旨将设官分汛事宜筹定举办，并奏明应筑炮台四、五座以资控扼，查该处海港内通钦州、防城，实为钦防之门户。臣前此巡视，率同提督蔡金章等详加审度，定于近内较高之山建设炮台五处，现将省防撤出之四吨重以上克虏伯钢炮五尊，拨发该处应用，委署北海镇总兵陶定昇前往勘估台工，督同冯子材所部将弁修造”②。修筑白龙炮台是以张之洞为首的地方要员，从白龙尾的战略地位高度，审视白龙尾对于钦州防务的重要性而提出的。该炮台所配备的火力是当时清廷从国外引入的最先进的武器，而督造之人更是由当时的北海镇总兵和著名抗法将领冯子材共同担任，足以表明在当时情况下白龙尾在海防战略上的重要地位。

读史以知今，今距张之洞解决江平、黄竹、白龙尾等地的北部湾地区海防建设已逾百年，但是这些军事战略要地的防守仍然为我国西南地区边、海防安全之所系。

---

① 《遵筹钦州新界善后事宜折》，苑书义、孙华峰等：《张之洞全集》卷二十四，奏议二十四，石家庄：河北人民出版社，1998年，第638－639页。

② 《建筑琼廉海口炮台折》，苑书义、孙华峰等：《张之洞全集》卷二十七，奏议二十七，石家庄：河北人民出版社，1998年，第718－719页。

（4）清后期北部湾地区的海防特点。

清后期北部湾地区海防炮台建设与两广地区边、海炮台军事据点的建设具有时空一致性，可以视为环西南边、海地带军事防卫圈。从时间上看，白龙炮台建成时间为“清光绪二十一年仲夏吉旦”，即从光绪十三年（1887）白龙筹建之时至光绪二十一年（1895），白龙炮台的修建历时八年之久。北海市之地角岭炮台则建于光绪十一年（1885），中法战争之时，该炮台始建于北海市，在其主峰，两侧均配置有炮台，“三台鼎足相峙，俯控北海航道，形势险要”①，现今地角炮台的主峰炮台仍存圆形地壕式，中心一圆形台基（现已毁），其余二台遗址无存②。海南秀英炮台，其作为晚清著名的海岸炮台，同样为抵御法人而建，“炮台建筑在离海岸约二百米小山丘上，面相大海，居高临下，遥控琼州海峡”③。而与此同时清后期两广地区的海防炮台在时间上几乎处于同时段，而广西辖境的以炮台为主的军事工事也基本上是中法战争后督办广西边防的广西提督苏元春主持修建的。尤其重要的是位于龙州水口关的龙州水口炮台，著名抗法将领苏元春在此共修有炮台 8 座，“是当时抗法战场的前沿阵地，亦是抗法援越、南疆战事的前沿阵地”④。这些临海炮台有的修建于康熙年间，“较晚的建于中法战争后的光绪十一年（1885）至二十二年（1896）间，与广东重修在两次鸦片战争中损毁的珠江炮台在时间上相当”⑤。

清后期北部湾地区新设之边、海防炮台，均是为应对晚清北部湾地区海防多事而依险而设的，但是从地理位置上看，广西、广东、琼州三省之中广西作为中法战争的主要阵地，修建炮台显得更为紧迫。光绪十一年（1885）在与越南谅山、高平、宣光等处“沿边千八百九十四里，隘卡百五十有六，有防兵二十五营，分扎沿边对汛及各炮台”⑥。光绪十二年（1886）以后依次调整行政、军镇布局，设一边道，升上思州为直隶厅，“与广东边防相联属，移提督驻太平府属之龙州厅，当入边水陆之冲，柳庆别设一总兵镇之，提标之外，募勇二十

① 中国海洋文化编委会：《中国海洋文化·广西卷》，北京：海洋出版社，2016 年，第 178 页。

② 中国人民政治协商会议北海市委员会文史资料委员会：《北海文史（第 17 辑）》，出版地不详，2003 年，第 60 页。

③ 王朝彬：《中国海疆炮台图志》，济南：山东画报出版社，2008 年，第 180 页。

④ 黄铮：《广西清代边海防设施遗址的历史概况》，《广西社会科学专家文集·黄铮集》，北京：线装书局，2011 年，第 32 – 33 页。

⑤ 王普生：《北部湾边海防历代军事文化资源的开发与利用》，《北部湾海洋文化论坛论文集》，南宁：广西人民出版社，2010 年，第 433 页。

⑥ 《清史稿》卷 73，地理 20，选自《中越边界历史资料选编下》，北京：社会科学出版社，1993 年，第 1016 页。

余营，名边防营，即由提督督边防”[①]。广西以镇南关设险设防，并且移广西提督由柳州移龙州，以控御边夷。中法战争时，广西成为主要阵地，而北部湾地区作为唯一面海地段，海防大于陆防，“粤省负山带海，西来欧舶，首及粤洋，陆路仅钦廉一路当敌，防戍较易于海疆也”[②]。因此，在中法战争时，清廷除了在北部湾地区行政统辖区上加以调整，设立了水陆重镇北海镇，升钦州为直隶州，设防城县，在广西边境、海南同时采取了相对应的加强军政调动的措施。至中法越南战事结束后，沿两广以西中越边境线和滨海地区（自白龙尾至海南）均在中法战争之时修筑边、海防炮台，最终形成了陆防与海防互通声势的军事防卫圈，即陆防是两广总督为军事统辖、以镇南关炮台为中心，海防是北海镇所属的廉州府各海防炮台和琼州镇所属的雷琼二府海口炮台互为倚仗。该军事防卫圈在海防地理形势上借助北部湾地区呈半封闭地理形态，以北部湾地区为中心，边事以应对越南方面的威胁为旨归，将海防部署力量扩大至陆防，依托清前期以来两广边境、北部湾沿海地带业已建成的军事设施，构筑西起两广与越南陆路边境以及东至雷州半岛沿海地带、琼州的军事布防线，基本掌控边、海防形势。

然而从客观上说，钦州山海交错，与越南接壤，沿海航道众多，龙门“屹立海口，沙屿环列，实一州之咽喉”，三都五峒地区更是“山箐深密，民瑶杂处”，十万大山一带“土壤膏腴，盗贼出没营汛联络，声气斯通”[③]。类似的军事战略要地，北部湾地区尚有很多，地区地理形势复杂，兵力不敷分布的现实状况，与尽可能地扩大边、海防战线，保证北部湾地区乃至整个西南地区的军事布防的联系与完整存在冲突。

根据清后期国内外安全环境的变化，在中法战争之时，清廷在北部湾地区的军事战略指向更加明确，即以反侵略为海防建设的主要任务，对内镇压在军事战略上退居其次，御外成为主要内容。但面临的问题亦颇严重，有研究表明，“清军虽然有 80 余万，但没有一支机动性强比较集中的部队而是分散设防于各地”[④]，而外力的侵入不同于国内的民间反抗力量，“对付揭竿而起、组织涣散、

---

① 孟森：《中法战后广西沿边行政区划调整》，选自《中越边界历史资料选编下》，北京：社会科学出版社，1993 年，第 1028 页。

② （民国）赵尔巽等：《清史稿》第 137 卷，志一百二十·兵志八，北京：中华书局，1977 年，第 4074 页。

③ （光绪）《广东舆地图说》卷十四，钦州直隶州，清宣统元年重印本，粤东编印公司，第 1 页。

④ 茅海建：《近代的尺度：两次鸦片战争军事与外交》增订本，北京：生活·读书·新知三联书店，2011 年，第 72 页。

缺乏作战经验的人民反抗斗争颇有经验，但是对于西方近代化的军队较量还是第一次”①。因此依据清廷后期国力状况以及军制特点来看，尽可能在地理空间上扩大军事防卫圈，加强重要的战略要地或者薄弱军事防守区、经济利益优渥的地带的军事防守，是清后期在整个西南地区军事部署防卫圈的主要特点。

清后期北部湾地区的海防建设，是在乾嘉之际的海盗覆灭以后，对西路洋面巡洋区域的划分、对北部湾地区军镇建设的具体调整，拉开了清后期地方军政调整的序幕。到了同光之际，以中法战争为契机，通过中法战争越南部分的军事部署，北部湾地区海防战略部署支援中法战争越南部分的陆防任务完成，中法战事之后设立北海镇为军事中心，加大对中越边、海地带的重点布防，升钦州为直隶州，设防城县，加强地方管理，对白龙尾等边、海防要地设置军事据点，加大战略要地的火力威慑，加强西南地区多个军区之间的联系等内容，形成了立足于北部湾地区军事中心，多地区联动的军事防卫形势，以及地区防卫向西南地区国防转变的趋势。这在某种程度上缓解了我国边、海防形势，但是清廷后期国力衰退，地方防卫尚且吃力，更大区域战略圈的构筑不免成为悬想，最终随着清廷国祚终结，北部湾地区在民国时期“有海无防”。

（三）清代北部湾地区海防对南海海防安全的影响

南海是一个比较完整的深海盆地，面积 350 万平方公里。南海环广东、广西南界及海南四周、倚为险固。② 北部湾地区作为南海海域重要的一部分，海防建设对我国南海海域安全、海上航行的安全具有至关重要的作用。

清代北部湾地区的海防建设承袭明代部分遗产，继续加强对重要战略要地的军事防守，更加注重“军、政相协”的策略，并在“倚陆制海”的理念下实施相关海防政策，在清前期国力强盛之际尚能收海防之效，但是随着清后期国势日亟，封建体制的僵化，军、政力量对于地区海防安全的维护日显乏力，使得我国海洋、领土权利维护处于艰难境遇。然而，从清前期至清后期，明代所设立的琼州府、雷州府、廉州府大部分行政建置“为清代继承，有效地保障了所属海区管辖和开发的连续性和稳定性，‘千里长沙’、‘万里石塘’划归琼州府管辖”③。北部地区的海防建设事关南海海域西北部的安全。从海防地理角度而言，我国南海诸岛，由于各岛屿、岛礁面积皆小，而与我国大陆距离较远，故

① 茅海建：《近代的尺度：两次鸦片战争军事与外交》增订本，北京：生活·读书·新知三联书店，2011 年，第 62 页。

② 胡阿祥：《兵家必争之地——中国历史军事地理要览》，海口：海南出版社，2008 年，第 532 页。

③ 王崇敏：《南海文化研究》，北京：海洋出版社，2016 年，第 72 页

而历代中央王朝对于我国南海诸岛采取的行政管理方式与办法不尽相同。“地理条件的差异造成了内外洋防御上的区别，内洋港湾及有淡水处岛屿驻守官兵，外洋因远离大陆，多由营弁定期赴洋面巡视，并不驻守”①，“属海南崖州协水师营管辖”② 的清代南海疆域的巡海洋面作为整个南海区域沿海海洋安全体系维护的一部分，与南海区域的领海安全同为一体，在历史时期承担了我国海洋安全责任。从清代巡洋区域范畴上看，康熙年间，广东水师副将吴升的巡海活动，“自琼崖，历铜鼓，经七洲洋，四更沙，周遭三千里，躬自巡视，地方静谧”③，七洲洋“包括西沙群岛海面在内，但亦不专指西沙群岛海面”④，“即海南岛东北部临近七洲列岛的一部分”，“它的西北界与琼州海峡的东出口相连，因此也与北部湾的东北海域相连”⑤。康熙年间的巡海海域虽然广阔，但是巡洋职掌范畴包括了北部湾在内的我国南海海域全部。而道光时的巡海范畴是“崖州协水师分管洋面，东自万州东澳港起，西至昌化县四更沙止，共巡洋一千里。南面接暹罗、占城夷洋，西接儋州营洋界”⑥，仍然以崖州协水师为主导，海域巡洋范畴更加清晰，北部湾地区海防建设是南海海防安全任务的组成部分。道光二十年（1840）后，“至清后期，把南海诸岛纳入海防范围、在南海诸岛行使军事守卫的职责，已经逐步成为我国政府的惯例”⑦。从清前期至晚清，北部湾地区的巡海活动，由与北部湾地区紧密相关的陆路政区和军事力量龙门协及或时属高州镇，或琼州镇的雷州府海安营为主要军事单元，与海南崖州协共同配合，共同成为南海疆域领海安全的主体海上军事力量，因此清代的海防活动也映照了我国南海疆域的安全与北部湾地区陆、海两方面安全共为一体。

综上所述，清代北部湾地区的海防建设是为了捍卫海疆主权，雷州、廉州、琼州三地协同，在广东省的统一管辖下强化海防设置建设，推进巡洋制度化，有力地维护了南海北部海域的安全。

结　语

清代北部湾地区的海防建设主要以北部湾地区的地理形势为依据，廉州府

---

① 王日根、张侃：《清前期海防拓展与疆域观变化》，《厦大史学·第4辑》，厦门：厦门大学出版社，2013年，第319页。

② 王崇敏：《南海文化研究》，北京：海洋出版社，2016年，第63页。

③ （乾隆）《泉州府志》卷56，人物志·武绩。

④ 谭其骧：《七洲洋考》，《南海诸岛地名资料汇编》，广州：广东省地图出版社，1987年，第445页。

⑤ 李庆新：《海洋史研究·第5辑》，北京：社会科学文献出版社，2013年，第41页。

⑥ （道光）《琼州府志》卷十八，海黎志·海防，台北：成文出版社，1967年，第417页。

⑦ 李国强：《南中国海研究：历史与现状》，哈尔滨：黑龙江出版社，2003年，第162页。

形成了依险设防的主要特点，灵山县虽然并非滨海之地，但因其深处北部湾腹地，仍然为廉州府海防安全之所系。雷州府地理形势相较于廉州府而言并无太多可依险设防的优势，因此雷州府更多的是依托工事建设来设防。雷、廉二府的行政区划建设，除了清后期钦州升州、防城设县以外，基本依据历史经验，已经形成了较为成熟的地区治理模式，清代北部湾地区的海防建设正是在较为成熟的行政区划治理模式中展开的。

清代北部湾地区海防建设在战略认知上因革于明，随着海防形势的发展，清廷对北部湾地区的海防认知逐渐深化。清代北部湾地区文武官员建设中的文武官员设置、驻防地理与北部湾地区海防建设密切相关，清前期“道”的设置与北部湾地区权力整合、政治上集中于海防资源有重要关联，而府县正印官、府县僚属的设置及其驻防地理的变化与北部湾地区海防形势有一定的联系，府县及府县僚属设置、署所修建以及官员的驻防与北部湾地区海防安全维护密不可分。在武官体系建设上，营伍弁兵的驻防地理，廉州府海防军事中心建设经历了清初以廉州营为中心，钦州营、乾体营为辅的军事布防模式，到康熙二十三年（1684）以后龙门协逐渐取代乾体营的水师地位，并在与廉州营分割乾体营军事驻防地的基础上，逐渐形成了以龙门协为水陆军事重心，钦州营、廉州营为辅的军事部署模式。北部湾地区巡检司设置及驻防过程中，廉州巡检主要呈现出向两广边界地区、中越边境地区移动的态势，在时间上与清廷西南地区内地化进程、中越关系的变化，以及地方海防地位变化相关。而雷州府巡检则主要集中于雷州府西南隅，处于扼守雷州府西南隅海防要地，并与雷州府西南隅密集的军事据点共同承担军事防卫任务。清代北部湾地区的巡洋活动与海防炮台工事体系建设有“海、陆相维”机制，在营制更定的背景下，这一机制逐渐明朗化、清晰化，清前期北部湾地区海防炮台在地理空间分布上以营制为军事单元，并在地理形势基础上，实现了炮台与炮台之间、炮台与军事据点之间的互动以及战略配合。正因为如此，清代北部湾巡洋活动与海防炮台建设这一海陆相维机制，在相同或相联系的地方各军事单元的联系与配合下得以良性运行，有效维护了北部湾地区的海防。

乾嘉以后，北部湾地区海防形势突变。中法战争后，随着北部湾地区海防秩序的崩溃，清廷对北部湾地区沿袭百余年的军政建设进行了调整，升钦州为直隶州，设防城县，加强地方管理，并对相关地区的军事驻防地进行了调整，尤其是在白龙尾等边、海防要地设置了军事据点，且加大战略要地的火力威慑，试图构筑起北部湾地区沿海以及中越陆路边境的军事防御圈。这在一定程度上缓解了清后期北部湾地区的海防危机，使得清廷在加强西南地区多个军区之间的联系的同时，形成了立足于北部湾地区的军事中心、多地区联动的军事防卫形势，出现地区防卫向西南地区国防转变的趋势。

清代的北部湾地区海防建设对于北部湾地区及环南海地区的军事、政治、经济产生了深远的影响，但是随着历史的发展，历史时期的北部湾地区海防建设在北部湾地理空间影响的弊端也逐渐突显出来。清前期依恃北部湾地区强大的军事部署而进行的北部湾地区海防建设，在其国势强盛之时保证了地方海防行为的顺利完成。到了清后期内忧外患之际，北部湾地区军、政系统皆弊端丛生，北部湾地区海防秩序被完全打破，巡海制度中以“内洋”为主，对“外海”的巡防力不从心。在清后期国防洞开的背景下，虽然以张之洞为首的地方要员竭力捍卫我国北部湾地区的边、海防建设，但最终仍然走入有海无防的历史困境中。

清代海南岛海防研究

陈逸飞*

一、绪论

（一）研究缘起及意义

近些年来，世界海洋局势风起云涌，愈加复杂，诸多沿海国家都将维护海洋权益及开发海洋资源视为国家发展的重要一环，中国亦不例外。海防建设是我国海洋边疆安全与海洋权益的重要保障，是开发海洋战略得以顺利进行的重要因素。2012 年，党的十八大报告上将“建设海洋强国”上升到国家战略高度；2013 年，第十二届全国人民代表大会第一次会议通过了重组国家海洋局的举措；2014 年 4 月，国家边海防委员会协调成立国家边海防研究中心，同年 6 月，在第五次全国边海防工作会议中，习近平总书记强调要“努力建设强大稳固的现代边海防……坚决维护领土主权和海洋权益，筑牢边海防铜墙铁壁”①；2017 年，党的十九大提出，“坚持陆海统筹，加快建设海洋强国”②。这一系列举措，都表明了党中央加强海防建设的决心与规划。

海南岛北托雷州半岛，隔琼州海峡与粤、桂二省相望；东北遥接闽、浙二省；西峙越南，与广西钦、廉地区夹控北部湾；东濒南海，辐掌西沙、南沙、中沙诸群岛，为中国南部海疆第一要冲，是我国的海防前哨，军事战略价值显要。民国时期任广东民政长的李开侁就指出了海南岛是广东的海防门户：“粤之

---

* 陈逸飞，海南人，广西民族大学民族学与社会学学院 2017 级中国史硕士研究生，现任职于广西教育出版社。

① 《习近平在接见第五次全国边海防工作会议代表时强调忧患意识使命意识大局意识　努力建设强大稳固的现代边海防》，参见《人民日报》2014 年 6 月 28 日，第 1 版。

② 《建设海洋强国是实现中国梦的必然选择》，参见《人民日报》2018 年 2 月 11 日，第 5 版。

形势，全在琼岛，雷、徐锐出，海南琼蟠于外，隔衣带水为全粤门户，琼固则足以捍粤，粤固则海疆数千里可告宁谧矣。”① 作为“21 世纪海上丝绸之路”的咽喉要区，海南岛是我国维护南部海疆稳定与开发南海的战略前沿，军事、经济地位突出。同时，海南岛还是海上丝绸之路的重要节点，岛上及周边区域自然生态资源极其丰富，经济价值与生态价值凸显。

海防问题近年来逐渐成为历史地理研究的一个热点。在历史时期，诸多朝代对海南岛的开发建设累积了丰富的历史资料，在当今形势下，也需要我们回顾过往，总结经验，吸取教训，为新时期的海洋开发与海防建设贡献力量。研究清代海南的海防对象以及海防建设，能够对当今海南岛海防工作的开展提供一些借鉴，对加强环南海海域海防与经济开发均有一定的现实意义。

截至 2020 年 1 月，笔者在中国知网上以“海南海防”为关键词进行搜索，史学相关的论文仅有 11 篇。相较而言，如以“山东海防”为主题进行搜索，则达 77 篇之多，以“福建海防”为主题进行搜索，也有 75 篇，对比来看，海南海防的相关研究在数量上实属较少，在此需要全面了解前人的研究情况，以便更好地进行后续研究工作。

有鉴于此，笔者试图在前人基础上，对海南岛海防对象及性质、防卫部署与周边海防体系的联系、海南岛不同时期海防对象的变化造成的防卫部署变动等内容作进一步阐述，梳理清代海南岛海防体系构建的发展历程，同时通过田野调查，拓展海防资料，为海南岛海防史的研究添砖加瓦。

（二）学术史回顾

近三十多年来，中国海防研究蓬勃发展，成果浩繁，为贴近研究主题，本文主要将其分为整体性海防研究、区域性海防研究两大类进行梳理。

（1）关于整体性海防研究，现有成果颇多。在当代中国海防情况整体研究中，杨金森、范中义将明清的海防建设体系作为主要研究对象，以通史的叙述方式，把明清沿海防卫之形势、海防兵力与部署、整体海防构建与海防思想等诸方面内容娓娓道来，其书是研究清代海防问题必不可少的参考之一。② 吕一燃的《中国海疆史研究》③ 对中国重大海疆历史问题做了专题探讨；安京④、张耀

---

① 李开侁：《琼游笔记》序，参见张新吉编：《近现代琼崖旅行记四种》，海口：海南出版社，2015 年，第 25 页。

② 杨金森、范中义：《中国海防史》，北京：海洋出版社，2005 年。

③ 吕一燃：《中国海疆史研究》，成都：四川人民出版社，2016 年。

④ 安京：《中国古代海疆史纲》，哈尔滨：黑龙江教育出版社，1999 年。

光[1]对历朝的中国海疆的治理做了纲要性介绍；张炜、方堃[2]对先秦至晚清时期的海疆统治与海防设置等进行了细致的脉络梳理，阐释了中国海疆的发展历程。

诸多成果中，前辈学者们有各自不同的关注点，祝太文[3]、高新生[4]重在海防史研究；谢茂发、李京波[5]二人侧重于晚清海防思想研究；季士家[6]、许淑贞[7]皆着力于海盗史研究，但两人的时间跨度选择有所区别；张雅娟则专攻乾嘉海盗问题[8]。

（2）区域性海防研究成果当中研究海南岛的海防问题的，成果已经有不少。海南岛在清代隶属广东管辖，因此在广东海防的研究当中，多有涉及对海南岛海防的研究，例如《广东海防史》[9]。另有张建雄[10]对清前期广东的海防建设以及海盗问题等的研究，亦有论及海南岛的部分，但并非论述主体，多为简单叙述。刘平多年来专注于乾嘉时期的广东海患，透彻研究了清中叶活跃在广东的海盗的性质、海盗内部的演变历程与外部的影响因素[11]。曾小全讨论清代广东海盗时论及海南地区的海盗情况，认为广东海盗的产生与该区域的人口压力以及基层控制的弱化有关，海盗问题也影响了广东的海防体系[12]。就以上研究而言，多是以广东全省辖区为研究范围，其中专门讨论清代海南岛海防的成果仍不多。

---

① 张耀光：《中国边疆地理（海疆）》，北京：科学出版社，2001 年。

② 张炜、方堃：《中国海疆通史》，郑州：中州古籍出版社，2000 年。

③ 祝太文：《明清海防史研究综述》，《理论观察》2016 年第 4 期，第 62 – 67 页。

④ 高新生：《中国海防史研究述评》，《军事历史研究》2005 年第 4 期，第 176 – 185 页。

⑤ 谢茂发、李京波：《近三十年来国内晚清海防思想研究综述》，《东方论坛》2011 年第 5 期，第 122 – 127 页。

⑥ 季士家：《近八十年来清代海盗史研究状况述评》，《学海》1994 年第 5 期，第 84 – 88 页。

⑦ 许淑贞：《近二十年清代海盗研究综述》，《中国经济与社会史评论》2012 年辑刊，第 286 – 300 页。

⑧ 张雅娟：《近十五年来清代乾嘉年间海盗问题的研究》，《中国史研究动态》2002 年第 2 期，第 42 – 49 页。

⑨ 《广东海防史》编委会：《广东海防史》，广州：中山大学出版社，2010 年。

⑩ 张建雄：《清代前期的广东海防体制研究》，广州：广东人民出版社，2010 年。

⑪ 刘平、赵月星：《从〈靖海氛记〉看嘉庆广东海盗的兴衰》，《国家航海》2016 年第 1 期，第 36 – 51 页；刘平：《关于嘉庆年间广东海盗的几个问题》，《学术研究》1998 年第 9 期，第 78 – 84 页；刘平：《论嘉庆年间广东海盗的联合与演变》，《江苏教育学院学报（社会科学版）》1998 年第 3 期，第 105 – 111 页；刘平：《清中叶广东海盗问题探索》，《清史研究》1998 年第 1 期，第 39 – 49 页；刘平：《乾嘉之交广东海盗与西山政权的关系》，《江海学刊》1997 年第 6 期，第 117 – 123 页。

⑫ 曾小全：《清代前期的海防体系与广东海盗》，《社会科学》2006 年第 8 期，第 144 – 156 页；曾小全：《清代嘉庆时期的海盗与广东沿海社会》，《史林》2004 年第 2 期，第 57 – 58、126 页。

20 世纪 90 年代以来，对海南岛海盗的专题论述热度有所上升。明代海南岛海防的研究已相当详细，其中不少是关于明代海南海盗的研究成果，如卢苇①归纳了明代海盗侵扰海南的特点，将海盗活动分为三个主要时段，并论述了明朝政府对海南兵备与海防部署的加强措施；甘方明②对明代海南岛海盗情况及明政府海防应对措施进行了解读；刘运强③对明之前至明代海南岛海盗的考源及特点进行了分析；赵诚④对明代海南海患以及所对应的防卫体系的构建历程进行了研究，这些成果为本文探究清代海南岛海防提供了启发与参考。

在清代的海南岛海盗问题研究中，靳爱菊⑤从地理区位、清王朝的政治政策、鸦片走私贸易以及越南西山政权的庇护这几个方面讨论海南海盗在清代频繁活动的原因。谢贵安、谢盛⑥对《清实录》中所记载的政府联合多省或他国围剿海南周边海盗的几个事件进行了分析。王永历的《清代海南岛海盗研究》⑦ 从海盗来源、活动特征、海盗性质、海防建设等方面，对清代海南岛周边海盗的活动以及清政府的应对策略进行了系统性分析，但其主要依据地方史志等文字资料，在史料的丰富性方面尚有可挖掘之处。付永杰以嘉庆时期的海南海盗为例，指出海南是海盗无奈之下的劫掠备用选项⑧。

2018—2020 年，清代海南岛海防的研究成果逐步增多，相关研究尤其为海南省当地的高校所重视。2018 年，董茜茜⑨对晚清时期的海南岛海防建设做了一个较为全面的探究，着重于张之洞在督粤期间对海南岛海防部署的贡献，但是晚清海南岛海防的建设在张之洞督粤之后仍有调整，董茜茜在其论文中并未涉及。2019 年，付永杰⑩也对康乾时期海南的军事防御体系进行了探讨。可以看到，目前对于清代海南岛海防的研究，主要依据古籍文献，民间资料的搜集与使用还较少。

张之洞督粤期间，对琼防亲力亲为，对于清后期海南岛海防建设的研究，

---

① 卢苇：《明代海南的“海盗”、兵备和海防》，《暨南学报（哲学社会科学）》1990 年第 4 期，第 99 – 108 页。

② 甘方明：《明朝对海南岛的开发与经营》，暨南大学硕士学位论文，2001 年。

③ 刘运强：《明代海南岛海盗活动研究》，福建师范大学硕士学位论文，2013 年。

④ 赵诚：《明代海南海患与防卫体系研究》，暨南大学硕士学位论文，2015 年。

⑤ 靳爱菊：《试论清代海南海盗猖獗的原因》，《群文天地》2013 年第 2 期，第 152 – 153 页。

⑥ 谢贵安、谢盛：《从〈清实录〉看海南的航海与海盗问题》，《新东方》2011 年第 3 期。

⑦ 王永历：《清代海南岛海盗研究》，海南师范大学硕士学位论文，2019 年。

⑧ 付永杰：《嘉庆时期琼州海盗探析》，《华中师范大学研究生学报》2019 年第 2 期。

⑨ 董茜茜：《晚清时期海南岛海防建设研究》，海南师范大学硕士学位论文，2018 年。

⑩ 付永杰：《康乾时期琼州军防探析》，《海南师范大学学报（社会科学版）》2019 年第3 期，第 124 – 131 页。

他是一个绕不过去的重要人物。在关于张之洞的海防研究中，王雪芹指出张之洞的海防策略在中法战争前后，由备战广东一地的临时应战防御转变为备战全国范围的系统性举措[①]；史滇生从军事视角，重点强调了张之洞对建设现代海军及新式炮台防御体系的作用巨大的观点[②]；何永涛认为虽然张之洞在客观上促进了海南海防的近代化历程，但其实质目的是为实现其“忠君报国”的自我人生价值[③]；朱文瑜在传播学视阈下，展现了张之洞的海防思想实践引起的短期变革与长期余波[④]；另外还有黎仁凯在海防教育方面的补充[⑤]。

还有从文献学的角度出发的研究成果，如姜嫚在《明清海南方志〈海黎志〉研究》[⑥]一文中整理了海南地方志中有关海南海盗活动的记载，但因研究角度的不同，仅是列举了海南地方志中的海盗活动以及诸多官员提出的防海条议，简单地进行了解读，并未深入探究。彭菊媛等人的《海防类地方古籍文献价值探微——以〈康熙琼州府志·海黎志〉为例》[⑦]则主要是从古文献的学术、文化与史料价值来探讨海南的海防文献内容。

从考古学角度出发的研究成果亦有，如侯栋梁的《鸦片战争前广东海防炮台考订》[⑧]与吴付平的《北部湾沿海古炮台与明清海防》[⑨]，虽然并未直接研究海南岛的海防状况，但因地理位置相近，在内容上对海南岛上沿岸炮台也有所涉及。此外，还有王育龙等人对明清时期海南城池、炮台等海防设施进行的考古调查[⑩]。

此外，国外相关研究成果亦有一些，如日本学者小叶田淳的《海南岛史》[⑪]第四章对清朝海南岛的兵备状况进行了介绍，美国学者穆黛安的著作《华南海

---

① 王雪芹：《督粤期间张之洞海防策略之演变》，《湘潮（下半月）》2015 年第 12 期，第 79 – 80 页。

② 史滇生：《张之洞的海防思想》，《军事历史研究》1999 年第 1 期，第 141 – 145 页。

③ 何永涛：《试析张之洞与晚清海南海防事业的发展》，《西安文理学院学报（社会科学版）》2017 年第 3 期，第 76 – 79 页。

④ 朱文瑜：《张之洞海防思想和实践研究》，中国科学院研究生院硕士学位论文，2016 年。

⑤ 黎仁凯：《张之洞的海防思想与海防教育》，《保定学院学报》2000 年第 3 期，第 32 – 35、116 页。

⑥ 姜嫚：《明清海南方志〈海黎志〉研究》，海南师范大学硕士学位论文，2015 年。

⑦ 彭菊媛等：《海防类地方古籍文献价值探微——以〈康熙琼州府志·海黎志〉为例》，《文教资料》2015 年第 26 期，第 71 – 72 页。

⑧ 侯栋梁：《鸦片战争前广东海防炮台考订》，河北师范大学硕士学位论文，2017 年。

⑨ 吴付平：《北部湾沿海古炮台与明清海防》，《中国港口博物馆馆刊》2017 年增刊第 1 期，第 53 – 60 页。

⑩ 王育龙：《环海南岛明清时期海防设施考古调查报告》，海口：南方出版社，2014 年。

⑪ ［日］小叶田淳著，张迅斋译：《海南岛史》，台北：学海出版社，1979 年。

盗：1790—1810》① 和日本学者松浦章的多本著作②的相关章节，都涉及活跃在粤、桂、琼海域的海盗团体和海南岛周边的贸易问题，这些研究成果为我们研究清代海南岛海防的对象提供了翔实的资料来源。

目前学界在对海南岛的海防研究中，所取得的研究成果主要集中在明朝的海防体系与防倭斗争上，对于清代的海南岛海防，主要是在中国整体海防或者广东海防的论著中有部分涉及，而专题性研究则比较零散，主要以海盗活动与炮台研究为主，关注点也往往集中在晚清时期，尤其以张之洞督粤期间对海南海防的建设最为热门，对清前中期的相应内容往往一笔带过。因此，清代海南岛的海防还需要更加系统的、深入的研究，对整个清代海防建设进行梳理，挖掘民间资料，对史料的丰富程度进行补充。同时也需关注海南岛与周边防区之联系，尤其在当今“一带一路”的背景下，需要注意到它在海上丝绸之路交通线上沟通东南亚诸国中的重要节点作用以及航线安全问题。

（三）相关概念界定

本文所选取的研究时段是“清代”，是以清军入关的 1644 年至清帝退位的 1912 年作为研究时间跨度。这一段时间可划分为三个阶段：前期以顺治元年（1644）为起始，至雍正十三年（1735）告一段落；中期以乾隆元年（1736）为起始，至道光十九年（1839）结束；晚期以道光二十年（1840）为节点起始，至宣统三年（1912）结束。之所以如此划分，是因为顺治至康熙年间是清朝处理在海南岛周围活动的明朝残余势力的时期。雍正年间，明朝残余势力已平定多时，海疆防御也因久无战事有所松懈，雍正帝虽对康熙末年海防废弛之况进行了改革整顿，但基本沿袭康熙年间的海防政策，改动不大，因此仍归入第一阶段。第二阶段，海南岛的海防主要对象已经由明朝残余势力转变为中国本土沿海海上武装集团以及越南海上武装集团，海防建设也逐步严密，同时进入大规模联合围捕阶段，因而将乾隆时期至道光十九年（1839）划归为第二阶段。第三阶段的划分则按照学界关于中国近代史界限的一般惯例，鸦片战争之后，海南岛的海防形势也受其波及，海防对象新增了西方列强的海上力量。

在空间划分上，仅以当今海南省海南岛岛屿的主体部分作为本文研究的区域。清代的海南已对南海诸岛进行管辖，但因其涉及内容纷繁复杂，且前辈学

---

① ［美］穆黛安著，刘平译：《华南海盗：1790—1810》，北京：中国社会科学出版社，1997 年。

② ［日］松浦章著，谢跃译：《中国的海贼》，北京：商务印书馆，2018 年；［日］松浦章：《清代帆船东亚航运与中国海商海盗研究》，上海：上海辞书出版社，2009 年；［日］松浦章著，李小林译：《清代海外贸易史研究》，天津：天津人民出版社，2016 年。

者已有诸多成果面世，同时因本文篇幅所限以及本人能力与精力难以兼顾，故暂不将这一部分内容划入。

二、清前期海南岛的海防建设

（一）朝代嬗替下的势力博弈

清初的海防设置，大体上是对明朝防卫体系与海防设施的继承，因此，在探究清前期海南岛的海防状况之前，需要先了解明代海南岛的海防概况。

1. 明代海南岛的海防

明代海南岛海上之患，除闽粤地区大大小小的本土海盗之外，还有作为海上乱象重要根源的倭寇与番盗。洪武至永乐年间，袭扰海南岛的主要是倭寇，番盗次之。宣德到嘉庆中期，海氛稍平，但劫掠事件仍时有发生。嘉庆后期至隆庆、万历年间，闽、粤海上巨盗集团迅速崛起，纵横浙、闽、粤洋面数十年。明末多个大海盗集团，在海南岛“来来往往，杀掠村市，如入无人之境，任彼所为。其惨其害，从前以来无有也”①。而地方官兵避之不及，不敢触其锋芒，基于此情形，当时的海南百姓已经对明朝官府失去了信心，“谓官司不能抵民一保障矣”，认为官方驻军并未起到防卫之用，“平时养兵迄与不养时无异”②。

虽然明末海南岛的海防体系逐步怠废，但从整体而言，明代海南的海防军事建设相较之前历朝，已是海南岛历史上极为严整的了，明政府也根据不同时期海防对象的活动，制定了多层次的预警防御机制。在明前期，海南的陆地军事防御主要依靠洪武五年（1372）设立的海南卫及下属的十一个内外千户所，以及分布在海南岛各地的巡检司。成化八年（1472），为加强琼岛兵备，明政府又设海南兵备道，监督海南兵船的训练事宜。在官方武装卫所旗军之外，海南各地区还招募当地民壮协助防守，甚至专门设立土舍黎兵，用以维持黎族地区的稳定，当海疆有警时，这些土舍黎兵亦听从调拨，前往支援。明后期，为解海南岛上兵力缺乏之急，明政府由闽浙地区调拨官兵支援海南。倭患渐息后，以其中的浙营官兵为基础拓展出扬威四营，留守海南。简而言之，海南岛的陆地守备力量主要由卫所、巡检司、扬威四营的官兵组成，兼以各州县民壮、土舍黎兵作补充。

---

① （明）海瑞：《海瑞集》卷五，书简·启殷石汀两广军门，海口：海南出版社，2003 年，第 636 页。

② （明）海瑞：《海瑞集》卷五，书简·启殷石汀两广军门，海口：海南出版社，2003 年，第 636 页。

在海防设施上，明代在海南东、西路各个紧要海口都设置了八十五座烽堠进行警戒戍守，三十五座于东路，五十座于西路。同时在沿海州县设置营堡十三座用以加强防御，即崖州三堡、感恩二堡、昌化三堡、万州二堡、清澜守御所辖区内二堡、南山所辖区一堡。

海南岛各州县治所的城池，也多在明代修筑而成，投入防御使用。如洪武年间，在宋代旧址上增筑琼州府城，在新建的各个城门上都建造了敌楼，原北门上增建的敌楼更是特别起名为望海楼，可见其对于海防的专门性。此外，都指挥使花茂上奏建造海口所城用以防倭，等等。

在水上军事防御设置上，在明初，海南卫特设了一名备倭指挥，各内外卫所也分别派有巡海官员一名。同时，明廷还投入大量船只与官兵，在广东沿海洋面进行巡海。嘉靖之后，海上巨盗时代的到来，迫使明廷投入更多的军备与兵力加强防务，明廷于嘉靖十九年（1540）在崖、陵设参将，专管琼、雷、廉洋面。两广总督吴桂芳亦提出，广东也应模仿闽浙一带，将水寨在广东沿海地区推广开来，以水寨之力协防。因此随后海南除了在各港口增置兵船与兵力之外，隆庆元年（1567）还在白沙港设立白沙水寨，万历四十五年（1617）在三亚港设置水寨守备，从熟悉风涛的沿海当地百姓中招募水寨兵员，防守海南近海，与广东相邻地区的各处水寨连成一片，形成广东沿海连成一体的防御体系。

2．明清之际海南岛的混乱局势

清代初期海南岛的局势可以用混乱不堪来形容。一方面，南明政权与清军的争夺拉锯还在海南岛上继续，清政府在海南岛上的统治并未稳定，时有反复，被招降的一些明朝旧部也视时局变化，降而又叛。部分黎族地区的人民因不满清廷强硬的剃发政策，也拒不归顺清廷，甚至主动接受南明政权的拉拢。顺治四年（1647），匆匆上任未及数月的万州知州戴纶便在辖区与吏目朱九锡一同殒命。五月，“明千户洪廷栋、镇抚胡永清聚众反清”①，但在一月之内，崖州知州于有义便将胡永清降服，洪廷栋也随后投降。顺治五年（1648）四月于有义在抱旺身死后，两人又迅速趁乱再次反叛。同月，广东提督李成栋叛清归顺南明桂王政权，清军在顺治三年（1646）夺下的广东又重回桂王政权版图。桂王手下总兵陈武听闻“乐安营与黄流”不降清且民众拒绝剃发的消息，便抓住时机，由海上漂流入崖州，组织抗清武装，黄流的民众以及黎族首领彭信古等人“帅众迎之”②，进而占据儋州、昌化以及感恩一带。顺治六年（1649），明朝旧臣

① （清）钟元棣创修，张嶲等纂修：（光绪）《崖州志》卷十四，黎防志·明季事迹附，海口：海南出版社，2006 年，第 380 页。

② （清）钟元棣创修，张嶲等纂修：（光绪）《崖州志》卷十四，黎防志·明季事迹附，海口：海南出版社，2006 年，第 381 页。

曹君辅赶走清朝万州知州邓士廉，夺取万州城。顺治七年（1650），陈武之妻蒋氏占据崖州。次年，陈武从儋州出发，“水陆并进，攻掠州东五里，纵焚民舍，入据崖州”[①]。此时的海南岛上，崖州、儋州、昌化、感恩以及万州皆陷于明朝残余势力手中，当时海南之局面，可谓“闻是时有故明官将占据郡城，海南诸州县皆从乱焉”[②]。

另一方面，当时的海南岛上势力混杂，在与清军作战的同时，明朝残余势力内部也纷争不断，并非同心抗清，而是为了各自的利益撕扯不休，互相抢占地盘，“王吉、林禄、张士俊与郡兵彼此互争，纷纷杀夺”[③]。林禄先是与王吉共据万州，但随后又杀死王吉，独占万州城。桂王总兵陈武“率众攻败林六”[④]，抢夺儋州进而占据之。而本土盗贼也来掺一脚，借起义之名，做掠夺之事。如琼山县（现琼山区）孔宗孔等人，与“临高土匪李华脸、马蹬根，南岐黎峒峒首王瑞应假称起义，掳掠乡村男妇财物”[⑤]。这种内部争斗的情形，“不过借故明监国遗号，非皆心乎其主者也”[⑥]。此外，岛上还有一些由本地士绅自己组织的抗清势力，如顺治四年（1647），定安的吴履泰兄弟二人“散赀起兵”[⑦]，招募三千余名壮勇，攻破定安城，直逼郡城。在一片混乱之中，清廷连对海南进行实质上的统治都相当困难，又何谈建立起相应的海防防线？因此，在明清之际的海南岛上，出现了兵制虽在但海防形同虚设的局面。

3．清前期海防对象及其活动情况

在这般混乱局势之中，海南岛还面临着来自海上的巨大威胁。清前期，海南岛海防的对象主要是明朝残余势力，他们抱有明确的政治目的，以夺取海南进行割据为目的，但为了生存，往往又通过掠夺、绑架等手段获取所需的物资，

---

① （清）钟元棣创修，张巂等纂修：（光绪）《崖州志》卷十四，黎防志·明季事迹附，海口：海南出版社，2006年，第382页。

② （清）胡端书总修，杨士锦、吴鸣清纂：（道光）《万州志》卷七，前事略，海口：海南出版社，2004年，第428页。

③ （清）胡端书总修，杨士锦、吴鸣清纂：（道光）《万州志》卷七，前事略，海口：海南出版社，2004年，第429页。

④ （清）钟元棣创修，张巂等纂修：（光绪）《崖州志》卷十四，黎防志·明季事迹附，海口：海南出版社，2006年，第381页。

⑤ （清）吴应廉创修，王映斗总纂：（光绪）《定安县志》卷十，杂志，海口：海南出版社，2004年，第66页。

⑥ （清）胡端书总修，杨士锦、吴鸣清纂：（道光）《万州志》卷七，前事略，海口：海南出版社，2004年，第428页。

⑦ （清）杨宗秉：（乾隆）《琼山县志》卷一，疆域志，海口：海南出版社，2006年，第24页。

补充队伍。其中还间杂一些本土海盗，趁乱劫掠。现据道光《琼州府志》① 的记载，将清前期海南岛的海防对象整理如下（表1）。

表1 清前期海南岛袭击者统计表

袭击者	袭击时间	次数	所属势力
陈武	顺治五年（1648）冬	1	南明桂王政权
黄海如	顺治六年（1649）	1	南明桂王政权
王吉	顺治八年（1651）	1	未知
林禄	顺治八年（1651）秋八月	1	福建海盗
蔡芳	顺治八年（1651）	1	未知
张士俊	顺治九年（1652）	1	福建海盗
邓世雄、姚世杰等	顺治十一年（1654）	1	未知
杨二、杨三、谢昌等	顺治十二年（1655）二月、顺治十五年（1658）三月、顺治十六年（1659）、顺治十八年（1661）、康熙元年（1662）、康熙二年（1663）、康熙十二年（1673）、康熙十五年（1676）、康熙十八年（1679）、康熙十八年（1679）十月、康熙十八年（1679）十一月、康熙十九年（1680）、康熙十九年（1680）十二月、康熙二十年（1681）二月、康熙二十年（1681）三月三日	15	杨二海上武装集团
邓耀余党	顺治十七年（1660）	1	邓耀海上武装残部
未知	康熙四年（1665）	1	未知
陈老大	康熙三十八年（1699）、康熙三十九年（1700）十二月	2	未知
未知	康熙四十二年（1703）十二月初七日、十一日、十二日、十九日、二十日	5	未知
相传是杨二余党	康熙四十二年（1703）三月	1	疑似杨二海上武装集团
石起孙等	康熙四十三年（1704）	1	未知
未知	康熙四十三年（1704）	1	未知

① （清）明谊修，张岳崧纂：（道光）《琼州府志》，海口：海南出版社，2006年，第813－816页。

结合上表所列信息，我们可以将清前期海南岛的海防对象活动分为三个小阶段。第一阶段是顺治十二年（1655）之前。第二阶段是顺治十二年（1655）至康熙二十年（1681）。第三阶段是康熙二十年（1681）之后至康熙四十三年（1704）。

（1）第一阶段，顺治十二年（1655）之前。

清军与明朝残余势力处于争夺海南岛的拉锯战阶段，岛上形势混乱，清军、原明朝郡兵、郑氏集团势力、南明势力都在岛上活动，互相争夺地盘，交战不休。而这一时期海南岛最为活跃、最为主要的海防对象是明朝残余势力。

在多次海上武装势力的袭击当中，袭击者的身份都很值得关注。现对表1中几个袭击者的身份进行探究：

陈武的身份在一开始就相当明确。康熙《感恩县志》谈及其身份时称“海寇陈武伪号总兵官”①，与当时的清王朝对立的“伪”政权尚有多个，光绪《崖州志》明确补充，“冬，故明桂王总兵陈武浮海至黄流”②，直指陈武隶属南明桂王政权。陈武在海南岛风头最盛之时“协党盈万，置标百余”，自号“宫保府”，手下标将杨挺把守崖州，陈武之妻蒋氏镇守乐安，自称女总兵，另外两名手下孙辉和罗明则分别占据感恩县和昌化县。顺治九年（1652），陈武兵败后被张士益招降，其手下“赴郡效用”③，陈武本人则在降将张月手下随守高州。顺治十一年（1654），陈武听闻南明晋王李定国率兵南下的消息，又叛逃重归李定国麾下，自请以旧部为内应，帮助李定国拿下海南。之后“武乃与其党三十人航海至琼”④，联合岛上留守的旧部重新占据昌化城，但陈武最终遭到大军围剿，逃往儋州。在当年十月初七日，“征将林贵获其首级献捷”⑤，陈武及其部下掀起的波澜就此平息。

黄海如其人，据道光《广东通志》记载：“澄海人，招亡命，肆行劫掠。乡民击败之，遂合众投诚。总督佟养甲允其随征赎罪，遣镇雷州。六年夏，海如

① 周文海重修，卢宗棠、唐之莹纂修：（民国）《感恩县志》卷十二，海防志·海寇，海口：海南出版社，2004年，第263页。

② （清）钟元棣创修，张嶲等纂修：（光绪）《崖州志》卷十四，黎防志·明季事迹附，海口：海南出版社，2006年，第380页。

③ （清）方岱修，璩之璨校正：（康熙）《昌化县志》卷五，兵防志·平乱，海口：海南出版社，2004年，第66页。

④ （清）钟元棣创修，张嶲等纂修：（光绪）《崖州志》卷十四，黎防志·明季事迹附，海口：海南出版社，2006年，第380页。

⑤ （清）方岱修，璩之璨校正：（康熙）《昌化县志》卷五，兵防志·平乱，海口：海南出版社，2004年，第67页。

复叛，肆虐无状，陷州城。”① 此段话当中的黄海如，被描述成召集亡命之徒的盗贼首领，但《南澳县志》对他的记载却完全不同：他从小“好读书，有大志，稍长习吏事，尤喜欢谈兵”，在崇祯之际弃笔从戎，“以叠获海盗积功”② 而担任游击。也就是说，有“海寇”之名的黄海如，在明朝是以多次捕获海盗的军功被授任游击的军官。之后是在抗清过程中因孤军难支，不得已投降佟养甲，随征广州。在永历帝派兵进攻雷州时，黄海如乘机带兵协助进攻，并且买通城守参将蔡奎作为内应，攻破雷州城，这便与前文黄海如反叛的相关记载对应。此战后黄海如得到桂王封赏，“就镇雷州，加太子少保”③，作为南明桂王政权的将领继续作战，在与清军的拉锯战中与郑成功联合。顺治六年（1649）七月，在清朝平南王尚可喜以及靖南王耿继茂率大军攻打广州时，“西宁王李定国望海如兵救援尤切”④，可见当时黄海如的势力已经是比较重要的一支生力军。但黄海如在率兵回雷州的途中为清朝总兵阎可义所阻，双方在平岗坡交战后，黄海如败走入海，遇大飓风，船沉溺亡，此后黄海如的名字再未出现。关于黄海如在海南的活动，出现了三种不同年份的记载，在康熙《临高县志》中，黄海如是在顺治九年（1652）袭击马袅港；⑤ 在光绪《临高县志》中，则记载为顺治元年（1644）；⑥ 还有顺治六年（1649）的记载⑦，但是三者描述的内容相同，据常理而言，更有可能这三条记录实为一条。据笔者猜测，首先，“元”“六”“九”这三个字在字形上颇为相似，极有可能是抄录者的无心之失。其次，根据史实推断，顺治元年（1644）清军尚未进入海南，顺治四年（1647）清军才到达雷州，当时作为明朝军官的黄海如不太可能离开自己的岗位去袭击海南岛。至于顺治九年（1652）这一说法，更加不可能，因为黄海如于顺治六年便已身死。从常理和史料记录来看，可能性最大的就是黄海如在顺治六年与阎可义交战后，收拢残部逃窜时，前往临高的马袅港掠夺淡水和粮食，为海上流亡做准备。因此，笔者认为黄海如袭击马袅港的记录，只有顺治六年那一条是符合史实的，其余应是笔误。总的来看，史志当中所记录的黄海如有两种不同的形象，实质上是因为政治立场不同而导致，从其生平事迹判断，黄海如毫无疑问是南

---

① （清）阮元总裁，陈昌齐总纂：（道光）《广东通志》卷二百五十九，宦绩录二十九·国朝五，清道光二年刻本，第 408 页。

② 陈梅湖：《南澳县志》卷七，宦绩八，太原：山西太原出版社，2007 年，第106 页。

③ 陈梅湖：《南澳县志》卷七，宦绩八，太原：山西太原出版社，2007 年，第 107 页。

④ 陈梅湖：《南澳县志》卷七，宦绩八，太原：山西太原出版社，2007 年，第 107 页。

⑤ （清）樊庶：（康熙）《临高县志》，海口：海南出版社，2004 年，第 166 页。

⑥ （清）聂缉庆、张延主修，桂文炽、汪瑔纂修：（光绪）《临高县志》，海口：海南出版社，2004 年，第 399 页。

⑦ 周伟民、唐玲玲：《海南通史》（清代卷），北京：人民出版社，2017 年，第 57 页。

明桂王政权下的一员，为明朝残余势力。

此外，关于王吉、林禄、蔡芳、张士俊、邓世雄、姚世杰等人的身份，笔者由于手中资料不足，难以明确判断。林禄、张士俊二人都被称为“闽寇”，可知这二人来自福建，但具体是否与郑成功势力有联系，不得而知。对于邓世雄、姚世杰等人，《临高县志》对他们的用词为“叛首”，那么这二人应该属于海南岛上的抗清武装之一。

（2）第二阶段，顺治十二年（1655）至康熙二十年（1681）。

此时清政府已经基本夺取了海南岛的控制权，开始对海南岛进行实质上的统治，并逐步走上正轨。但此时明朝残余势力并未根除，实力依旧强大。此时最为活跃的海上武装集团是以杨二、杨三为首的队伍，可以说这一时期，是杨二海上武装集团的时代。

杨二本名杨彦迪，明末清初人。据《南明史》记载：“（杨）彦迪，茂名人，行二，一名杨二。”[①] 杨三是其胞弟，史料未载其本名。杨二兄弟俩最初为广西北部湾的反清将领邓耀的部下，邓耀占据龙门岛，收留明朝旧部，以此为抗清基地，与郑氏集团遥相呼应。后来龙门失守，邓耀战败身死，杨二并未像邓耀的其他下属那样“转掠坡琉、三家舍、樜沙港、迈陈、磨鋡、白峙等村”[②]，而是与正亟须扩大反清力量的郑氏集团取得联系，史载“与弟三以数十舟归郑成功，屯海上”。[③] 杨二在郑成功的支持下重新攻下龙门，继续反清斗争，不断攻打海南。

康熙朝的前二十年，杨二对海南的攻击最为频繁，一时间“猖獗掳掠，攻劫乡邑，琼州道绝”[④]，而岛上守军大多难挡其锋芒，方志中多有记载，如“康熙元年（1662），海寇杨二数十艘至铺前港，掠五百余人，官兵援剿，相持数月去。”；[⑤]“康熙十八年（1679），海寇杨二、杨三等驾船四十余冲入澄迈”；[⑥] 尤其是在康熙十九年（1680），“海贼杨二、谢昌连艘百余据铺前港，势甚猖獗，

① 钱海岳：《南明史》卷六十六，北京：中华书局，2006 年，第 3175 页。

② 李钟岳等监修，林带英等纂修：（民国）《文昌县志》，海口：海南出版社，2003 年，第 288－289 页。

③ 钱海岳：《南明史》卷六十六，北京：中华书局，2006 年，第 3175 页。

④（清）胡端书总修，杨士锦、吴鸣清纂：（道光）《万州志》，海口：海南出版社，2004 年，第 431 页。

⑤ 李钟岳等监修，林带英等纂修：（民国）《文昌县志》，海口：海南出版社，2003 年，第 289 页。

⑥ 周文海重修，卢宗棠、唐之莹纂修：（民国）《感恩县志》，海口：海南出版社，2004 年，第 263 页。

焚劫数百里”,[①] 琼山、澄迈、文昌都遭其蹂躏，随后海口所城也被攻陷，直到当时的广东巡抚金俊派遣水师总兵蔡璋带兵前来才得以收复。康熙十八年（1679），杨二海上武装集团最终迫于清军围剿的压力，离开海南，“率兵三千余人、战船五十余艘”投奔广南国。[②] 康熙二十二年（1683）时，杨二兄弟俩见十多年来攻打海南无果，反清无望，于是南下到达今越南湄公河流域的永隆龙川等地，从此不再出没于海南周边。康熙二十六年（1687），杨二在内部权力斗争中为部将黄氏所杀，该海盗集团迅速衰落。杨二虽死多年，但他在海南的影响力仍在，康熙四十二年（1703）时，曾有一伙海盗在东西两路洋面劫掠，此时距离杨二势力在海南消失将近 20 年，但是民间相传这伙海盗是杨二余党，依然令人心有余悸。[③]

至于杨二的身份问题，安乐博在其论文《杨彦迪：1644—1684 年中越海域边界的海盗、反叛者及英雄》中进行了详细论述，该文认为杨二既是海盗，又是清朝的反叛者，还是明朝遗民眼中的英雄，“其身份是模糊的，一直变化的”[④]。诚然，从不同角度或政治立场来看杨二的身份，的确难以定论，但有一点可以肯定，杨二确实曾为南明将领，先为南明反清将领邓耀手下，后归附台湾郑成功，将其归入明朝残余势力当无疑义。

至于杨二被称为“海盗”，也在情理之中，因为杨二的行径确实带有海盗性质。顺治十八年（1661），杨二势力日益强大，一年内曾四次入寇海南，掠夺物资人口，在光绪《崖州志》有详细记载：第一次在下马岭海岸，抓获乡民 20 余人，老弱者被赎回，较为强壮者则被用来充兵。之后又杀入三亚港，因为港兵已经逃之夭夭，人去港空，便转移目标，“焚寨西去，复掠番人塘等处”；第二次是在十月进攻儋州，正遇上崖州知州送考生考试归来，州守几为所获；第三次是在十一月袭击番人塘等村寨，掠男、妇三百余人，驱赶上船，索要赎金，交不上赎金者便被杀掉，“计杀百余人，海岸为赤”；第四次是在十二月除夕掠夺大疍港口，所幸多次袭击后州城早有戒备，其未能得手。[⑤]

---

① 李钟岳等监修，林带英等纂修：（民国）《文昌县志》，海口：海南出版社，2003 年，第 289 页。

② 王柏中等：《〈大南实录〉中国西南边疆相关史料辑》，北京：社会科学文献出版社，2015 年，第 5 页。

③ （清）明谊修，张岳崧纂：（道光）《琼州府志》，海口：海南出版社，2006 年，第815 页。

④ 安乐博：《杨彦迪：1644—1684 年中越海域边界的海盗、反叛者及英雄》，《海洋史研究》2016 年第 9 辑，第 280 页。

⑤ （清）钟元棣创修，张嶲等纂修：（光绪）《崖州志》，海口：海南出版社，2006 年，第 313 页。

虽然杨二的行径具有海盗性质，但上述史料多是出自清代官方所撰典籍，对其描述之语难免具有主观色彩，尤其是从《清实录》中的用词可以看出，多把杨二称为“海逆”“海贼”，但综观《清实录》等清代官方典籍中关于“逆”“贼”等词的称呼对象，一般是指与清政府对抗的地方政权或有组织的军事力量，而非普通的盗贼，如准噶尔地方政权、西南的土司、南明政权、吴三桂势力、郑氏集团等，清廷对上述势力都曾有过类似的称呼。如在《清世祖实录》中有将郑成功称为海逆的语句：“海逆郑成功反谋既决，遂袭入漳州，连陷各邑”①，以及在《清圣祖实录》中有称郑芝龙等人为海贼的语句：“海贼郑芝龙并其子郑世恩、郑世荫等，照谋叛律，族诛。”② 此类情况非常多见。因此，杨二在清朝官方的史料中被称为“贼”或“盗”，并非真正的贼盗，而是清朝统治者站在明朝的敌对政治立场对杨二的一种情感谩骂。据安乐博的研究，明朝遗民认为杨二是英雄。③ 王朵亦曾赴广西钦防地区，从民间记忆的角度来说明当地民众对杨二的崇拜之情。④ 这种现象本身就从清朝的对立面证明了杨二是明朝将领，为明朝残余势力，而非海盗。

（3）第三阶段，康熙二十年（1681）至康熙四十三年（1704）。

此时，政局已经稳定，杨二海上武装集团退入越南，在海南岛一带海域逐渐销声匿迹，这些明朝残余势力虽未被消灭，却再也无心、无力继续这场毫无希望的斗争，转而争取保全性命，以求明朝香火永续。在这之后对海南岛进行袭扰的零星海上武装，多是一些本地海盗，在走投无路之下下海为盗，实力已经远远不如以杨二为首的队伍，且基本无政治目的，主要是为求财求生存，驻守官兵已经可以抵挡得住。如乾隆《陵水县志》记载，康熙三十八年（1699），海贼陈老大带着三只船突然停泊在陵水港，被知县李聘以及城守把总刘茂切断了补给，在无计可施的情况下被招抚，“降其众九十七人”⑤。《崖州志》也记载了有一伙拥有三条船的海盗在海南黄流地区掳掠妇女。在流窜至大疍港时，面

① 《清世祖实录》卷八十七（顺治十一年十一月乙亥），参见《清实录》第3册，北京：中华书局，1985年，第688页。

② 《清世祖实录》卷五，顺治十八年十月己酉条，参见《清实录》第4册，北京：中华书局，1985年，第91页。

③ 安乐博：《杨彦迪：1644—1684年中越海域边界的海盗、反叛者及英雄》，《海洋史研究》2016年第9辑，第276－279页。

④ 王朵：《钦防地区杨彦迪抗清史事的民间记忆与文化建构研究》，广西民族大学硕士学位论文，2017年。

⑤ （清）瞿云魁纂修：（乾隆）《陵水县志》卷八《海黎志》，海口：海南出版社，2004年，第217页。

对官兵，这些海盗可怜巴巴地声称“无他志，迫饥荒，无奈耳”①，并在之后于陵水登岸投降。通过对地点以及船只数量、行为的比对，这两条记录应该都是海贼陈老大一伙。与他们相似，这一时期海南岛的海防对象多是海盗，而且这些海盗的目的十分单纯，几乎都是为求生存才进行纯粹的劫财夺物行为，战斗力也较弱，威胁程度不大，一般情况下，海南岛当地驻防守军就能够对付。两广总督吴兴祚也在康熙二十二年（1683）上奏，认为“海氛既靖，荒土宜垦”②，是时候召回农民垦殖荒地，恢复生产了。康熙二十三年（1684），康熙帝认为“今海氛廓清，更因何待”③，下令开复鱼课，并且允许各个海口进行正常贸易，这些也能辅证当时海上威胁基本已经平息。蓝鼎元谈及康熙后期的海洋局势，明言此时尚在零星活动的海上武装在如今升平盛世下并无多大威胁，只有一些饥饿的下层民众饥寒逼迫下无奈为盗而已：“今天下太平，非有所谓巨贼，不过一二无赖，饥寒逼身，犯法潜逃，寄口腹于烟波浩荡之际。”④

综合来看，清前期的海南岛上对海上威胁的记载，多半都与明朝残余势力有关，他们多数装备优良，人数甚众，同时具有一定组织性，甚至保留了军事建制，而他们的首领多半具有官方背景，有些是明朝旧臣，有些则隶属于南明政权，是清前期海南岛最主要的海防对象。而次要海防对象，则是趁局势混乱以及迫于生计下海为盗的海南岛本土及周边海上的武装势力，在成分构成上，他们一般由社会底层的渔民等普通民众组成。与明朝残余势力相比，他们力量较弱，规模也远不及前者，威胁较小，目的单纯，多为满足自身生存所需。在行为上也以劫掠之后迅速逃离，避免与官军交战为主，与明朝残余势力进行长时间占据并配合两广大陆区域的南明主力作战、威胁程度高、势力庞大、带有明确的颠覆清朝统治的政治目的等特点形成了鲜明对比。这一时期的海上武装活动对海南的进攻、劫掠，受当时的政权斗争及海疆政策影响而波动，南明势力强则海氛随炽，清军占优则海疆渐平，政权之间的博弈，成了海防政策主要的影响因素。

---

① （清）钟元棣创修，张巂等纂修：（光绪）《崖州志》卷十二，海防志·海寇，海口：海南出版社，2006 年，第 313 页。

② 朱为潮、徐淦等主编，李熙、王国宪总纂：（民国）《琼山县志》，海口：海南出版社，2004 年，第 1833 页。

③ 《清圣祖仁皇帝实录》卷一百十六（康熙二十三年七月乙亥），北京：中华书局，1986 年影印本。

④ （清）蓝鼎元：《论镇守南澳事宜书》，参见贺长龄、盛康编《清朝经世文正续编》第 2 册，卷八十五，兵政十六·海防下，扬州：广陵书社，2011 年，第 289 – 290 页。

（二）清前期海南岛海防体系的初步建设

在研究清前期海南岛上具体的海防设置之前，我们首先需要对清政府中央制定的海洋政策有所了解。海上武装势力能够在浩瀚汪洋中跨海扬波，横行数月而补给无忧，必然是有陆地奸民以及出海渔商船的暗中接济，这种观点在明清两代中央与地方政府都普遍认同，那么断绝海上武装势力的后勤保障，则必然要对陆地居民的出海自由以及出海商船携带的武器、食物进行限制。

1. 清前期海南岛的海禁政策

顺治年间，清政府主要在出海自由这一方面做文章。顺治十二年（1655），清政府对出海船只的身份证明以及航海能力做了严格的限制，“海船无号票文引及私制二桅以上大船往外洋贸易者”即要面临严厉处罚。顺治十七年（1660），清政府再次强调“海滨双桅沙船不许民间私造”①，凡有违反，按律则视为私通贼寇。

在康熙帝的认知中，海上武装集团虽然给他造成了一定的麻烦，但“海贼易治，陆贼难治”②，对于海防的重视程度并不高，这也造成了前期重视陆地防御的海防特征。康熙帝在统一台湾岛后曾言：“海贼乃癣疥之疾，台海仅弹丸之地，得之无所加，不得无所损。”③ 这与西汉弃置珠崖之语何其相似，与台湾岛同为陆地藩篱的海南岛，在康熙的眼中，恐怕也相差无几。而当时水师的作用，也更倾向于“仅为防守海口，缉捕海盗之用”④。康熙时期的海禁政策，也是其“重防其出”观念的体现。康熙元年（1662），清政府决定“迁沿海居民，令徙内地五十里”⑤，以断绝海上武装的后勤来源。海南岛受限于其本身的地理因素，无法像其他沿海区域一样进行居民内迁，但据司徒尚纪的研究，“海南岛沿海各县，虽未令迁界，但岛四周仍立界 2 700 余里，禁止居民外出”⑥。康熙十年（1671），海禁的限制更上一级，出海捕鱼不再允许驾小艇，只能使用木筏。康熙五十六年（1717），南洋禁航令开始对出洋船只所能够携带的粮食进行限制，

---

① 朱为潮、徐淦等主编，李熙、王国宪总纂：（民国）《琼山县志》卷二十八，杂志，海口：海南出版社，2004 年，第 1831 页。

② 中国历史第一档案馆：《康熙朝汉文朱批奏折汇编》第 3 册，北京：中国档案出版社，1984 年，第 783 页。

③ （清）王先谦：《东华录》，康熙三十二十月丁未条，清光绪十年长沙王氏刻本影印，《续修四库全书》第 370 册，第 131 页。

④ （民国）赵尔巽等：《清史稿》，北京：中华书局，1977 年，第 3981 页。

⑤ 朱为潮、徐淦等主编，李熙、王国宪总纂：（民国）《琼山县志》卷二十八，杂志，海口：海南出版社，2004 年，第 1831 页。

⑥ 司徒尚纪：《中国南海海洋文化史》，广州：广东经济出版社，2013 年，第 225 页。

按照路途距离、人员数量，在港口停泊到发货的时间来携带相应额度的粮食，“每人一日准带食米一升”①，考虑到海上出行时间因风浪会有耽误，多携带一升米作为备用。

在出洋商船的武器管制方面，在康熙五十八年（1719）禁令推出伊始，全面禁止所有船只携带武器，“一切出海船只不许携带军器”②。次年，广东提督王文雄更是上奏要求禁止沿海各省出洋商船携带大炮、军器，由地方官进行收缴，“其原有之炮位军器，令该地方官查明收贮”③。但如此一来，出海商船但凡在海上遇到劫掠，在无法逃脱的情况下，无疑是羊入虎口，毫无反抗之力。蓝鼎元就对此提出异议，认为能够组织商船出海者，都是拥有一定财产身家的人，断然不敢入海为盗丧了自己的身家性命，并且出海人员以及船只都是通过“族邻乡保具结，地方官查验，烙号给与护船牌照”，这些人都是有根有据、信息翔实可查的人。如果禁止携带枪炮等武器，那就是让这些良民“拱手听命于贼”④，他最后总结，如果信任地方保甲以及官员的凭证，发给了牌照，就应该信任他们，让他们携带防卫器械。雍正六年（1728），清政府对出海船只的武器管制有所松动，近海渔船以及商船如旧，但前往国外的海外贸易商船得到允许，得以携带限额之内的武器用以自卫：“鸟枪不得过八，腰刀不得过十，弓箭不得过十副，火药不得过二十斤”⑤。但面对动辄拥有多门大炮的洋盗，这些商船在火力上还是过于吃亏，考虑之下，雍正八年（1730）清政府放宽了商船携带火炮的限制，出国的远洋商船可以携带两门炮位，火药的携带也多加了十斤。但是所携带的火炮，从铸造开始就需要进行严密的备案，平时也由官府进行保管，“造炮时呈明地方官给予印票，赴官局制造，完日地方官亲验，錾凿某县某人姓名某年月日制造字样，并在照内注明所带炮位之轻重大小，以备海关及守口关弁察验，回日缴官贮库，开船再行请领”⑥，通过官造官存、用时再领的方法，严

① （乾隆）《钦定大清会典则例》卷一百十四，兵部·职方清吏司，参见《文津阁四库全书》第207册，北京：商务印书馆，2005年，第267页。

② （雍正）《大清会典》卷一百三十九，兵部二十九·海禁，参见沈云龙主编：《近代中国史料丛刊三编》第78辑，台北：文海出版社，1994年，第8741页。

③ 《清圣祖仁皇帝实录》卷二百二十八，康熙五十九年六月戊午条，北京：中华书局，1986年影印本。

④ （清）蓝鼎元：《论海洋弭捕盗贼书》，参见贺长龄、盛康编：《清朝经世文正续编》第2册，卷八十五，兵政十六·海防下》，扬州：广陵书社，2011年，第288页。

⑤ （乾隆）《钦定大清会典则例》卷一百十四，兵部·职方清吏司，参见《文津阁四库全书》第207册，北京：商务印书馆，2005年，第267页。

⑥ （乾隆）《钦定大清会典则例》卷一百十四，兵部·职方清吏司，参见《文津阁四库全书》第207册，北京：商务印书馆，2005年，第267－268页。

格管控各个商船的火炮来源及去向。

2. 军事建置调整与布防变动

除在沿岸施行海禁政策，以断绝海上武装集团的粮食补给与武器获取之外，清政府还对海南防卫作了相应的调整。

清代继承了明代对于海南岛防卫的大体思路，一些海防卫所也保存下来，在雍正时期，海南卫下的清澜所、万州所、南山所依旧存在。① 诸多海防设施也得以沿用，最具代表性的便是海口所城，作为防守府治的重要据点而继承，并不断被修缮加固。但清初，因军事重心在于稳固统治，大量的军事力量集中于广西、福建一带，以消灭残余的南明政权。明朝血脉的存在，成为横亘在清朝统治者喉头的一根骨头，恨不得除之而后快。因此，清初统治者无暇顾及海南岛的军事建设，在清军入岛之后，多是在仓促之间匆忙安排，因而初期的海防设置也较为简陋。对于岛屿防御，统治者也并未体现出足够的重视。清朝统治者由草原起家，对于海疆的重视程度远逊于陆疆，这也影响到了他们的施政考量，尤其是清初轻于岛防的认识倾向，更是将海上武装等同于陆地武装集团，专注于陆路防守。

（1）军事建置的初步设立。

琼州府隶属广东，其兵制设置也伴随着两广地区军事建置的发展而确定。顺治八年（1651），“定两广官兵经制。……设广东水师总兵官，标兵六千，分左右二协，中、左、右三营。……设肇庆、潮州、琼州三镇总兵官”②。琼州镇下设左、右镇标两营，崖州协、海口营、万州营、儋州营、海安营都受其辖制③。

海南岛上驻军主力为绿营兵，镇标是其最高指挥机关，驻所在琼州府府城，最高长官为总兵，受两广总督管辖。海口、儋州、崖州三地皆随时间推移逐渐设置了水师进行防御，并且规定了详细的巡防区域。因各营除地点未有移动，但名称伴随建置调整时有变化，故概称水师。在清前期，初步设置了一北一南两大水师营，即最先设立的海口水师与随后在雍正八年（1730）设立的崖州水师。

海口水师在顺治年间便已经设立，驻所在海口所城，是清朝在海南岛最早设置的水师。但忙于稳固统治的清政府并未对它有多大关注。到康熙十七年（1678），伴随着杨二势力愈演愈烈，为了配合围剿北部湾海上武装集团以及维

① （清）郝玉麟等总裁，鲁曾煜总辑：（雍正）《广东通志·琼州府》，海口：海南出版社，2006年，第37页。

② （民国）赵尔巽等：《清史稿》卷一百三十一，兵二，北京：中华书局，1977年，第3897页。

③ （民国）赵尔巽等：《清史稿》卷一百三十一，兵二，北京：中华书局，1977年，第3921页。

护府、道治所的安全，清政府对海口水师的结构进行了调整，“改水师副将镇之，更设左右营守备二员”①，合并了原先的左、右营，设立海口营，将海口驻守水师指挥官改为级别从二品的副将。

另外，从设置的兵员数目来看，康熙时期的守卫格局，依旧是以琼州府府城为首、三州拱卫的格局。以琼州府驻军数量最多，为 2 956 人，儋州、崖州皆为 980 人，万州驻军 981 人，而其余县驻军人数不超过 70 人，② 这样的驻军设置以及守卫格局，也为之后改编水师与划界巡防奠定了基调。驻军少的县承担日常防守便已捉襟见肘，只有儋、崖、万三州的兵力能够在日常戍守压力下进行改编抽调。为了更清晰地了解康熙时期海防兵力的布置，现将已设立的墩、台、港守军情况整理如下（表 2）：

表 2　康熙时期已设立的墩、台、港守军情况表③

类型	名称	守军数量
墩	白庙、丰盈、马袅、朱碌、博铺、乌石、博从、黄龙、陈硧、木万、富丰、英潮、马岭、九龙、踏田、岭头、黄人、乐罗、罗马、盐灶、下海湾、多崖、土崛、加摄、青山、冯家、沙鱼、严村、罟芋、陈家、中场、虾塘、大港、白石、田南、湖滩、大林共三十七墩	各设兵四名防守，共三十七台，合计守军数量一百四十八名
台	白沙台、新港台、北洋台、七星台、东湾台、田头台、赤水台、杨桥台、大场台、调炳台、淡坭台、沙著台、潭门台、北港台、赤岭台、南港台、堡平台、酸梅铺台、十所台、北黎台、青岭台、南罗台、沙沟台、符村台、新英台、干硧台、盐丁台、新坊台、港坊台、青濠台、里赤台、博还台、头洋台、洋甘台、朗铺台、泉鉴台、石礶台、小英台共三十八台	各设兵四名防守，共三十八台，合计守军数量一百五十二名

① （清）明谊修，张岳崧纂：（道光）《琼州府志》，海口：海南出版社，2006 年，第771 页。
② （清）金光祖：（康熙）《广东通志·琼州府》，海口：海南出版社，2006 年，第 107 页。
③ （清）金光祖：（康熙）《广东通志·琼州府》，海口：海南出版社，2006 年，第 107－109 页。

（续上表）

类型	名称	守军数量
港	牛始港，兼管盐灶港	把总一员，兵一百五十名
	白沙港	管队一名，兵五十名
	铺前港	把总一员，兵一百五十名
	抱虎港	管队一名，兵六十名
	清澜港	把总一员，兵一百五十名
	潭门港	管队一名，兵八十名
	博敖港	管队一名，兵五十名
	东湾港，兼管那乐港	管队一名，兵八十名
	桐栖港，兼管黎庵港	把总一员，兵八十名
	三亚港，兼管榆林港	管队一名，兵八十名
	堡平港	管队一名，兵六十名
	感恩港，兼管北黎港	管队一名，兵八十名
	英潮港	管队一名，兵五十名
	小员港、新英港	管队一名，兵一百名
	博首港	管队一名，兵六十名
	乌石港、马袅港	管队一名，兵七十名
	东水港，兼管石英港	管队一名，兵六十名
合计守军数量		1 727 人

从表 2 所列数据来看，台、墩的守军数量从单体到整体都较少，符合其以示警为主的作用。在港口的防御上，对于几个重要港口，清政府设置的守军比一般的港口要多，把守将领的等级也较高，如牛始港、铺前港、清澜港、桐栖港都是由把总带兵守卫，兵员除桐栖港外也都达到了一百五十名，体现了港口守卫的优先程度。

康熙后期，海上武装势力的活动已经基本平息，海南官员们终于得以安定下来，审视还十分简陋的海南岛的海防体系，查缺补漏，提出方案，完善所属辖地的海防建设。

澄迈县知县高魁标，在康熙三十八年（1699）上任，他认为应该在石矍港增兵防守，并招募团练协助防守。他提出澄迈县东部到博湳港，西部至玉抱港之间七八十里全部濒临大海，没有山石作为屏障，东水港西北距离县城甚至不到十里之遥，若遇涨潮和适宜的风向，舰船能直达城下突袭。现在已经派遣了水师在此防守，但因为东水港水下有巨石，退潮时船只会被堵住，因此从东水港进行袭击的事件并不多。实际上更加需要注意的是石礶港。该港因地势平坦，且港深水静，“沿海二三十里，地势平衍，东西两岸如块绕出翼抱，中为湖套，无崖石之阻，无风涛之险，浪静水深，不待潮候，随时随处可泊巨舰，可登陆岸”[①]，是海上武装绝佳的登陆地点，基于在明成化二年（1466）、明嘉靖三十年（1551）、清康熙十八年（1679）均有贼船由此登陆的历史，他认为仅凭东水营目前拨守的十名守军根本无法进行有效的防守，提议将东水港守军分为两波，一波就在港内驻守，另一波在石礶岭以及附近较高的山岸分立两营，相互守望声援，并让守军军官招募乡兵作为补充力量，“令尉复于平时养募乡兵，练成一旅，堪备实用，并行令各都各乡皆习团练”[②]。

临高县知县樊庶也关注海防。他认为急需增兵，修筑炮台，并且招募团练。他把港口比作人体皮肤的纹理，认为如果严格把守港口，就能使海防稳固：“港口者，腠理也，人能和脏腑、节饮食则腠理密，犹海之能慎封守、谨斥堠而港口固也。”[③] 他同时提出，海南各地的防守并不能各自独立，而应该形成犄角之势，互相守望支援。像之前杨二那样猛烈进攻，导致岛上各地防御全部崩溃，那么仅依靠临高一地的兵力是根本无法守住的。他也总结了海南岛目前艰难的海防形势，“环琼四面皆海也，虽有舟师，疾风弗及；虽有斥堠，声息难周。故从来策海，惟琼为难，亦惟琼为略也”[④]。临高县沿海范围有百余里，防守面积也相当长，但是在兵力上相当缺乏，“六浦港汊，在在可犯，在在宜防。独马袅、博顿两营有兵，然仅半百，其他墩台名焉而已”，因此他自费招募团练，并在“博顿、乌石、新安、石牌诸港增建炮台”。他的增兵建议得到采纳，博顿港和石牌港的防守得到了加强，“今已添设陆路台汛防守弁兵各数十名”[⑤]。

康熙三十七年（1698）12月，山东人姜焯出任感恩县知县，他对所辖地的海防亦高度关注，当海寇进犯岭头港时，亲督兵民积极抗御，保护民众的生命财产。他还主持制定《海防条议》，提出了以下四个建议：

一是通过对感恩形势的考察，他确立了岭南头港、板桥港、八所港为要害之处，需要增兵进行防御，“板桥距县二十里，八所距北黎营二十里，应拨兵五名，可以兼顾无虞。惟岭头地方距县城四十里，附近并无村庄，而地方更为辽

① （清）明谊修，张岳崧纂：（道光）《琼州府志》，海口：海南出版社，2006年，第826页。

② （清）明谊修，张岳崧纂：（道光）《琼州府志》，海口：海南出版社，2006年，第826页。

③ （清）明谊修，张岳崧纂：（道光）《琼州府志》，海口：海南出版社，2006年，第826－827页。

④ （清）明谊修，张岳崧纂：（道光）《琼州府志》，海口：海南出版社，2006年，第827页。

⑤ （清）明谊修，张岳崧纂：（道光）《琼州府志》，海口：海南出版社，2006年，第827页。

阔，况港汊平坦，易为游魂窥伺，必须拨兵二十名”①，并且强调水师与陆地守军要加强配合，达到水陆兼防的效果。

二是施行渔船连伍制度，加强对渔船的控制，便于查清来源，自相揭发，以免有为盗者混入其中。

三是通过地方捕巡、乡保的高频率巡查，加强港口与陆路的巡查。“陆路山林率令捕巡、乡保时时稽查，沿海港口督同汛兵练勇昼夜防御。”②

四是加强水师巡查。因感恩县无水师营汛的缘故，一旦海上有警，只能在岸上围堵，望洋兴叹，海贼等一旦离岸，官兵便无可奈何。姜焯提出将海口水师左右二营中的一营的一半兵力驻守，另一半兵力在沿海地区巡逻，两营相互替换，每月一次，从而对海上武装形成威慑力，也更方便缉捕，“其海上小丑闻知有备，无不远避，纵使乘风飘至，不难相机剿捕。倘或众寡不敌，亦能掣肘海面，断不敢如从前任意飘泊，旷日持久，窥伺海上也”③。

康熙四十四年（1705），感恩县知县姜焯的诉求在琼州总兵范时捷亲自巡视边海后得到回应，当年九月，岭头（即岭南头）地方获得了从崖州拨来的十八名士兵，设岭头汛进行防守。

范时捷在亲自巡查后，也给出了自己的建议：一要加强对几个重要港口的防御，增兵防御。二要对几个离军事驻点较远的港口，进行军事移驻。如隶属临高县、离县城四十里的石牌港，港口通航条件良好，“此港阔大，易于行舟”④，但是之前儋州营并没有设兵驻守，需要从儋州营抽兵二十名防守。又如离县三十里的博顿港同样基于水深港阔的原因，原有官兵驻守，但是需要将移动到腹地的地区的营盘迁回港口处，“今应复还旧扎处所，庶便控扼”⑤。感恩港原有崖州营百队带兵十七名防守，但港口守兵与守城兵常年住在城内，应“防港目兵在港面地方住扎”⑥，方能保证防守迅捷。三要对淡水点进行控制，如范时捷提到岭头墩一带是海上武装停泊取水的地点，要求崖州营向此处增兵十八人协防。又如新潭湾，“歹船取水甚便”⑦，便从东澳港的防守士兵中抽拨二十名防卫新潭湾，并“拨千把一员督守，岁久轮换”。四要对崖州的兵力进行调动。

---

① （清）明谊修，张岳崧纂：（道光）《琼州府志》，海口：海南出版社，2006年，第829页。
② （清）明谊修，张岳崧纂：（道光）《琼州府志》，海口：海南出版社，2006年，第828页。
③ （清）明谊修，张岳崧纂：（道光）《琼州府志》，海口：海南出版社，2006年，第828页。
④ （清）明谊修，张岳崧纂：（道光）《琼州府志》，海口：海南出版社，2006年，第829－830页。
⑤ （清）明谊修，张岳崧纂：（道光）《琼州府志》，海口：海南出版社，2006年，第830页。
⑥ （清）明谊修，张岳崧纂：（道光）《琼州府志》，海口：海南出版社，2006年，第830页。
⑦ （清）明谊修，张岳崧纂：（道光）《琼州府志》，海口：海南出版社，2006年，第832页。

崖州作为整个海南岛的后方大门，海防险要处比其余各地更多，且易于海上武装进行补给，“处处可以泊船、登岸、取水，又处处逼近村庄”，为此在海岸线中部处“设兵五十名，拨千总一员”①，并在保平港和大疍港增兵五十名。五要提议水师在冬春加强巡海。因夏、秋季节海南周边海域常有台风、雷暴天气，海上武装的活动频繁集中于冬、春季节，因而他建议“于每年孟冬起，春末止，周巡东西海面”②。

海口郡守贾棠对时下的海防缺陷提出了建议，他认为时下只有海口港、铺前港、马袅港三个港口有水师，但是在海口水师的巡游范围之外，是海上力量的真空地带，其余各地只有陆地军队戍守，从未设有水师兵船，为此他请求将防御硇洲、吴川、白鸽的战船分散到儋州、万州、崖州三地，并且在这些港口的水师中抽调士兵进行巡哨，“每州港口抽水师协千把总一员，带兵一百名，驾船二只，轮流巡哨”③。

总体来看，海南的官员们提出的建议无非以下三点：第一，增兵防御；第二，加强港口的防御；第三，加强巡哨制度。随后的一系列改动，都以这几点为主。但从实际情况来看，将海南本地的士兵来回调拨，效用并不明显，整体兵力缺乏的这一情况并未改变。而增加哨船的建议，各地往往仅有寥寥数艘船，实际效果也并不让人满意。

（2）雍正年间的海防整顿。

雍正对海岛管理厉行整顿，他在奏折批示中严厉训斥当时的两广总督杨琳，对康熙末年政令施行大打折扣之情形极为不满：“何知尔等，暂时唯唯，出一张晓示，嘱一嘱属官，即为奉行，不但日久废弛，即起首何尝实心奉行一日也？今日联不过仍将皇父之政再宣谕尔等一次，尔等若仍如康熙年之奉行，恐朕未必能如先帝之宽仁容恕也，身家性命当着实留心保重要紧！”④ 从批示的内容中，我们也能够推断出几点内容：一是康熙年间海疆政策与海岛管理的执行情况恐怕不容乐观，官员们敷衍了事，日久废弛。二是雍正帝的用词是将“皇父之政再宣”，“皇父”在文中所指即康熙帝，将康熙之政重宣，那么也意味着雍正对于康熙时期所制定的相关海疆管理政策是大体继承的，但雍正更加强调的是政策的落实情况，他认为这些海疆管理政策本身并无问题，官员们对政令的敷衍

---

① （清）明谊修，张岳崧纂：（道光）《琼州府志》，海口：海南出版社，2006年，第831页。

② （清）明谊修，张岳崧纂：（道光）《琼州府志》，海口：海南出版社，2006年，第832页。

③ （清）明谊修，张岳崧纂：（道光）《琼州府志》，海口；海南出版社，2006年，第833页。

④ 《两广总督杨琳奏复禁绝米粮出口等事折》，参见中国历史第一档案馆编：《清宫粤港澳商贸档案全集》第1册第36条，宫中档朱批奏折，北京：中国书店，2002年，第166－170页。

执行才导致了海疆乱象。因此，在雍正时期，更多的是对海南岛的防御体系进行修缺补漏，增添船只与兵员，做些细节上的修改，意在强化官兵的执行力。

雍正二年（1724），郝玉麟对海南州县的重视程度有所增加，认为滨海要地更需要才识胜任者作为地方官，这样才能够更好地应对各种突发状况。[①] 雍正七年（1729），两广总督孔毓徇奏请将琼山县（今琼山区）县丞治所移至海口所城，以满足因商业贸易频繁带来的治安需求。[②] 雍正八年（1730），为强化对海南岛的控制力，使道员的职责更加集中，“改分巡海南道，加兵备衔”[③]。

同时为更好地追捕海盗以及进行巡查，雍正时期，清政府对于海口防卫愈加重视，不断为海口营改造、添设船只配给。海口营本共有汛船二十只，其中雍正六年（1728）。“将内河快哨船六只俱改为外海拖风船”，雍正七年（1729年）“添设左右两营快桨船一只，两营配兵巡防”[④]，雍正十年（1732 年）又给左营配给一只快哨船。

崖州为黎族主要聚居区之一，有清一代，黎族民众的抗清活动不绝于书，因此崖州的主要防御力量偏向防黎，海防力量较为薄弱。崖州营虽在设立水师营之前便已分防三亚、大疍、望楼三个港口，但职责并不明确，并没有专门的水师，但在杨二势力屡次劫掠下，清政府的注意力已经开始转向这里，开始有意识地强化崖州的海防力量。在雍正六年（1728），也与海口营一同添设了三只外海拖风船。

雍正八年（1730），时任琼州总兵官的李顺奏请增加海南岛的炮位配备，并提出了对文昌铺前港以及崖州营进行改制的意见，“一请督标水师营运生铁炮三十位配琼，一请海口水师守备移驻文昌铺前港，一请崖州陆路营改为水师”[⑤]。在不久之后，崖州正式设立水师，指挥官由游击升级成参将，同时在军事编制中增加了一名专门负责水师的千总，把两名陆路把总转换为水师，给崖州营又增加了三只外海哨船，但此时崖州水师所配船只也只是分为两班游巡原先所管辖的三亚港、大疍港、望楼港一带洋面，并未扩大巡防范围。海口水师守备也

---

① （清）郝玉麟等总裁，鲁曾煜总辑：（雍正）《广东通志·琼州府》，海口：海南出版社，2003 年，第 34 页。

② （清）郝玉麟等总裁，鲁曾煜总辑：（雍正）《广东通志·琼州府》，海口：海南出版社，2003 年，第 34 页。

③ （清）明谊修，张岳崧纂：（道光）《琼州府志》卷十二《经政志》，海口：海南出版社，2006 年，第 551 页。

④ （清）明谊修，张岳崧纂：（道光）《琼州府志》，海口：海南出版社，2006 年，第 770 页。

⑤ （清）郝玉麟等总裁，鲁曾煜总辑：（雍正）《广东通志·琼州府》，海口：海南出版社，2003 年，第 35 页。

移驻文昌铺前港，同时连带加强了抱虎港口的防卫，“设船添兵，专巡内港”①。在崖州营改制以及炮位配备完成后，海南岛上的炮台系统初见规模，按营属与守军数量列为表3：

表3　清前期海南岛炮台系统概况表②

炮台名称	营属	守军数量
海口东炮台	海口水师营	30人
牛始炮台		15人
铺前炮台		30人
清澜炮台		15人
潭门炮台		15人
海口西炮台		30人
东水炮台		15人
石矡炮台		15人
马袅炮台		30人
赤岭炮台	崖州水师营	11人
保平炮台		13人
三亚炮台		29人
桐栖炮台		35人
大疍炮台		44人
榆林炮台		13人
望楼炮台		50人
合计		390人

从炮台的数量分布来看，主要以海南岛的北部、东部、南部为主，以北部最为密集。一则是因为琼州府治所所在地位于琼岛北部，初期建设以屏护府治、道治所在为主。北部濒海的琼州府府城，在海防建设上，以海口所为核心，东、西炮台左右夹控海口港，雍正墩作为西侧延伸，牛始炮台把守海口所东侧一带，形成了对琼州府城的保护圈。二则是海南岛北部海口港、铺前港等港贸易频繁，也是海上武装觊觎之处，炮台作为维护贸易安全的威慑力存在。从炮台守军数

① （清）郝玉麟等总裁，鲁曾煜总辑：（雍正）《广东通志·琼州府》，海口：海南出版社，2003年，第136页。

② （清）明谊修，张岳崧纂：（道光）《琼州府志》卷十七《经政志·兵制》，海口：海南出版社，2006年，第747－749页。

量的多少来看，虽然崖州的炮台少于海口，但其守军人数与海口守军人数相等。原因在于崖州所属区域海岸线长，在炮台分布上较为松散，若守兵过少，则难以兼顾。相比而言，分布密集的北部炮台间距离较近，可成相互声援之势。

3. 本岛巡防与外海巡洋

清前期，海口水师与崖州水师的设立，为海南岛的本岛连界巡防体系提供了重要的两大基石，此后对巡防体系的完善，基本上是对海口水师与崖州水师巡防范围的扩大或者划分。但至康熙年间，实际上进行巡防的只有海口水师，管辖范围也十分有限。琼州府知府贾棠就对当时的巡防状况提出忧虑，“但水师所辖汛地，东至会同县之潭门，西至临高县之马袅而止。其余州县亦各有港口通海，系琼镇陆路兵丁防守，从未设有水师兵船”①，并提议在儋州、万州、崖州三地分拨战船。从贾棠的奏议中可以得知，最初，海口水师巡防的范围为会同县潭门港至临高县马袅港一带洋面，主要保障琼州府治所所在地的海上安全，应对来自北部的海上威胁。而其余各地仍以港口防卫为主，其重心更在于防范居民出海。雍正八年（1730）崖州水师设立后，清政府已有通过两大水师防守全岛的意图，但当时海患渐平，需求推动力不足，且雍正在位时间较短，便暂时搁置下来了。但以实际情况来看，两营水师巡防范围不大，海南岛东、西两面沿岸海面存在大面积的防卫空档。而崖州水师虽设，但其管理范围远超海口水师，兵力不足，故防卫起来也颇为吃力。

除了对海南岛本岛的水域进行划分巡防之外，清政府也继承了明朝的巡洋会哨制度。清人薛传源在《防海备览》说：“夫防海者，须防之于海，非俟其近岸而防也，盖陆路之窥视易觉，而海面之踧踖无常，哨船之设，诚为此计。”②他指出，防御海上来的威胁，必须从海上就开始防范，巡洋会哨制度设计的用意，就是将威胁提前挡在海中。所谓巡洋会哨制度，王宏斌将其定义为“按照水师布防的位置和力量划分一定的海域为其巡逻范围，设定界标，规定相邻的两支巡洋船队按期相会，交换令箭等物，以防官兵退避不巡等弊端，确保海区的安全”③。

海口营进行的巡洋分为上、下两个班次，各会哨两次，交接点为涠洲、硇州两处。“上班以参将出洋为统巡，每年定期三月初十日，带领舟师，会同龙门协统巡副将、海安营总巡游击，齐集涠洲洋面，会哨一次。五月初十日，与西上路统巡阳江镇总兵齐集硇州洋面，会哨一次。下班以守备出洋为总巡，每年

① （清）明谊修，张岳崧纂：（道光）《琼州府志》，海口：海南出版社，2006 年，第 833 页。

② （清）薛传源：《防海备览》卷二《勤会哨》，参见国家图书馆分馆编：《清代军政资料选粹》第 8 册，北京：全国图书馆文献微缩复制中心，2002 年，第 91 页。

③ 王宏斌：《清代前期海防：思想与制度》，北京：社会科学文献出版社，2002 年，第73 页。

定期八月初十日，随统巡总兵带领兵船，会同海安营分巡守备、龙门协总巡都守，齐集涠洲，会哨一次。十一月初十日，随总兵带兵船，会同西上路统巡阳江镇标中军游击，齐集硇洲，会哨一次。”① 通过上、下两班会哨，将两广洋面巡防连成一片，在一定程度上对海盗起到威慑作用。在总督郭世隆的奏章中，他谈到了巡洋会哨的战果：“上年十一月至今年二月，先后击败贼众于沱泞外洋，沉贼船七；斗头角海面，沉贼船十；琼南、万崖二处海面，沉贼船二。”② 但同时我们也要看到，此时海南部分的巡洋会哨十分不完善，仅有海口水师在执行，并且主要是为了保证两广洋面的巡洋完整，主要以配合广东其余沿海州府夹控琼州海峡，保障海峡通行安全，防卫重心并不在于海南岛，其更多的是作为附属防卫。

三、清中期海南岛的海防建设

（一）海上武装集团的跨国联合

1. 西山政权与艇盗之乱

自杨二海上武装集团覆灭后，海南海患逐步平息。乾嘉之际，海患再起，清廷一开始对此并不重视，一来当时时局已稳，二来清廷并不认为这些海盗能够掀起多大波澜。但海盗武装并未如清廷所想只是小打小闹，反而如雪球一般越滚越大，势渐燎原，由西南两广洋面蔓延至东南闽浙洋面，在这其中，安南势力的参与是这股燎原火的重要助燃剂。乾隆末期，安南内乱，以阮光平为首的西山政权与以阮福映为首的农耐政权争斗不休，为了打败阮福映，加强自身的军事实力，阮光平大量招揽海盗，作为其海上力量的补充。据当时两广总督倭什布所奏，乾隆五十四年（1789）之前，主要是沿海的贫穷的渔民、疍民结伙抢劫商船，但规模较小，根本不敢与官兵对抗，直到安南阮光平父子召集海盗为其效力，“给与炮火、米粮、器械、船只，俾其至闽、粤洋面，肆行劫掠”③，使得这些海上武装有了能够在海上长时间航行劫掠而不用担心粮食问题的资本以及销赃安顿的窝点，才导致了乾嘉之际海盗横行、声势愈加浩大的局面。在西山政权的征战过程中，这些海盗的作战技能与战斗经验也得到了提高与积累，

① （清）明谊修，张岳崧纂：（道光）《琼州府志》，海口：海南出版社，2006 年，第 772 页。

② （清）卢坤、邓廷桢主编，王宏斌等点校：《广东海防汇览》卷二十六，方略・缉捕，石家庄：河北人民出版社，2009 年，第 1025 页。

③ （清）卢坤、邓廷桢主编，王宏斌等点校：《广东海防汇览》卷二十六，方略・缉捕，石家庄：河北人民出版社，2009 年，第 715 页。

远非一团散沙的寻常海盗可比，“在西山军中，海盗们获得了与敌人正面抗衡的宝贵经验，具备了一定的纪律，懂得了怎样在海上使用武器和建立据点，他们已经不再是小打小闹的歹徒”①。袁永纶也认为，嘉庆年间海盗猖獗最终难以扑灭的原因，“实由于安南”②。在西山政权败亡之后，这些曾经在西山军中经过“特训”的海上武装集团被迫回国，紧接着便掀起了沿海地区的腥风血雨。

海南当时的史志上所记载的，也正如前文所说的一样，乾隆前期在史料上仅有一条乾隆三十五年（1770）出现过万州万陵市遭到劫掠的记录，但“乾隆五十五年海盗起”③，海上武装的数量与规模迅速扩大，甚至攻击官兵，“参将钱邦彦与贼战于玢琅港，死之”④，引起了朝廷的极大震动。随之而来的，又是一个海上武装势力大肆活动的时间段。在海南区域，当时主要是以乌石二为首的海上武装。

2．乌石二团伙在海南的活动

乌石二，原名麦有金，海康县（现雷州市）乌石乡人，其共有兄弟三人，活动范围主要在广东西路。《平海纪略》中记载：“西路则麦有金、吴知青、李尚青三股。有金兄有贵、弟有吉，世居海康之乌石乡，曾受安南伪封。迨阮氏灭，始为盗。有海康附生黄鹤者，以事褫，投有金，辄为作示布告以恐乡愚，敛财物，岁计得银不下六七万，凡隶高、廉、雷、琼濒海居民均为所制，而涠洲、硇洲孤悬海外，遂为贼之巢穴，其兄有贵，更嗜啖人心，肆毒实甚。”⑤ 因其出身于乌石乡，又在兄弟三人中排行第二，故他号称乌石二，其兄弟也因此被称为乌石大与乌石三，在《琼山县志》中就有“因令其诱乌石大、乌石二、乌石三等降”的称呼⑥。

在嘉庆六年（1801）之前，乌石二应该一直在安南活动，由穆黛安的研究可知，“1801 年 6 月西山军在顺化遭到惨败后，乌石二随同光中帝逃回河内，与

① ［美］穆黛安著，刘平译：《华南海盗：1790—1810》，北京：商务印书馆，2019 年，第 70 页。

② （清）袁永纶：《靖海氛记》，参见［美］穆黛安著，刘平译：《华南海盗 1790—1810》，北京：商务印书馆，2019 年，第 226 页。

③ （清）聂缉庆、张延主修，桂文炽、汪瑔纂修：（光绪）《临高县志》，海口：海南出版社，2004 年，第 400 页。

④ （清）钟元棣创修，张嶲等纂修：（光绪）《崖州志》卷十二，海防志·海寇，海口：海南出版社，2006 年，第 313 页。

⑤ （清）温承志：《平海纪略》，《丛书集成续编》第 279 册，台北：新文丰出版公司，1994 年，第 57 页。

⑥ 朱为潮、徐淦等主编，李熙、王国宪总纂：（民国）《琼山县志》，海口：海南出版社，2004 年，第 524 页。

郑七结盟”①。当年十二月，郑七在安南港“为炮击死”，郑一继任为首领，带领部下在洋面劫掠，而这时旗帮海盗开始出现，在六色旗帮海盗中，“麦有金统蓝旗，其兄麦有贵、弟麦有吉附之，以海康附生黄鹤为谋士”②。结合《平海纪略》上的记载看，乌石二在西山朝败亡后才回归粤洋为盗，由“安南将军”的身份转变为大海盗首领，在时间节点上这两者的记载吻合，团伙的主要成员也一致，即以乌石二三兄弟以及军师黄鹤为主。到嘉庆十二年（1807），海上各路海盗繁多，为了避免各股海盗间争斗，各大海盗集团之间定约划定了各自的活动区域，“群盗之打单，劫掠也，约各分据其界：郑一嫂、郭婆带、梁宝在广、肇及惠、潮等处，麦有金、李尚青、吴知青在高、廉、钦、雷、琼、儋、崖、万等处”③，雷州与海南岛一带海域主要为由乌石二所统领的海上武装团伙蓝旗帮的地盘。他们不断侵扰海南岛，直至嘉庆十五年（1810）乌石二被百龄擒获并斩杀之后，海氛方平。现将嘉庆年间（1797—1810 年）海南岛受袭情况列为表 4：

表 4　嘉庆年间（1797—1810 年）海南岛受袭情况表

袭击者	时间	受袭地	袭击状况	资料来源
张保仔	嘉庆二年（1797）夏	文昌清澜港、铺前港	抢劫村庄、商船、掳人勒赎金	（清）张霈等监修，林燕典纂辑：（咸丰）《文昌县志》，海口：海南出版社，第 288 页
张保仔	嘉庆二年（1797）秋	文昌铜鼓	战于南沙港	（清）张霈等监修，林燕典纂辑：（咸丰）《文昌县志》，海口：海南出版社，第 288 页
未知	嘉庆五年（1800）	文昌铜鼓	贼犯铜鼓	（清）张霈等监修，林燕典纂辑：（咸丰）《文昌县志》，第 288 页

① ［美］穆黛安著，刘平译：《华南海盗：1790—1810》，北京：商务印书馆，1997 年，第 67 页。

② （清）聂缉庆、张延主修，桂文炽、汪瑔纂修：（光绪）《临高县志》卷十六临海类，海口：海南出版社，2004 年，第 400 页。

③ （清）聂缉庆、张延主修，桂文炽、汪瑔纂修：（光绪）《临高县志》卷十六临海类，海口：海南出版社，2004 年，第 400 页。

（续上表）

袭击者	时间	受袭地	袭击状况	资料来源
乌石二	嘉庆七年（1802）		肆虐东岸，势甚猖獗	（清）张霈等监修，林燕典纂辑：（咸丰）《文昌县志》，海口：海南出版社，第288页
乌石二、海田九	嘉庆九年（1804）三月	琼山海田村	登岸劫海田村，李家子女财物荡尽	朱为潮、徐淦等主编，李熙、王国宪总纂：（民国）《琼山县志》，海口：海南出版社，2004年，第524页
乌石二	嘉庆十年（1805）	文昌铜鼓	肆掠铜鼓内村等村	（清）张霈等监修，林燕典纂辑：（咸丰）《文昌县志》，海口：海南出版社，2004年，第288页
乌石二	嘉庆十二年（1807）	文昌抱陵港	港内诸村屡次被劫，焚民房十余所，贼酒后试刀，斩槟榔树殆尽	（清）张霈等监修，林燕典纂辑：（咸丰）《文昌县志》，海口：海南出版社，2004年，第288页
未知	嘉庆十四年（1809）五月	琼山	登岸劫沿海村庄老幼数十人，逼近大林市	朱为潮、徐淦等主编，李熙、王国宪总纂：（民国）《琼山县志》，海口：海南出版社，2004年，第524页
乌石二	嘉庆十四年（1809）六月十三日	文昌铺前港	带船十余只，肆掠铺前	（清）张霈等监修，林燕典纂辑：（咸丰）《文昌县志》，海口：海南出版社，2004年，第288页
乌石二	嘉庆十四年（1809）八月	文昌铺前	伤毙兵丁十名，乡勇一名，旋围炮台甚急	（清）张霈等监修，林燕典纂辑：（咸丰）《文昌县志》，海口：海南出版社，2004年，第288页
乌石二	嘉庆十四年（1809）八月初七午时	澄迈石矍港	登岸劫马家	（清）龙朝诩主修，陈所能纂修：（光绪）《澄迈县志》，海口：海南出版社，2004年，第259页

（续上表）

袭击者	时间	受袭地	袭击状况	资料来源
乌石二	嘉庆十四年（1809）八月初八早	澄迈石矍港	次早寇又至	（清）龙朝翊主修，陈所能纂修：（光绪）《澄迈县志》，海口：海南出版社，2004 年，第 259 页
乌石二	嘉庆十四年（1809）十一月	文昌木栏头、南犊都七斗、锦罗等村	复犯南犊都七斗、锦罗等村	（清）张霈等监修，林燕典纂辑：（咸丰）《文昌县志》，海口：海南出版社，2004 年，第 288 页
乌石二、海田九	嘉庆十五年（1810）三月月初一	澄迈石矍港	劫掠冯家而退	（清）龙朝翊主修，陈所能纂修：（光绪）《澄迈县志》，海口：海南出版社，2004 年，第 259 页
乌石二、海田九	嘉庆十五年（1810）三月月初三	澄迈石矍港	复至，乡民敌之，杀二贼	（清）龙朝翊主修，陈所能纂修：（光绪）《澄迈县志》，海口：海南出版社，2004 年，第 259 页
乌石二、海田九	嘉庆十五年（1810）四月月初三	澄迈东水港	抢掠东水、那黎、好马、石角、潭才各村	（清）龙朝翊主修，陈所能纂修：（光绪）《澄迈县志》，海口：海南出版社，2004 年，第 259 页
乌石大、乌石二	嘉庆十五年（1810）五月初一	澄迈石矍港	入澄迈石矍、五抱、麻颜诸港，直抵临高海岸，杀掠弥惨，百里内无孑遗	（清）聂缉庆、张延主修，桂文炽、汪瑔纂修：（光绪）《临高县志》，海口：海南出版社，2004 年，第 401 页

从表 4 的 17 条记录来看，除了嘉庆二年（1797）张保仔袭击文昌的两条记录，其余大部分都是乌石二袭击的记录，两条袭击者未知的记录，虽然县志中并未说明，但根据前后文以及整个记录来推测，有很大的可能也是乌石二所为。他在海南劫掠的主要地点为文昌、澄迈以及琼山三地，这主要是因为其大本营在雷州。但在记录中，十分清晰地以嘉庆十四年（1809）为分界，之前主要在文昌、琼山一带活动，之后基本只在澄迈进行劫掠。究其原因，推测极有可能

是以乌石二为首的武装集团在文昌县（今文昌市）的劫掠屡次遭到堵截，当地防御已经十分严密，难以下手，随即转移目标。如在嘉庆十四年（1809）六月十三日，乌石二在劫掠铺前时就遭到守备郭天星的防守，不得已离开。八月，更是与官兵进行了激烈的战斗，“伤毙兵丁十名，乡勇一名”①，乌石二一方也有数十人被杀死，被迫逃走。在十一月，乌石二再一次袭击文昌，但是在木栏头处因为武生韩汉等人的严密防御连岸都上不了，于是他气急败坏地宣称要剿灭木栏头一带的村庄。千总韩国辉闻讯，与都司韩彪一同带八百士兵前来，“与贼遇于七斗村”，“仅杀数人，贼退”②。在多次讨不到好处的情况下，乌石二一伙最终选择距离更近、防御较弱的澄迈县进行高频次的劫掠，尤其偏爱石礞港。

（二）清中期防御体系的进一步深化

清中期时，为了解决游弋在中越洋面的海盗，清政府展开了一系列联合缉捕的行动，加上已经建成的海南岛本岛的连界巡防体系，使得海南岛的防守更加缜密。

1. 跨区跨国联合缉盗

跨区联合缉盗的一个典型性案例是发生在乾隆年间的“崖州案”。谢贵安、谢盛的《从〈清实录〉看海南的航海和海盗问题》也提到此次事件③。乾隆五十五年（1790），参将钱邦彦在追击袭击崖州的海盗过程中战死，由此揭开了崖州案的序幕。

《琼山县志》中记载了当时钱邦彦战死的惨烈状况，乾隆五十七年（1792），钱邦彦三月初旬出洋进行例行巡防，遭遇海盗后被引入包围圈，“邦彦身先士卒，奋勇力战，一手按枪，一手杀贼，战逾时，贼伤无算。一贼开枪中邦彦臂，犹挺身独立，挥刀杀贼，贼见邦彦被伤，齐跳过船斫邦彦头，血流满船。众贼恨邦彦杀伤其党过多，复断其手，锉肉成泥，投于海，水为之赤。尚有师船数号，纷纷逃走，不敢援救”④。

海盗拒捕并残忍杀害水师将领，此事一经上报便引起了乾隆的极大关注，

---

① （清）张霈等监修，林燕典纂辑：（咸丰）《文昌县志》，海口：海南出版社，2003 年，第 288 页。

② （清）张霈等监修，林燕典纂辑：（咸丰）《文昌县志》，海口：海南出版社，2003 年，第 289 页。

③ 谢贵安、谢盛：《从〈清实录〉看海南的航海和海盗问题》，《新东方》2011 年第 3 期：第 15 – 16 页。

④ 朱为潮、徐淦等主修，李熙、王国宪总纂：（民国）《琼山县志》卷二十三，官师志，海口：海南出版社，2004 年，第 1473 – 1474 页。

在《清高宗乾隆实录》中从头到尾十分详细地记录了这一事件的处理过程。在清军官兵最先捕获的海盗关应华供述海盗首领及残余海盗躲到了安南国的短棉衣耐处后，乾隆便派福康安多次照会安南国王阮光平，让阮光平协助缉拿逃犯，同时下旨让沿海各府县官员都仔细缉捕。

在这一事件中，通过乾隆的命令，清廷发动沿海各府县以及安南军队共同对海盗进行跨区域、跨国界的严密追捕，最终效果显著，“崖州拒捕戕官首、伙盗犯分别正法，并拿获盗首大辫三、李广才及各船拒捕伙犯二十五名”①，不但将崖州案逃犯抓捕归案，同时在抓捕过程中，对官吏的整治以及来自最高统治者的指令也使得沿海官员对缉捕海盗更加卖力，打压了海盗的嚣张气焰。另外一个例子则是追捕越南巨盗陈加海，在此次追剿中，清军与越南土目联合作战，共同维护两国海面安全，史载：“越南土目禀报，生擒陈加海即阮保。”②

2. 招募乡勇以助防御

除了正规军外，清廷的一些有识之士亦认识到海防的兵力防御重点应放在地方力量的发动上。兵科给事中陈昌齐在《洋面缉捕事宜疏》中就已指出广东西路水师兵力较弱，官兵追捕不及的问题：“高、廉、雷、琼等府皆土旷人稀，城市村镇相距辽阔，每遇该匪行动，或离塘汛稍远，在官兵实有鞭长不及之势”③，并且提议招募沿海熟悉水势、身体健壮的乡勇防守村庄，给予重赏。在嘉庆初期（1796—1810 年），乡勇的数量虽然不多，但已经是地方防卫的一个重要组成部分，并且在应对突发袭击时乡勇因为就在当地，反而比官兵更能发挥作用，成为官兵到来之前的第一道防线。如在嘉庆二年（1797），张保仔抢劫文昌的铺前、清澜港时，“乡勇张锦文率众御之，战于南沙港，杀贼十七人，贼乃遁”；嘉庆五年（1800），乡勇黄玉纯与林开荣等人击退了侵犯铜鼓的海盗，“杀贼七人，余窜归船”；嘉庆十五年（1810），海寇从东水港上岸，抢掠周围一带的村落，“时澄迈知县盖运长招募乡勇五十人”④，供应口粮，协助陆兵与水师官兵共同对抗侵犯的乌石二、海田久等人。从数次击退海寇的记载上来看，乡勇的存在确实缓解了守军数量不足导致的压力，对小股海盗来说还是比较有威慑力的，譬如张锦文、黄玉荣等乡勇的存在，就使得铜鼓面对海盗时有一战之力，甚至数次击败来犯海盗，使得在数年内都没有海盗侵扰的记录。又如《儋县志》中记载嘉庆十一年（1806）琼山县知县言尚炜练民团之事：“时值海寇乌石二，

---

① 《清高宗乾隆实录》，北京：中华书局，1986 年，第 517 页。

② 《清宣宗道光实录》，北京：中华书局，1986 年，第 505 页。

③ （清）明谊修，张岳崧纂：（道光）《琼州府志》，海口：海南出版社，2006 年，第 838 页。

④ （清）张霈等监修，林燕典纂辑：（咸丰）《文昌县志》，海口：海南出版社，2004 年，第 288 页。

猖獗掠滨海居民。尚炜教民团，练乡勇，守望防护。制鸟枪数十杆，召绅士领之，事平缴官。遂得有备无患，民称颂之。”[①]

3. 招剿并用的治盗政策

嘉庆年间旗帮海盗的平定，离不开清政府所采用的招剿并用政策。在清中期历任的两广总督中，最为突出的是那彦成和百龄。这两人都施行了招剿并用的政策，但两者有所区别。那彦成是在清军难以战胜海盗的情况下以重金招抚，海盗并无畏惧，也无性命之忧，甚至将受招抚作为谋利的渠道之一，譬如穆黛安在《华南海盗：1790—1810》中就提到安置好的海盗再次逃跑的情况。[②] 而百龄招抚张保仔时，已经在对海盗的作战中取得了较大的优势，在嘉庆十四年（1809）二月，“围贼香山属万山，生擒二百余人”，十月“困张保于新安赤沥角大屿山，毙贼三百余人”[③]，张保仔等归降，其本质原因是难以对抗清军，为保存性命而为之。百龄在此基础上进行的招抚，与那彦成以重金、官爵利诱海盗归降的招抚政策本质上就有所不同，最终也得到了完全不一样的结果。

“那彦成以兵不足用，乃招抚盗首黄正嵩、李崇玉，先后降者五千余人，奖以千总外委衔及银币有差。”[④] 那彦成花费了大量的金钱招抚海盗，海盗归降的数量也不少，但效果欠佳，海警依旧频发，海盗劫掠并未减少。而此前那彦成上奏将捐监银两作为军费，解决“粤东缉捕洋盗经费不敷”[⑤] 的问题，如今却花重金抚盗，难免招致多方面的不满。在孙玉庭的弹劾下，那彦成最终被革职。其后继任的几位总督也并未有所突破，直到嘉庆十四年（1809）百龄到任，清中期的海盗问题才最终得以解决。

兵科给事中陈昌齐曾经提出应断绝海盗物资来源，“于各埠头访拿济匪粮物，于各市镇严缉代匪销赃，以绝水陆勾连之路”[⑥]。百龄对此十分赞同，他到任后，“始以封港之策断贼粮食。会郭婆带、张保相仇杀，制军剿抚并用”，封锁港口，坚壁清野，断绝海盗的物资来源，其次抓住了黑旗帮郭婆带与红旗帮

---

① （民国）彭元藻、曾友文修，王国宪总纂修：（民国）《儋县志》，海口：海南出版社，2003 年，第 1037 页。

② ［美］穆黛安著，刘平译：《华南海盗：1790—1810》，北京：中国社会科学出版社，1997 年，第 121 页。

③ （清）聂缉庆、张延主修，桂文炽、汪瑔纂修：（光绪）《临高县志》，海口：海南出版社，2004 年，第 401 页。

④ （民国）赵尔巽等：《清史稿》，第 38 册，卷三百六十七，列传第一百五十四，北京：中华书局，1977 年，第 11460 页。

⑤ （清）卢坤、邓廷桢主编，王宏斌等点校：《广东海防汇览》，石家庄：河北人民出版社，2009 年，第 334 页。

⑥ （清）明谊修，张岳崧纂：（道光）《琼州府志》，海口：海南出版社，2006 年，第 838 页。

张保仔相互仇杀的机会，派人进行招降，“嘉庆十四年十二月，郭婆带同张日高、冯用发、郭就喜等在归善县平海降，自此黑旗遂靖”①。嘉庆十五年（1810），百龄遣人招抚，许以不死，张保仔也随之投诚。张保仔的加入，成了剿杀蓝旗帮海盗重要的一步棋。百龄以张保仔为突破点，利用他诱捕了乌石二，史载：“张保仔用计诱乌石二入雷之双溪港。提督、总兵各以大兵扼其后，以乡勇拒于前，生擒乌石二等数千人”②，平定了蓝旗帮海盗。之后逐个击破，“及是海氛遂靖”③，“海南人被贼掳者，俱放回家”④，在之后的二十余年，海南地方志书上便几乎没有海寇袭扰的记载。而张保仔改名张保，后来官至福建闽安协副将，为清政府驻守澎湖列岛。

4. 连界巡防体系的完善

继海口水师与崖州水师的相继设立，并确定了比较有限的巡防范围后，乾隆三十三年（1768），清政府在此基础上继续构建海南岛本岛的连界巡防体系。

首先，崖州水师的巡防范围有所增加，原先属于儋州营以及万州营的一部分洋面也划归到崖州水师的管辖中，“将儋州营自新英港南炮台起，下至昌化县马岭塘交界一带洋面，万州营自东澳港起，下至崖州赤岭港交界一带洋面，均拨归崖州营游巡”⑤。这样一来，崖州水师在此时基本上负责了海南岛自儋州新英港南炮台起至万州东澳港的洋面防卫，差不多是海南岛南部半个岛屿沿岸的洋面。海口水师所辖洋面与崖州水师相接，管辖范围为自新英炮台以北至万州东澳港一带的洋面，基本覆盖了海南岛北部半个岛屿沿岸的洋面，此时海南岛本岛连界巡防体系已经基本成型。

其次，在道光十二年（1832），海口水师与崖州水师之间有一次对调，起因是总督李鸿宾镇压了儋州与崖州的黎族起义后，认为崖州营所设置的参将级别太低，不足以弹压当地的黎族起义，便上奏请求把从二品的海口协副将与正三品的崖州营参将进行对换。因此，海口协水师副将驻扎到崖州，为崖州协水陆副将，管理崖州的水陆两营，崖州营此时改为崖州协营。原先崖州营设置的守备职责没有变化，仍然管理水师事务，并且与崖州协水陆副将相互轮替巡洋。

---

① （清）聂缉庆、张延主修，桂文炽、汪瑔纂修：（光绪）《临高县志》，海口：海南出版社，2004年，第401页。

② （清）张霈等监修，林燕典纂辑：（咸丰）《文昌县志》，海口：海南出版社，2004年，第289页。

③ （清）聂缉庆、张延主修，桂文炽、汪瑔纂修：（光绪）《临高县志》，海口：海南出版社，2004年，第401页。

④ （清）龙朝诩主修，陈所能纂修：（光绪）《澄迈县志》，海口：海南出版社，2004年，第259页。

⑤ （清）明谊修，张岳崧纂：（道光）《琼州府志》，海口：海南出版社，2006年，第772页。

但是海口协标水师都司变成崖州协中军都司，负责防御陆路，不再管理水师。此时崖州协营水师有“千总一员，把总二员，外委三员，额外四员，共官十二员；守步兵二百五十八名，大小师船四号”①，实际派出巡洋兵一百四十六名。

海南岛本岛连界巡防体系的最终完善是在儋州水师建立后。儋州水师直到道光十六年（1836）才设立，随后将其管辖的洋面从海口水师与崖州水师分管的洋面中细分，有效衔接起两营水师的军事部署。儋州营原先并没有水师，因此儋州洋面以新英炮台为划分点，以南归崖州水师巡查，以北归海口水师巡查，但这样一来崖州水师所管辖的洋面范围实在是过于广阔，崖州水师巡洋兵数量远远少于海口水师，但巡洋范围超过了海口水师，巡洋力度与效果实在难以令人满意。护道张堉春与总兵陈步云、谢德彰等人在道光十四年（1834）巡海经过儋州时，就对儋州防务提出了担忧：“崖州舟师单弱，且隔四更沙，险阻难越，不能兼顾。海口营相距亦远。又昌化县属有海头港，地方帆樯辐辏，奸宄易藏，最关扼要，向无汛守。”② 因此，张堉春奏请添设儋州水师营，专门负责海南岛西面防御。道光十六年（1836），儋州水师营就以新英港南北二炮台以及博顿汛、英潮二汛原有的陆路守军为基础，改组水师营，指挥官为儋州营游击守备。同时“于通省各水师营内抽出守步兵一百二十名，海安、海口、龙门左右四营各抽出捞缯船一只”③，补充儋州营缺少的人员与船只，并且调来阳江镇标一员千总专门管理儋州水师事务，把博顿汛守军移驻到形势复杂的海头港。至此，儋州营所负责昌化县四更沙到临高迸马角止五百余里的洋面，海口、崖州、儋州三地水师所负责洋面划分清晰，临高迸马角止为海口水师与儋州水师的分界，昌化县四更沙为儋州水师与崖州水师的分界，万州东澳港为海口水师与崖州水师的分界，三营所属洋面区域连成围绕海南全岛沿岸的洋面，构成海南岛“三点成面”的海防格局，形成了一个较为完备的海防分管体系，此时本岛连界巡防体系完全形成。

最后，两水师营船只变动方面，乾隆十八年（1753），从海口左右两营拨给儋州营与万州营两只快哨船。嘉庆时期，为了能够更加灵活地进行追捕，水师的船只逐渐往灵活、小巧、迅捷方向靠拢。原有的船只过于笨重，“酌留三十五只，其余四十七只仿照民船、米艇式样，将缯船改为大号米艇，艍船改为中号米艇”④。据道光《琼州府志》记载，崖州协原额定有拖风船、哨船各三艘，嘉庆四年（1799）经奏准即“以米艇拨抵，裁哨船二只，十一年，裁拖风船二只，

① （清）明谊修，张岳崧纂：（道光）《琼州府志》，海口：海南出版社，2006年，第773页。
② （清）明谊修，张岳崧纂：（道光）《琼州府志》，海口：海南出版社，2006年，第773页。
③ （清）明谊修，张岳崧纂：（道光）《琼州府志》，海口：海南出版社，2006年，第772页。
④ （清）明谊修，张岳崧纂：（道光）《琼州府志》，海口：海南出版社，2006年，第758页。

哨船一只”；海口营原有额定的捞缯船二只、艍船四只、拖风船六只，嘉庆四年（1799）和十一年（1806）各裁缯船一艘，嘉庆十一年裁艍船三只，嘉庆十五年（1810）再次“裁拖风船六只，均以米艇、捞缯船拨抵”①。即在嘉庆十五年，海口营原额定的赶缯船、艍船、拖风船均裁替为更灵活机动的米艇、捞缯船，有效提升了战斗力。

乾隆三十年（1765）后随着海氛的平静，朝廷对水师营进行了一系列的裁撤。琼州水师左右营“副将改为参将，裁步战粮十名，左营都司改为守备，裁步战粮二名。三十五年，汰减舵船二只，裁步战兵一十三名、守兵四十三名”②。崖州营方面，“汰减拖风船一只，裁步战守兵二十五名”③。乾隆三十二年（1767），儋州营与万州营在乾隆十六年（1751）得到的两只快桨船被裁去。

综上，清中期海南岛的主要海防对象是旗帮海上武装集团中以乌石二为首的蓝旗帮。为了防御乌石二等人对海南岛的袭击，清政府与海南本土官员、民众做出了诸多努力。通过跨国、跨区域的联合缉捕，加强各州县村庄的团练防守，辅以招剿并用的灵活政策，解决了清中期的巨大海上威胁，并进一步完善了本岛巡防区域的划分以及军事部署。

四、清后期海南岛的海防建设

（一）内忧外患的双重危机

1. 巡洋废弛下本土海上武装集团的肆虐

清后期，海盗的威胁并未消失，甚至更甚以往。尤其在两次鸦片战争期间，清军的内外巡洋基本陷入停滞，海盗行动无所顾忌，来去无忧，掀起了又一轮劫掠高潮，而海南岛各地驻守官兵训练、装备废弛，战斗力低下，实力远逊海盗，消极畏战，对海盗有畏惧心理，明哲保身的态度更是让海南岛可作战的军事力量大打折扣。《清宣宗实录》中就明确指出道光年间“沿海水师不能得力”，上下官兵对于自身的升迁的关注远远胜于海防事宜，在平日里训练废弛，但凡

① （清）明谊修，张岳崧纂：（道光）《琼州府志》，海口：海南出版社，2006 年，第 761 页。

② （清）萧应植修，陈景埙纂：（乾隆）《琼州府志》，海口：海南出版社，2004 年，第 403 页。

③ （清）萧应植修，陈景埙纂：（乾隆）《琼州府志》，海口：海南出版社，2004 年，第 404 页。

海上有警，则是消极怠惰，“临事率多避就”①。而这种情况，广泛存在于广东水师上上下下各个层面中。例如道光年间身为广东水师提督的吴建勋，平日里养尊处优，在轮到他出洋巡缉时多次托故不执行职责，即便出行巡洋，也“畏避风潮，逗留近岛，讳匿盗案”，甚至在面对洋盗时，并不及时进行追剿，而是“迁延观望”②，能拖则拖，观望不前，以求避战，消极对待。道光二十三年（1843），他也因此受到操办防务不力的指责，被降为副将。上级官员如此行径，下级官兵便也上行下效，道光三十年（1850），海盗登岸，海口的多处钱铺遇劫，“官兵知之不追”③，让海盗大摇大摆地离开，御史王本棓对此斥责“水师废弛已极”④。同治十年（1871），海盗甚至公然挑衅，洗劫海口参将署门前的当铺，而营兵不但未出动救援，反而畏惧不已，四散逃匿，⑤ 这等做派，又如何能震慑盗匪，保卫海疆？水师虽设，却形如透明。

在巡海方面，巡哨制度自然也难以维持下去。魏源就指出，类似吴建勋这种在近海小岛逗留使巡哨任务大打折扣的行为在沿海水师中广泛存在，“虽有出巡会哨之文，皆潜泊于近岙内岛无人之地，别遣小舟，携公文往邻界交易而还。其实两省哨船，相去数百里，从未谋面也”⑥。巡哨的公文必须由两界官兵碰面进行交接，而这种“省事”的方法得以流行，必然是得到了两方领巡人以及官兵的认同，将之视为寻常。如此一来，巡哨制度就沦为欺瞒上级必须完成的一个任务而已，于海防而言，已无实质性作用。

军事力量的不足，还体现在海南岛官兵的武器装备上。同治、光绪年间新式武器在民间的流传，加重了官兵的劣势。张之洞就指出“粤省盗匪无一案非纠伙，无一盗不持械”，这些盗匪不但武器拥有率高，而且战斗力惊人，尤其是广东艇盗，“驾船列炮，大伙横行，劫杀拒捕，是广东艇匪一项，较之北省马贼骑止一人、人止一枪尤为凶悍，实为土匪之尤”⑦。比起海盗们的坚船利炮，水

---

① （清）清朝官修：《清宣宗实录》卷三百九十九，道光二十三年十一月乙亥日条，第1140页。

② （清）清朝官修：《清宣宗实录》卷三百九十九，道光二十三年十一月乙亥日条，第1140页。

③ 朱为潮、徐淦等主编，李熙、王国宪总纂：（民国）《琼山县志》卷十一，海防志·海寇，海口：海南出版社，2004年，第525页。

④ （清）刘锦藻：《清朝续文献通考》卷二百二十四，兵考，杭州：浙江古籍出版社，2000年，第9708页。

⑤ 朱为潮、徐淦等主编，李熙、王国宪总纂：（民国）《琼山县志》卷十一，海防志·海寇，海口：海南出版社，2004年，第525页。

⑥ （清）魏源：《圣武记·军政篇》，台北：文海出版社，1967年，第391页。

⑦ （清）朱寿朋编，张静庐等校点：《光绪朝东华录》，北京：中华书局1958年，第2065页。

师有时甚至连赖以缉盗的兵船都难以保证，同治年间任两广总督的毛鸿宾描述当时水师情况时，亦指出“各营师船多因年久破坏失修，遇有出洋捕盗，皆须添雇海船充用”①。由上可知随着巡洋制度的废弛，“海盗玩视水师”②，海上武装的劫掠更加肆无忌惮。1840 年至 1911 年本土海盗袭击海南岛的记载不绝于方志当中，现将其列为表 5：

表 5　清道光年间海南岛遇海盗袭击情况统计表

袭击者	袭击时间	袭击地点	袭击情况	资料来源
梁亚球	道光二十二年（1842）四月	崖州三亚港	贼入村，劫掠一空	（清）钟元棣创修，张嶲等纂修：（光绪）《崖州志》，海口：海南出版社，2006 年，第 314 页
梁亚球	道光二十三年（1843）	感恩县	攻入县城连抢三日	周文海重修，卢宗棠、唐之莹纂修：（民国）《感恩县志》卷十二，海防志·海寇，海口：海南出版社，2004 年，第 263 页
张十五	道光二十八年（1848）四月初六	文昌清澜东岸	肆掠清澜东岸	（清）张霈等监修，林燕典纂辑：（咸丰）《文昌县志》，海口：海南出版社，2004 年，第 289 页
张十五	道光二十八年（1848）四月初七	文昌东郊市	潜往东郊市，为乡民所识别，打死四人，生擒三人	

① （清）毛鸿宾：《派员巡缉洋盗片》，参见毛承霖编：《毛尚书奏稿》，台北：文海出版社，1972 年，第 3307 页。

② 朱为潮、徐淦等主编，李熙、王国宪总纂：（民国）《琼山县志》卷十一，海防志·海寇，海口：海南出版社，2004 年，第 525 页。

（续上表）

袭击者	袭击时间	袭击地点	袭击情况	资料来源
张十五	道光二十八年（1848）四月初八	文昌港头、调炳等村	掳郑宏宝等一十四人	（清）张霈等监修，林燕典纂辑：（咸丰）《文昌县志》，海口：海南出版社，2004年，第290页
张十五、杨头	道光二十九年（1849）闰四月初四	文昌铺前	劫大炮十二位	
张十五、杨头	道光二十九年（1849）闰四月初十	海口所城	寇海口	
张十五、杨头	道光二十九年（1849）五月十一日至六月十九日	文昌铺前、新埠、后港一带	复犯铺前，毁巡检司署，杀村民一、市民一，商船皆被劫。有十余贼登岸，屡扰迈犊等村	
张十五、杨头	道光二十九年（1849）六月	文昌清澜东岸	掠港头等村，焚民房数所	
未知	道光三十年（1850）三月二十七日夜	海口城	劫海口钱铺数处	朱为潮、徐淦等主编，李熙、王国宪总纂：（民国）《琼山县志》，海口：海南出版社，2004年，第525页
王那龙、王那表	同治初年（1861）	澄迈马袅港	纠党猖狂	（清）龙朝诩主修，陈所能纂修：（光绪）《澄迈县志》，海口：海南出版社，2004年，第259页
未知	同治四年（1865）七月	崖州三亚港、三亚市	勒索赀粮，夺商船而去	（清）钟元棣创修，张嶲等纂修：（光绪）《崖州志》，海口：海南出版社，2006年，第314页

（续上表）

袭击者	袭击时间	袭击地点	袭击情况	资料来源
未知	同治十年（1871）	文昌清澜港、东郊墟	劫东郊墟联昌、入炮台，夺器械，斩汛官十余刀而毙，并伤勇丁一名	李钟岳等监修，林带英等纂修：（民国）《文昌县志》，海口：海南出版社，2003 年，第 292 – 293 页
卢大光	同治十一年（1872）	临高博顿港	劫抢博顿港口，疍民受害无算	（清）聂缉庆、张延主修，桂文炽、汪瑔纂修：（光绪）《临高县志》，海口：海南出版社，2004 年，第 403 页
未知	同治十二年（1873）	文昌清澜	劫新造在坞之船、燃枪击伤数人	李钟岳等监修，林带英等纂修：（民国）《文昌县志》，海口：海南出版社，2003 年，第 293 页
未知	光绪元年（1875）	海口城	劫牛路头当户	朱为潮、徐淦等主编，李熙、王国宪总纂：（民国）《琼山县志》，海口：海南出版社，2004 年，第 525 页
陈五卿、王大帼	光绪十三年（1887）	儋州、临高一带海面	在儋、临一带海面抢劫，为害已久	（清）聂缉庆、张延主修，桂文炽、汪瑔纂修：（光绪）《临高县志》，海口：海南出版社，2004 年，第 403 页
林凤山、篆发棣、秦焕朝、雷文贵	光绪十九年（1893）	临高马袅港	聚党凶狠，人民恐惧	（清）龙朝翊主修，陈所能纂修：（光绪）《澄迈县志》，海口：海南出版社，2004 年，第 259 页
吴川、临高会匪	光绪二十年（1894）	崖州三亚港、佛罗市	勾结土匪，劫商船，掠村市，掳人索财	（清）钟元棣创修，张嶲等纂修：（光绪）《崖州志》，海口：海南出版社，2006 年，第 316 页

（续上表）

袭击者	袭击时间	袭击地点	袭击情况	资料来源
未知	光绪二十二年（1896）七月初七夜	感恩县	突入县署，抢劫知县卢芳林，财物皆空	周文海重修，卢宗棠、唐之莹纂修：（民国）《感恩县志》卷十二《海防志·海寇》，海口：海南出版社，2004年，第264页
未知	光绪二十三年（1897）十月初九	昌化县四更洋面	炮斗三时之久，被戕七十余人	（清）李有益：（光绪）《昌化县志》卷五《经政志·海寇》，海口：海南出版社，2004年，第211页
未知	光绪二十四年（1898）十月	崖州黄流市	劫黄流市店一十八间	（清）钟元棣创修，张嶲等纂修：（光绪）《崖州志》，海口：海南出版社，2006年，第316页
未知	光绪二十五年（1899）	崖州	拿得贼首陈仁等三名，就地正法。余党远窜。棣去任，窜者复聚，勾引抱扛贼黎，肆行抢劫	
未知	光绪二十六年（1900）秋月	琼山县沿海、道郡村	沿海贼船游弋，劫掠滨海村落道郡吴家，大肆抢劫一空，并劫人勒索	朱为潮、徐淦等主编，李熙、王国宪总纂：（民国）《琼山县志》，海口：海南出版社，2004年，第525页
未知	光绪二十六年（1900）	文昌抱陵港	海寇入抱陵港，奸民云崇耀导入各村，掳人勒赎	李钟岳等监修，林带英等纂修：（民国）《文昌县志》，海口：海南出版社，2003年，第293页

（续上表）

袭击者	袭击时间	袭击地点	袭击情况	资料来源
未知	光绪二十六年（1900）	感恩县	击毙县勇二人，直入署劫掠知县徐政财物	周文海重修，卢宗棠、唐之莹纂修：（民国）《感恩县志》卷十二《海防志·海寇》，海口：海南出版社，2004 年，第 264 页
林凤山、谢贵珍	光绪二十八年（1902）	澄迈县	结党惊众	（清）龙朝翊主修，陈所能纂修：（光绪）《澄迈县志》，海口：海南出版社，2004 年，第 259 页
未知	光绪二十九年（1903）七月初二夜	澄迈县大场村	劫大场村廪生王乃昌、侄居恭二人	（清）龙朝翊主修，陈所能纂修：（光绪）《澄迈县志》，海口：海南出版社，2004 年，第 260 页
未知	光绪三十一年（1905）	澄迈拨南厂	海寇劫拨南厂，离老城十二里，贼匪集众劫去童男女五人	
未知	光绪三十三年（1907）	澄迈冯家港	贼艘数只泊冯家港，焚掠墟村	李钟岳等监修，林带英等纂修：（民国）《文昌县志》，海口：海南出版社，2003 年，第 293 页
未知	光绪三十四年（1908）	文昌抱陵港	贼舰入抱陵港，图劫文教市	

从上表所统计的 31 条记录来看，清末海南岛受到海盗袭击的状况并未有所改善，虽然在规模上与前中期相比不算大，但在袭击频次上有过之而无不及，会匪成了海上武装新的合作对象。如《清实录》记载：咸丰四年（1854）“广东琼州附属琼山、文昌、会同三县，有无赖游手纠集多人，名为老洪会，籍端讹索，肆行劫掠”，并且“会匪勾引洋盗，其患更不可胜言”①。会匪与海盗勾结，发展到光绪年间，这两者的身份已经纠合在一起，张之洞就直言：“目前粤

① （清）清朝官修：《清实录·文宗咸丰实录》卷一三四，咸丰四年六月辛卯条，北京：中华书局，1986 年影印本。

省土匪、会匪、游勇、盐枭、斗匪、洋盗七种合而为一。”[①] 正如表中来自临高、吴川的会匪占据了崖州的三亚港抢劫商船一艘，两者的区别已经不大了。这种海盗猖獗的状况也从侧面反映了晚清时期水师的怠惰无能，积弊已相当严重。除前文坐视海盗劫掠不敢营救的案例，甚至还屡次出现海盗直接攻入县城衙署抢劫地方官的事件。

2. 觊觎海南的西方列强

除了海盗的威胁之外，晚清时期海南岛还面临着西方列强的垂涎窥伺。鸦片战争（1840）之后，西方列强逐渐注意到海南岛这一南洋贸易的中心。当时英、法等国在东南亚大肆开发殖民地，南洋劳动力紧缺，英、法等通过种种手段，或招募、或诱骗、或拐卖，在海南获得大量开发所需的劳动力，据载，“从1876年至1898年的23年间，仅通过客运出洋的琼侨人数就达24.47万人左右”[②]，这些出洋的琼侨大部分都是青壮年劳动力，主要前往越南、泰国、马来西亚等地。尝到甜头的西方列强闻风而至，无一不想分一杯羹，都要求清政府在琼州开放通商口岸，企图将势力伸进海南岛。同治十年（1871），英国“请开琼州商埠”[③]，同年十二月，“俄人请援各国例通商琼州”[④]；“法、俄、美、布各国咸以为请，允仍开琼州。”[⑤] 尤其是占领越南之后的法国，在距离上咫尺可至，更是毫不掩饰这一意图。兵部侍郎曾纪泽明确点明：“近日琼州情形较之台湾尤为吃重，法人既据全越，即不能忘情于琼州，在我宜增琼州之守备，以杜法人之觊觎。”[⑥] 当时多家报刊都相继发文报道法国欲图海南之心，如《京外近事：法国图占海南》[⑦]《法国谋取琼州》[⑧]《亚洲近事：海南近状》[⑨] 等。在光绪十五年（1889），法国兵船更是肆无忌惮地“驶进琼州所属崖州东百里之榆林港测探

---

① （清）朱寿朋编，张静庐等校点：《光绪朝东华录》，北京：中华书局，1958年，第2065页。

② 文昌市地方志编纂委员会：《文昌县志》，北京：方志出版社，2000年，第491页。

③ （民国）赵尔巽等：《清史稿》第16册，卷一百五十四，志第一百二十九，邦交二，北京：中华书局，1977年，第4528页。

④ （民国）赵尔巽等：《清史稿》第16册，卷一百五十四，志第一百二十九，邦交二，北京：中华书局，1977年，第4493页。

⑤ （民国）赵尔巽等：《清史稿》第16册，卷一百五十四，志第一百二十九，邦交二，北京：中华书局，1977年，第4528页。

⑥ 周伟民、唐玲玲：《张之洞经略琼崖史料汇编》，海口：海南出版社，2015年，第17页。

⑦ 《京外近事：法国图占海南》，《知新报》1898年第45期，第15页。

⑧ 《法国谋取琼州》，《中国白话报》1903年第4期，第44－45页。

⑨ 《亚洲近事：海南近状》，《知新报》1898年第57期，第9－10页。

水道，上岸钉桩插标”[①]，其觊觎之心昭然若揭。光绪二十三年（1897），法国外务大臣伊穆哈多甚至明确让驻北京公使伊穆哲拉向总理衙门提出“要求琼州不割让租借于他国”[②]，生怕自己在海南的利益有所亏损。光绪二十四年（1898）出版的《知新报》报道，虽多家法文报刊声称海南岛已被法国据扼，但《泰晤士报》指出法国不过是虚张声势：“法国各炮舰尚按泊海口，屹不敢动”，而英国炮舰也伺机而动，与法舰相互对峙，“二国战舰相距不远，戒备愈至”[③]，但皆对海口虎视眈眈。李开侁对清末民初这一时期海南岛的海防形势总结为：“昔之以偏僻见遗者，今乃为吾国险要之地矣，昔之以硗确为疑者，今乃为吾国富饶之区矣。……今者时愈迫矣，势愈急矣。我犹遗忘放弃，人已隐然觊觎之，我犹瞻顾迟疑，人将悍然攘夺之，此正我南洋门户一发千钧之时。”[④] 另据肖玮的研究，法国冒险家马杜勒受当时法属印度支那联邦总督保罗·杜梅以及驻穗领事于雅乐所托，对海南岛沿海地区进行了极为详尽的考察勘测，服务于法国在中国的殖民扩张。[⑤]

（二）清后期内外双重压力下海防体系的转型

1. 张之洞对海南岛海防的认识

鸦片战争之后，海防形势发生了巨大变化，清后期的海防思想与政策也在这种巨大冲击之下有所转变。以林则徐、魏源为代表，诸多官员都提出学习西方技术，建立现代海军，购买新式武器等，虽然此时其思想内核仍然在于“以陆制海”，但已经意识到中国与西方列强在技术上的差距，提出向西方学习，购买武器装备的观点。

洋务运动时期，希里哈的《防海新论》影响了当时一大批清朝官员，李鸿章便是其一，但他仍重在口岸防御。李鸿章在组建北洋海军的同时，也提出要

① （民国）赵尔巽等：《清史稿》第16册，卷一百五十五，志第一百三，邦交三，北京：中华书局，1977年，第4570页。

② （民国）赵尔巽等：《清史稿》第16册，卷一百五十五，志第一百三，邦交三，北京：中华书局，1977年，第4572页。

③ 《亚洲近事：海南近状》，《知新报》1898年第57期，第9页。

④ 李开侁：《琼游笔记》序，参见张新吉编：《近现代琼崖旅行记四种》，海口：海南出版社，2015年，第27－28页。

⑤ 肖玮：《甲午战后海南岛未沦为法国租借地背后的英法博弈》，《海南师范大学学报（社会科学版）》2017年第2期，第87－96页。

重视海防人才的培养，“以求洋人擅长之技术，而为中国自强之图”①，学习西方的海军知识，培养军事人才。之后的张之洞、刘铭传等人，所持思想与李鸿章也极为相近。甲午战争之后，马汉的海权思想逐步传入中国，严复指出清政府在与列强交涉中屡次失败的原因就是对海权的漠视。

受到新兴海防思想影响的官员，一边上奏阐述着自己的观点，一边着手进行实践，这也带来了海防政策上的一系列转变。在海南岛，张之洞就将其海防思想在现实中进行了实践。

海南岛海防体系近代化的转变，开始于张之洞督粤时期，这一时期，又适逢法国侵占越南以及中法战争，海南岛的战略地位急剧上升。为了防备法国入侵海南岛，张之洞在这一时期对海南岛的地形测绘、通信、兵员训练以及海防设施的建设都进行了大刀阔斧的改革。

张之洞督粤伊始，就对海南岛的军事地位有着极其深刻的认识：“窃照琼州一岛，为海疆第一要冲，孤峙大洋，逼近越境”②，他同时指出西方列强都艳羡英国在得到香港之后商贸与停泊修造兵轮的便利，“于中华洋面诸岛莫不欲探得善地”，而海南岛条件优良，“非惟一国之觊觎，实为列邦所属目”③，一旦海南岛被他国占领，没了海南岛作为防御屏障，两广地区的海防将极为困难，“雷、廉二州一帆可渡，海防将无驰备之日”④，他还指出海口的贸易可以用来收税，昌化县还有大量的铜矿，如果被法国军舰在海面上隔绝了与大陆的联系，那海南岛上守军就是坐以待毙。正是在这样的忧惕下，张之洞对海南岛的防卫建设极为上心。

张之洞认为，对海南岛进行布防之前，必须对海南岛各个海口及周围的地理环境掌握透彻。在光绪十年（1884），他要求对各个海口地形进行测绘，并且详细标注营寨驻扎处、兵勇人数、炮台数量等，从《札委各员测绘海口图说》中所提出的详细要求便可见其谨慎与用心：

钦遵叠奉谕旨，勘明海口几处？各口门宽狭、曲直深浅，内外暗礁明岛、口外沙滩若干里？何口为极冲？何口为次冲？何口为又次冲？何处可屯师船？何处可创立船坞？何处可造电房？何处埋伏水雷、鱼雷？或渔舟

① （清）李鸿章：《李鸿章全集·奏稿》卷三十，长春：时代文艺出版社，1998年，第1260页。

② 周伟民、唐玲玲：《张之洞经略琼崖史料汇编》，海口：海南出版社，2015年，第36页。

③ 周伟民、唐玲玲：《张之洞经略琼崖史料汇编》，海口：海南出版社，2015年，第45页。

④ 周伟民、唐玲玲：《张之洞经略琼崖史料汇编》，海口：海南出版社，2015年，第62页。

> 蛋户可资引水，或暗沙丛岛无庸置防，及海口现有各炮台，或旧式或洋式，工程用石、用沙、用土及离海、离江若干步尺？或江心或海滨船行之际，距台若干远？每台建兵房几间？应用炮兵几队？台旁台后余地，能扎步队几营？现扎兵勇几营？安炮位大小几尊？炮台应否添建？由海口入内之河，宽窄深浅，可抵何处？均须详载图说，以期形势了然。①

在下令测绘地形之后，光绪十三年（1887），张之洞还亲自带着测绘人员巡视海口，“由虎门放洋，先巡琼州海口”②，接着到达北海、钦州、汕头，实地考察各个海口的周边地势，思考如何加强防御，同时探查风土人情，对当地兵吏进行视察考核。最终绘制了琼防图，铺前、青蓝港、儋州海口、崖州海口均有收录，详细程度可谓此前罕有。

另外，张之洞考虑到与法国战事一起，原先的文报、急递信息传播的速度远远不能满足需要，“琼郡则音信阻绝”，海南尤其需要担心。为了解决通信问题，“唯有赶造电线，以捷军报”③。海南岛电报的电线，由两广原有的电线进行展接，从廉州出发向东经过遂溪、海康、徐闻、海安所然后入海闯过琼州海峡，在海口西天尾村上岸向东到达琼州府城以及海口所，“中间海、港、溪、河分设水线数处，计水陆线路共五百一十六里，海线四十七里有奇”④。电报架设之后，大大方便了张之洞对于岛上各地海防设施建设的指挥，尤其在冯子材深入黎区作战时，大大提升了对战事的汇报效率。随后在张之洞的推动下，海南岛的海防体系不断加强，并向近代化转变。

2. 海南岛海防体系的近代化转变

（1）光绪年间军队整顿以及裁撤。

为改变绿营松散疲弱的状况，“化虚糜而为实用”⑤，张之洞在海南岛原有的守军内进行挑选、编练，形成更为精锐的守卫力量。“陆军旧额四千九百余人，按七底营抽练，共编练一千七百五十人”⑥，水师单独一营，水陆军每一营有二百五十人，共计二千人。这些被编练的士兵，称为练军。崖州、儋州两地的水师，也配拨拖船，琼、崖、儋三地各得两艘。这些练兵的兵饷为每月纹银三两，

---

① 周伟民、唐玲玲：《张之洞经略琼崖史料汇编》，海口：海南出版社，2015 年，第63 页。
② 周伟民、唐玲玲：《张之洞经略琼崖史料汇编》，海口：海南出版社，2015 年，第40 页。
③ 周伟民、唐玲玲：《张之洞经略琼崖史料汇编》，海口：海南出版社，2015 年，第 1 页。
④ 周伟民、唐玲玲：《张之洞经略琼崖史料汇编》，海口：海南出版社，2015 年，第 3 页。
⑤ 周伟民、唐玲玲：《张之洞经略琼崖史料汇编》，海口：海南出版社，2015 年，第 37 页。
⑥ （民国）赵尔巽等：《清史稿》第 14 册，卷一百三十八，志第一百一十三，兵九，北京：中华书局，1977 年，第 4117－4118 页。

并且练兵的组成有严格的户籍限制，限定在广东省的范畴内，“不准以外省外府之人补充”①，并且以直隶练军规章制度作为模版，进行训练、管理。

但碍于时局，这些精心训练的精锐练兵最终也蹚入裁军泥塘，海南岛的海防建设也随其裁撤而基本崩溃。为减轻庞大兵员所带来的财政负担，光绪二十二年（1896）至光绪三十一年（1905）间，兵员不断被裁撤。光绪二十二年（1896），最初裁军优先从底营开始，尽量保持练军建制的完成，每营裁汰兵员一千一百七十一名，练军数目得以维持。但伴随着裁军规模的逐年扩增，因练兵练饷要比普通制兵多，光绪二十三年（1897），陆军练兵减少了三成，回归底营制兵编制。光绪二十八年（1902），“裁去制兵五百八十五名，仅存水军练兵二百五十名，陆军练兵一千二百二十五名，守兵八百六十八名，共二千三百四十三名”②。光绪三十年（1904），在重压下，陆军练兵编制荡然无存，全部裁撤，改为制兵。光绪三十一年（1905），海南岛的军队裁撤数量达到了七成，所留下来的守军少之又少，最终仅有水军练兵得以保存完整编制，“七营共存大小官弁五十员，水军练兵二百五十名，制兵六百二十八名”③。关于其裁军历程中的兵额变化，列为表6：

表6　光绪时期海南岛兵额变动情况表④

时间	编制			
	制兵	陆军练兵	水军练兵	总额
光绪十三年（1887）	2 099 人	1 750 人	250 人	4 099 人
光绪二十二年（1896）	928 人	1 750 人	250 人	2 928 人
光绪二十三年（1897）	1 453 人	1 225 人	250 人	2 928 人
光绪二十八年（1902）	868 人	1 225 人	250 人	2 343 人
光绪三十年（1904）	2 093 人	0 人	250 人	2 343 人
光绪三十一年（1905）	628 人	0 人	250 人	878 人
裁撤人数合计	1 471 人	1 750 人	0 人	3 221 人

① 朱为潮、徐淦等主编，李熙、王国宪总纂：（民国）《琼山县志》，海口：海南出版社，2004年，第493页。

② 朱为潮、徐淦等主编，李熙、王国宪总纂：（民国）《琼山县志》，海口：海南出版社，2004年，第494页。

③ 朱为潮、徐淦等主编，李熙、王国宪总纂：（民国）《琼山县志》，海口：海南出版社，2004年，第494－495页。

④ 资料来源：朱为潮、徐淦等主编，李熙、王国宪总纂：（民国）《琼山县志》卷十，经政志·兵制，海口：海南出版社，2004年，第494－495页。

由表6可知，从光绪十三年（1887）的4 099人至三十一年（1905）的878人，共裁撤兵额3 221人，其中裁制兵共1 471人，裁陆军练兵共1 750人，最终留存水陆练兵共计250人、制兵628人。这一系列对海南岛上守军的裁撤，对于海南岛的海防建设而言，实属毁灭性的破坏，尤其是光绪三十一年（1905），裁军范围扩大至海南岛上各营大小级别官弁，最终全岛仅有军队官弁50人，更为骇人的是，最终留存下来的兵员878人，其中有363人属琼山县三营，“而地方无土制兵矣”[①]。这便导致了海南岛上的防卫基本无法维持，大部分原守区陷入无将可派、无兵可守的局面。

（2）近代化炮台防御带的修建。

①修炮路，筑堤墙。

张之洞在光绪十三年（1887）亲自考察海南岛沿海的地势时，认为之前的炮台地基建造不当，地基多有塌陷，涨潮时常被淹没，既不利于炮台的维护保养，亦不适宜于防守。因此，张之洞要求东路从东炮台向东到牛始炮台、西路从西炮台开始到西南方的西场地方一带，尽数改建坚实的海堤，“开修炮路，坚筑堤墙”[②]，以便于炮车移动，并作为长枪队站立射击的守卫点，主要用来防御近岸的小轮舢板。堤墙的形制、建造材料也有详细的要求：“堤宽一丈，底宽四尺，内外作坦坡形，紧要处加宽加厚，均用灰沙三合土坚筑。”[③]

②修筑海口多处炮台。

张之洞在海南岛上，为抵御海上来犯之敌，“筑炮台七于海口城西五里秀英山，筑炮台三于十里西场山，筑炮台五于城后大英山”[④]，来避免岛上炮台火力不够、在敌人登陆时“徒受炮而不能击敌”的劣势情况[⑤]。对于几处炮台的选址考虑，列为表7：

① 朱为潮、徐淦等主编，李熙、王国宪总纂：（民国）《琼山县志》，海口：海南出版社，2004年，第494页。

② 周伟民、唐玲玲：《张之洞经略琼崖史料汇编》，海口：海南出版社，2015年，第69页。

③ 周伟民、唐玲玲：《张之洞经略琼崖史料汇编》，海口：海南出版社，2015年，第70页。

④ 周伟民、唐玲玲：《张之洞经略琼崖史料汇编》，海口：海南出版社，2015年，第269页。

⑤ 周伟民、唐玲玲：《张之洞经略琼崖史料汇编》，海口：海南出版社，2015年，第45页。

表 7 张之洞主政时期海口炮台简况①

炮台选址处	所在位置	地理形势	炮位规格	炮台数量
海口秀英山	海口城西五里	地势最好，距敌较近，冈阜高广，可以东西兼顾	配二十四生三十五倍口径长炮	七座
海口西场地	海口城西十里	地亦坚实，其地亦可登岸	配二十四生三十五倍口径长炮	三座
海口大英山	海口城后西南	地势耸出，俯瞰海口令城	配十五生长炮	五座

从以上炮台的选址来看，张之洞充分考虑到了攻防的需要。其中秀英山以及西场地的炮台，接近海岸，有从远处打击洋面敌方船舰之用途。而大英山炮台，则俯瞰海口城，专注于海口埠头的防御，阻止敌方的登岸队伍，“有此巨炮下临，自难立足”②。另外在海口城西的盐灶口，新建了镇琼炮台；城西的德胜炮台处，因为地势较低，沙地疏松，便只做修补，配以“田鸡等炮，以资辅助”③。

最终，海口水师营的分防炮台与墩台情况为：以海口东炮台为首的东路炮台五座，以海口西炮台为首的西路炮台四座；以及得胜沙炮台与秀英炮台。八所墩台，分别为“白沙墩、沙上墩、大林墩、北洋墩、北港墩，盐灶沙上墩、小英墩、白庙墩”④。

③镇琼炮台遗址。

镇琼炮台建于光绪十一年（1885），中法战事之时，为筹备琼防，刘镇楚、王之春奉张之洞之命，紧急修建而成。该炮台“占地面积 592 平方米，分南北两半区，北半区由护垣分隔成五座炮位，明台暗室结构，炮口向北。南端有近 2.60 米长的炮台通道，高 3.15 米”⑤。2019 年 10 月 25 日，笔者到达海口进行实地考察，目前此炮台位于海口市滨海公园东墙附近，在某酒店修建的建筑工地内，被建筑材料所包围，经过保安的指点，笔者才在角落里找到它（图 1）。

---

① 资料来源：（清）张之洞：《建筑琼廉海口炮台折》，参见周伟民、唐玲玲：《张之洞经略琼崖史料汇编》，海口：海南出版社，2015 年，第 45－46 页。

② 周伟民、唐玲玲：《张之洞经略琼崖史料汇编》，海口：海南出版社，2015 年，第 46 页。

③ 周伟民、唐玲玲：《张之洞经略琼崖史料汇编》，海口：海南出版社，2015 年，第 46 页。

④ 朱为潮、徐淦等主编，李熙、王国宪总纂：（民国）《琼山县志》，海口：海南出版社，2004 年，第 495 页。

⑤ 王育龙：《环海南岛明清时期海防设施考古调查报告》，海口：南方出版社，2014 年，第 48 页。

图 1　镇琼炮台遗址（笔者摄）

镇琼炮台其余部分已经难以辨认，只有南部拱门这一圈尚有炮台的模样，其中炮位以及地下部分已经被污水和烂泥填满，周围环境甚至令人难以落脚，大量垃圾丢弃在周边，石匾上仅仅能辨认出横排阴刻的楷体“镇琼炮台”四个大字，年款以及建造人等信息均受到人为损坏，难以辨认。据《海南文化遗存》介绍，镇琼炮台在 1995 年就被列为市级重要文物，镇琼炮台遗迹更是在 2009 年被列为海南省第二批省级文物保护单位①，如今的现况实在令人惋惜。

④秀英炮台遗址。

秀英炮台遗址，现位于海口市龙华区世贸南路，在 2006 年被列为全国重点文物保护单位，目前已修建围墙，作为可供参观的景点（图 2）。秀英炮台由三大两小共五座炮台组成，耗资巨大，“一拱北，二镇东，三定西，为三大炮台，四振武，五振威，为二小炮台。共大炮五尊，购自克虏伯炮厂。其台内穿地藏弹子，全用红毛泥筑成，其坚如铁。所安炮位，有机运动。费银壹拾余万，为海南第一大炮台，对火轮停泊海面最为冲要”②。“振武台”石刻的右手边刻有建设时间与督造人，年款为“大清光绪十七年吉旦”，左手边为“二品衔雷琼兵备道统领琼军朱采督造、署海口营参将府游击总办台工陈良杰”字样。另外，

① 沈志成：《海南文化遗存》，海口：南方出版社，2014 年，第 114 页。

② 朱为潮、徐淦等主修，李熙、王国宪总纂：（民国）《琼山县志》卷二十三，官师志，海口：海南出版社，2004 年，第 535 页。

在营房上还刻有“海南保障”匾，点明了秀英炮台修建之目的（图3、图4）。

图2　秀英炮台景点大门（笔者摄）

图3　振武炮台入口（笔者摄）

图 4 “海南保障”石匾（笔者摄）

时至今日，这五座炮台仅有振武炮台还保留着原先的样式，其余四座炮台皆加盖了水泥建筑，抗日战争期间作为国民党军队的防御工事使用。而张之洞所购的克虏伯大炮早已毁坏，目前炮位内所置大炮为现代海南铸管厂仿制的铁炮（图 5、图 6），炮架与圆壁上的锁链相连，用以避免炮击后炮台因后坐力而大幅度移动。地面凿刻圆形凹槽，圆心中间为支撑转轴，这赋予了火炮更迅速的转向能力。

图 5 保留原有式样的振武炮台（笔者摄）

图6　振威炮台（笔者摄）

从图6我们可以看到民国时期国民党军队在原有炮台基础上加筑的水泥工事，炮台结构保持完好。五个炮台内外结构基本相似，都为明台暗室结构，设有指挥室、藏身洞、弹药孔和送弹孔，同时炮位下炮台所在位置较高，原先是周围区域的制高点，能够直击海面，但20世纪为扩大海南岛的可用陆地面积，进行了填海造陆工程，如今炮台前方为大量现代化的高楼，整个炮台区域也被繁华的街区包围。

直到清朝灭亡，秀英炮台也没有投入过实战，但其作战能力与威力在抗日战争时期得以显现。“日军陆军饭田支队和海军第五舰队共一万多人于1939年2月侵犯海南岛”①，因两方军事力量悬殊，为保存实力，国民党军队暂时撤离了秀英炮台。但是在国民党军队撤离秀英炮台后，原为清代秀英炮台炮长的陈起纲，发动当时居住在村内的留守炮手，使用秀英炮台上的巨炮阻滞了日军的直接登陆。在这一战斗中，秀英炮台的实用性与防守作用都得到了体现。抗日战争结束后，为感谢陈起纲为村民们争取了后撤时间，在其七十大寿时，村民们将一面刻有“泽雨”的匾额敬赠给他。在2019年5月，央视七套《军迷淘天下》也曾做专题节目《寻找炮台老兵勇》，对陈起纲的后人进行了采访。也因为这一段历史，秀英炮台景点现为海南省以及海口市爱国主义教育基地、青少年德育基地，不少中小学每年都组织学生前来感受先辈对防御侵略的拳拳之心。

① 沈志成：《海南文化遗存》，海口：南方出版社，2014年，第118页。

（3）以榆林港为重心的崖州海防建设。

法越战事以来，崖州的海防地位急剧上升，经营榆林军港被提上日程。自法船测水事件后，张之洞就上书陈言榆林港“水深能泊铁舰，并可取水避风”，是海军必争之地，将榆林港建设成为防卫严密的军港很有必要，他根据榆林港两山环抱的葫芦型地势，计划在东面乐道岭和西面的独田岭设置三座炮台，以六尊新式大炮武装，从而达到“敌船若欲进口，中等炮力尽可摧坚”[①]的防御效果。但遗憾的是，虽然当时已经筹集好款项，并且购买了数十尊克虏伯大炮，但这些新式大炮没有真正实装在榆林港上，“后任某君到，言此台此炮无用，尽举以赠北洋”[②]，张之洞的继任者李瀚章并未按照张之洞的计划继续建设榆林港，而是将其订购的克虏伯大炮尽数赠送给了北洋海军，榆林港之建设也随之停滞。

（4）启用轮船协助缉捕。

清后期，轮船的引进为缉捕海盗提供了极大的便利，轮船高速的机动性大大提高了巡逻缉捕的效率。如临高县令聂缉庆，他于光绪十三年（1887）上任后，增加了人力、物力、财力的投入，并且请求拨派轮船协助缉拿，“雇勇备船沿海堵缉，禀请督、抚、宪派拨镇涛轮船协同巡缉”[③]，轮船的火力与移动速度远远强于清军之前使用的船只，缉捕效率更是呈几何倍数提高。在高强度的巡缉之下，付出的努力很快取得了成效，光绪十四年（1888）“八月十七日掳获陈五卿与伙犯人谢得六、周二当、符四文等多名，斩枭示众”[④]，除掉了危害临高已久的海盗陈五卿一伙。另外在光绪二十三年（1897）十月初九，一艘江门的商船在四更洋面遭遇海盗，七十余人被杀，“镇宪随坐火轮，带师船沿海缉捕”[⑤]，很快就在四更洋面活捉了十名海盗。

（5）民间防御的补充——以文昌自建安全社为个案。

为弥补海南岛上官军不足，解决对海盗侵扰鞭长莫及以及难以对抗的问题，不少村县都加大了雇佣乡勇的力度，以求安全。尤其是遭受劫掠频率极高的文昌，邑令袁名洋置若罔闻，在政府官员无动于衷的情况下，当地民众自发联合组建安全社来保障沿海村市居民的人身财产安全，“募集乡勇，备器械，筑土

① 周伟民、唐玲玲：《张之洞经略琼崖史料汇编》，海口：海南出版社，2015年，第50页。

② 周伟民、唐玲玲：《张之洞经略琼崖史料汇编》，海口：海南出版社，2015年，第249页。

③ （清）聂缉庆、张延主修，桂文炽、汪瑔纂修：（光绪）《临高县志》，海口：海南出版社，2004年，第403页。

④ （清）聂缉庆、张延主修，桂文炽、汪瑔纂修：（光绪）《临高县志》，海口：海南出版社，2004年，第403页。

⑤ （清）李有益：（光绪）《昌化县志》卷五，经政志·海寇，海口：海南出版社，2004年，第211页。

坡，日夜巡哨”[①]。安全社还设立了详细的《安全社团练章程》，对安全社的运行做出了二十一条规定，通过对安全社章程的解读，能够管窥当时海南岛各州县民间乡勇防御海盗的情况。

①安全社的建立目的与资金管理。

安全社由“沿海三十里村市”[②] 的居民组成，其防御的重心在于清澜港。该章程末尾记载道：“上章程系道光二十八年四月，海寇滋事，联滨海各乡会议举行，次年，海寇张十五等就抚。”[③] 由此我们可以得知安全社所要防御的头号对象，就是海盗张十五团伙。道光二十八年（1848）四月，正是张十五团伙“驾船三十余只，肆掠清澜港东岸”之时[④]。四月初七，张十五手下在东郊市被识破，四人当场被打死，三人被活捉。为了找回失踪的七名手下，张十五在四月初八日“带百余人上岸搜寻，旁掠港头、调炳等村，掠郑宏宝等一四四人”[⑤]。而也正是郑宏宝假意顺从，假称能够为他们找到之前的七个人，机智脱身报官而官府无作为的情况，促成了安全社的设立。

安全社这一名称的来源，云茂琦在《安全社团练章程》中写道：“一遇寇至，急出堵御，犄角而鹿视之，寝皮而兽视之，各击李崇之鼓，誓春长狄之喉，取其鲸鲵，殄彼枭獍，一唾手间耳……在此社之联络，故名曰‘安全’。”[⑥]“鹿视”“李崇之鼓”的典故指巡逻示警，“长狄”“鲸鲵”“枭獍”等词皆是用来指代海盗，综合来看，其用词都是为了说明安全社维护沿岸村庄安全、抵御海盗的作用。

清澜港距离郡城较远，通报贼情之后，程序周转需要一定时间，官兵基本上难以及时救助，“贼至，报县，县报府、道、镇，辗转数日。兵尚未至，数日

---

① （清）张霈等监修，林燕典纂辑：（咸丰）《文昌县志》，海口：海南出版社，2004 年，第 290 页。

② （清）张霈等监修，林燕典纂辑：（咸丰）《文昌县志》，海口：海南出版社，2004 年，第 300 页。

③ （清）张霈等监修，林燕典纂辑：（咸丰）《文昌县志》，海口：海南出版社，2004 年，第 301 页。

④ （清）张霈等监修，林燕典纂辑：（咸丰）《文昌县志》，海口：海南出版社，2004 年，第 289 页。

⑤ （清）张霈等监修，林燕典纂辑：（咸丰）《文昌县志》，海口：海南出版社，2004 年，第 289 – 290 页。

⑥ （清）张霈等监修，林燕典纂辑：（咸丰）《文昌县志》，海口：海南出版社，2004 年，第 296 页。

中无人抵御，已被蹂躏”[①]。因此在章程的首条，就提出了安全社的建立目的是防御盗贼，“沿海家家不可推御”[②]，各家各户都要参与出力，不能够推卸属于自己的责任。每家每户的出资并不是一个固定的数额，而是较为人性化的量力而行，家境丰厚者就多捐，较为寒素的家庭也需要捐一些，但是对于那些赤贫的家庭，安全社则并不要求他们出资。除此之外，进入文昌港口的货船也需要酌情捐纳一些，但是小船免除。捐资收齐之后，由家境及表现“殷实端谨者”[③] 来管理，并且规定掌管资金的人如果遭遇突然的事变，可以挪用安全社的资金救急，过后归还。

虽然安全社的资金在章程中允许资金掌管者应急使用，但对于安全社的器械，章程上明确不许私下借予他人使用，并在全部器械上刻“安全社”三字作为标识。在器械的贮存上，为了取用方便，也分置三处，即东郊市、陈家市以及头苑市。

②安全社的示警方式。

在“击李崇之鼓”所对应的示警方法上，安全社采取的是吹大螺号以及击打木鼓的方式。较大的村落领取大螺号及木鼓各五个，较小的村落则领取大螺号和木鼓各三个，接近港口的村落可酌情多领，并且可以自制竹鼓。当发现海盗上岸来袭，就吹响大螺号示警，各个村落听到之后，便一起吹螺示警。随后由当地绅耆在就近村落的壮年中挑选乡勇，发放器械，昼夜侦查，观察海盗意图与动向。若海盗已经进入村中，则所有示警工具全部发声示警，协助乡勇定位围捕。如果海盗只是在港口处，则由望楼的更夫窥探其动静，以打更示意，同时各村的更夫示警，保持打更声不断，让步伐敏捷的村民加紧巡逻。

③村落以及饮食物资的管理。

在村落内部的管理上，安全社要求每村都设置百家长与十家长，严格排查是否有村民向海盗接济水、米。一旦发现某个村民有给海盗带路进入村子的行为，就烧掉他的房屋，以表示该村再无他容身之处，并且捆绑送官惩治。若百家长意图包庇，也要追究其责任。海盗在港口时，安全社要求此时米商在大米交易中，不准超过每人一斗米的限额，以此防止海盗大量购买粮食进行补给。作为海上行船极为重要的生存资源，淡水自然是海盗上岸补给的重要物资之一，

---

① （清）张霈等监修，林燕典纂辑：（咸丰）《文昌县志》，海口：海南出版社，2004 年，第 300 页。

② （清）张霈等监修，林燕典纂辑：（咸丰）《文昌县志》，海口：海南出版社，2004 年，第 297 页。

③ （清）张霈等监修，林燕典纂辑：（咸丰）《文昌县志》，海口：海南出版社，2004 年，第 297 页。

安全社对于淡水的管理也十分严格，沿岸的淡水水井，在此时也是禁止交易的，“勿令人卖水”[①]。

④乡勇的管理与奖惩。

在乡勇的挑选上，安全社要求“一律健锐”[②]，不但要身体强壮，心态与品格也需要得到村民的认同，同时还要有严格的纪律性，不遵守约束者将会被驱逐。乡勇的口粮，根据距离港口的远近来发放，离港口近的，巡逻更加频繁，危险程度更高，每日发六十文钱的份量；离港口较远的，则减去十文，每日发五十文钱的份量。拥有技能者，例如擅长开炮的人，则发双倍。另外，在遇到重大危急事件时，金额酌情添加。如果是从别处邀请来教授乡勇武艺者，则价格再另行商量。

所组织的乡勇，每一拨人中都有一个带领人。乡勇的带领人，其身份并不拘泥于当地的绅士，只要“端正有才干、晓体事者”[③] 即可。在带领乡勇时，每个带领人都有一个小册子，对乡勇的个人信息如姓名、年龄、村庄、大致的长相、奖赏情况以及出勤情况随时进行登记。带领人根据所带乡勇数目的不同，获得的金钱数目也有差别。每一个乡勇组织最低人数为二十，最高人数不超过五十，带领二十人者，每天发予一百文，三十人则为一百五十文，四十人则为二百五十文。所带领的乡勇立下功劳得到赏赐，带领人也能够得到相应的赏钱，可达两千文之多[④]。但是如果乡勇中有临阵脱逃的，那么带领人则要承担一千文的罚款。若管理不当，放纵乡勇扰民，便会剥夺乡勇带领人的职责，并罚款两千文。这些规定，无疑是让乡勇的带领人承担了一定的督战官职责，并且通过金钱的赏罚，将带领人与乡勇作战的情况绑定，从而促进了带领人督促乡勇的积极性。

在乡勇的奖赏方面，安全社开出了相当高的价码。击杀一名海盗，赏钱是二十千文；生擒的话，在二十千文的基础上再加五千文。打伤盗贼的话，也能够得到两千文。如果能够夺取海盗的船只，赏钱有六十千文之多，小船的话则是三十千文，并且船上的货物全部由夺船人所有，只需要将武器和船只上交充

① （清）张霈等监修，林燕典纂辑：（咸丰）《文昌县志》，海口：海南出版社，2004 年，第 298 页。

② （清）张霈等监修，林燕典纂辑：（咸丰）《文昌县志》，海口：海南出版社，2004 年，第 298 页。

③ （清）张霈等监修，林燕典纂辑：（咸丰）《文昌县志》，海口：海南出版社，2004 年，第 298 页。

④ （清）张霈等监修，林燕典纂辑：（咸丰）《文昌县志》，海口：海南出版社，2004 年，第 299 页。

公。开炮击沉海盗船只的，奖赏和夺取船只的一样。而在与海盗的作战中负伤或者死亡的，安全社也给予赏钱，从受伤、受重伤到死亡，赏钱分别是十千文、十六千文以及五十千文。带领人受伤，赏钱数则为七十千文。此外，多次受赏者，安全社还会上报给官员请求加赏。

虽然安全社的章程中对于作战的奖赏金额可观，但就目的而言，安全社其实并不鼓励主动挑战海盗，而是更注重防守。其行为更类似于动物界中瞪羚被捕食者追逐时不断腾跃示敌以强的行为，“贼见我心力齐一，无隙可乘，复绝接济，立当飚去”，通过表现出沿海各个村庄已经有所警惕，准备充足，“声威自壮，贼胆自落”①，让海盗知难而退，从而避免实质上的战斗，减少人员伤亡以及财物损失。这些防御举措还是起到了相当的威慑作用，在侦查到乡民的行动后，“贼始遁”②。道光二十九年（1849），“乡民数十人邀击之，毙贼一名，生擒贼四名解郡”③，使得海盗一段时间内不敢深入，只敢在近海一带活动。

清后期海南岛的海防建设，官方建设的着力点在于防范法国入侵，以打击大型军舰、阻碍小艇登陆为目的，因而建立了环岛的炮台防御带，同时，启用了轮船提高缉捕海盗的效率。民间防御对海南岛海防的补充则主要是对本土海盗的防范，通过建立安全社，制定从侦查示警、实际作战到事后奖罚的详细规章，以村落区域联合的方式，保障沿海村民的人身财产安全，起到了相当的防范效果。但伴随着清政府的衰败，陷入赔款泥潭的财政，让海南岛上的海防建设难以维持，最终以军队的大量裁撤而无奈落幕。

五、海疆防御者们的个案分析

在海南岛的海防工作中，海南的当地官员和民众奋勇当先，为保护家乡安全做出了巨大贡献。这些奋战在海防第一线的官员、民众，为海南岛的海防筑起一道又一道的血肉藩篱，有太多人的名字已然淹没在时间的瀚海中，但还有一些名字得以在史书的记载与民间口耳相传中保存下来。

有在与海盗的战斗中奋勇作战的。如刘承谟，于顺治十一年（1654）到临高县做知县，到任才三个月，就遇上邓士雄、姚世杰勾结海盗攻破县城，刘承

① （清）张霈等监修，林燕典纂辑：（咸丰）《文昌县志》，海口：海南出版社，2004年，第300页。

② （清）张霈等监修，林燕典纂辑：（咸丰）《文昌县志》，海口：海南出版社，2004年，第290页。

③ （清）张霈等监修，林燕典纂辑：（咸丰）《文昌县志》，海口：海南出版社，2004年，第290页。

谟宁死不屈[①]；又如谢谦，揭阳人，在康熙年间与杨二的战斗中，率领七艘船与杨二海上武装集团鏖战一天一夜，“身被数十创，力穷被执，不屈死”[②]；又如周朝升，海口营把总，博茂图人，光绪元年（1875）在与海盗的作战中，“朝升受伤数处，拼命格杀，毙匪数名”[③]。

有招募乡勇，积极组织反抗的。如谢赐履在海寇兵临城下时，提供弓箭，带领军民昼夜加固城池，警惕防守[④]；澄迈县知县盖运长亲自督战，带领乡勇阻止海上武装登岸[⑤]；琼山县知县言尚炜编练民团，自制武器[⑥]。

有在灾后救济灾民的。如澄迈县知县吴世焜，在海氛逐渐平息之后，他捐出自己的俸禄救济灾民，民众感激他的所做作为，为他镌刻了遗爱碑，并建了报恩祠来祭祀他[⑦]。

通过对史料的摸查，笔者寻找到部分清代海南岛上水师将领的后代，通过访谈个案的方式，了解了当时海南岛上的海防情况与水师将领事迹。

（一）吴道权——招募乡勇，协助抵御

吴道权，烈楼人。烈楼即今海南省海口市长流地区的古称，1945 年改为那流乡，1947 年又更名为长流乡，现为长流镇。吴道权就出身于长流镇所辖之下的传桂村。在《琼山县志》中记载他“由武摩补右营把总，年老告归”[⑧]。嘉庆十五年（1810），时值乌石二、海田九等海上武装集团肆虐滨海地区。已经赋闲在家的吴道权招募当地乡勇助防官军，“总镇马应国爱其壮勇，保举千总，辞不

① （清）明谊修，张岳崧纂：（道光）《琼州府志》卷三十一，官师志，海口：海南出版社，2006 年，第 1398 页。

② （清）明谊修，张岳崧纂：（道光）《琼州府志》卷三十一，官师志，海口：海南出版社，2006 年，第 1423 页。

③ 朱为潮、徐淦等主修，李熙、王国宪总纂：（民国）《琼山县志》卷二十四，人物志，海口：海南出版社，2004 年，第 1579 – 1580 页。

④ （清）明谊修，张岳崧纂：（道光）《琼州府志》卷三十一，官师志，海口：海南出版社，2006 年，第 1407 页。

⑤ （清）明谊修，张岳崧纂：（道光）《琼州府志》卷三十一，官师志，海口：海南出版社，2006 年，第 1415 页。

⑥ （清）明谊修，张岳崧纂：（道光）《琼州府志》卷三十一，官师志，海口：海南出版社，2006 年，第 1415 页。

⑦ （清）明谊修，张岳崧纂：（道光）《琼州府志》卷三十一，官师志，海口：海南出版社，2006 年，第 1403 – 1404 页。

⑧ 朱为潮、徐淦等主修，李熙、王国宪总纂：（民国）《琼山县志》卷二十四，人物志，海口：海南出版社，2004 年，第 1578 页。

就。百总制龄奖以‘梓里干城’匾，详呈加卫千总衔，卒年五十四”①。

长流处于海南岛北部沿海，自明代起就屡遭海寇之扰。而烈楼港为海南岛至徐闻最近的一个港口，“自徐闻那黄渡开船，小午可至”②。到雍正年间，清政府在琼北地区设置了多个用以示警的墩台，被长流地区的民众称为“雍正墩”，其中有四墩位于海口地区，一墩位于海口白沙门，一墩位于今海口市琼华湾高坡，一墩位于后海村西南方的小帽山，一墩位于荣山寮东边的高坡上。墩台的密集程度，也从侧面反映了清政府对这一地区的严加防范。长流大部分村庄也因此用石头围村筑墙来防御，只留前后两个出口。

道光年间，琼州海峡活动的主要海上武装是以张十五为首的队伍以及以刘文楷为首的队伍，他们时常在长流地区进行劫掠，“窜到博养村、田头村、文丽村、传桂村、博抚村等村庄劫财掠物”③。据村民介绍，当时受海上武装袭扰次数最多、情况最惨的是天尾场村，海盗进村之后，将村民带至村庙中殴打，索要钱财，若一时无法提供，就用船押至澄迈玉包港作为人质，让其家人筹集赎金。因此，天尾场人想到一个别出心裁的办法，据《长流志》记载：“天尾场人到海北（即当今徐闻）运回大量仙人掌（村人称海北刺）种植，布满村巷要道以御海匪。”④

明代时，传桂村属于琼山县五源乡烈楼都，及至清代，康熙年间，原烈楼都在原先基础上被划分为烈楼、凤楼二都，雍正时期又分出兴政都，但传桂村一直属于烈楼都。传桂村原名儒吴村，原先是以现在村北的儒吴村和村南的儒洪村，再加上东北方向的博合村三个村于明代合并而成，在清代最终定名为传桂村，村中以吴姓为主要姓氏。

传桂村旧村区现存的一些建筑，还能找到当时为抵御海上武装袭扰遗留下来的痕迹，如村内旧民居保留了大量石头建筑，据村民介绍，这些石头主要是传桂村东边的火山余脉表面的火山石，依靠先人人工背负回村用以修筑居所与隔墙的。

为避免袭击者大量迅速进入村中劫掠，村中的过道设置狭窄，过道两侧也多为高墙，村前巷道的石门仅能容一到两人同时通过，便于村民在巷门后进行防御。为了延缓袭击者进入村中，为村民组织防御争取时间，村内道路也较为

① 朱为潮、徐淦等主修，李熙、王国宪总纂：(民国)《琼山县志》卷二十四，人物志，海口：海南出版社，2004 年，第 1579 页。

② 朱为潮、徐淦等主修，李熙、王国宪总纂：(民国)《琼山县志》卷十一，海防志，海口：海南出版社，2004 年，第 517 页。

③ 长流地方史志编纂委员会：《长流志》，海口：南海出版公司，2014 年，第 328 页。

④ 长流地方史志编纂委员会：《长流志》，海口：南海出版公司，2014 年，第 328 页。

复杂，人们稍不留意就容易迷路。民国时期村民为了防盗，修筑了碉楼。民国十五年（1926），“村东的梓潼庙旁边筑起了一个正方形三层楼高的碉楼”①，如今仅存一层，据村民说，第二、三层在抗日战争时期被日军拆除用以修建碉堡。

这次田野调查，笔者到达了吴道权的故乡传桂村，对传桂村部分村民以及吴道权的直系后代吴名森和吴名鼎两位老人进行了访谈。从吴名鼎先生处得知，他和吴名森先生在分家以后，吴名森先生分得了吴道权夫妇的画像，他则分到“梓里干城”匾，目前该匾保存于祖屋中。前往祖屋的道路较为狭窄，虽有部分现代铺设的大理石，但从沿途的旧屋石墙，仍能感受到整个村庄在当时为防御海盗所做出的改造。

吴家祖屋为左、中、右三间式建筑，中间的屋子为祖先牌位及照片，匾额原先悬挂于大堂正上方，但木质老化，造成匾额掉落，吴名鼎便将祖屋左间清空，专门用来存放“梓里干城”匾。该匾背靠右侧墙面，无字面朝外，由两条小木块垫起，整体形状保存得较为完整，无开裂状况。因专业知识有限，笔者辨认不出该匾是何种木质，但其颇为沉重，约有百来斤，其细节如图 7、图 8 所示：

图 7　匾正面中央大印细节图（笔者摄）

图 8　匾左侧两颗印章细节图（笔者摄）

从匾额的细节来看，匾的正中间由右到左为“梓里干城”四个楷体大字，

① 传桂村志编委会：《传桂村志》，海口：传桂村志编委会印，2003 年，第 59 页。

在“梓里”与“干城”两个字之间空隙的上方，有一枚“广东广西总督关防”长方形大印，右侧细节为一枚“金堂垂马”椭圆形印章加上“太子少保兵部尚书两广总督百　为”字样，左侧细节为“武生　奏准千总吴道权立　嘉庆庚午年仲冬月吉旦”二十个字。左下角为上下两个印章，下方印章遭到人为损坏，已经难以辨认，但从情理上猜测，这两方印章可能为百龄的个人印章以及官印。匾额各个文字上的涂漆已大部分脱落，仅残留部分，但从残余金漆来看，原匾应是金字红底。

结合史料，可知匾中“两广总督百”指的就是当时任两广总督的百龄，从时间“嘉庆庚午年仲冬月”推断，应该是嘉庆十五年（1810）夏天百龄“计擒海盗乌石二等，磔之”①，平定乌石二之乱，进行论功行赏时，吴道权推辞了马应国的保举之后，百龄为嘉奖他而赐的匾。“梓里”即故乡之意，“干城”本意为盾牌和城墙，用以指代能够御敌而尽保卫责任的捍卫者。《幼学琼林》卷一《武职类》又有：“大将曰干城，武士曰武弁”②。综合起来看，该匾的意思即夸赞吴道权为乡里的保卫者。

此外，洪明祥先生还为笔者提供了他所持有的《传桂村志》，笔者在其中还找到了吴道权亲属的相关信息，如其父吴琼儒以及其母徐氏因吴道权战功受封的封文。

吴琼儒是吴道权的父亲，生于雍正十二年（1734），育有三子，分别为道烑、道权、道明，其中长子道烑与次子道权都考中了武庠生。

《传桂村志》记载，吴道权被派任雷琼镇右营外委时，所管理的范围为澄迈水尾港、东水港一带，他在作战中屡获战功，因功受封修武校尉，吴琼儒也因儿子的战功诰封为修武校尉，妻子许氏赐赠九品儒人。有封文如下：

> 奉天承运，皇帝制曰：
>
> 宠绥国爵，式嘉阀阅之劳；蔚起门风，用表庭闱之训。
>
> 尔吴琼儒，乃广东雷琼镇右营外委把总吴道权之父，义方启后，榖似光前，积善在躬，树良型于弓治，克家有（子），拓令绪于韬钤。兹以覃恩，貤封尔为修武校尉，（锡）之敕命。于戏，锡策府之徽章，洊承恩泽；荷天家之庥命，永耀门闾。
>
> 制曰：怙恃同恩，人子勤思于将母；赳恒著绩，王朝锡类似荣亲。

---

① （清）张霈等监修，林燕典纂辑：（咸丰）《文昌县志》卷七，海防志·海寇，海口：海南出版社，2003 年，第 289 页。

② 汉典：https://www.zdic.net/hans/%E5%B9%B2%E5%9F%8E，2019 年 12 月 7 日。

> 尔许氏，乃广东雷琼镇右营外委把总吴道权之母，七诫娴明，三迁勤笃，令仪不忒，早流珩禹之声，慈教有成，果见干城之器。兹以覃恩，貤封尔九品孺人。于戏，锡龙纶而焕采，用答劬劳，被象服以承庥，永膺光荣。①

从以上信息我们可以得知，吴道权本身就是海防将领出身，具有较为丰富的作战经验和组织能力，具有一定威望，吴氏家族势力也较大，因此，他既能作为民间防卫团体的领袖，协助官府进行海防作战，为普通民众提供经验与技术上的指导，同时也能作为官府与民间之间的联络者，提高调动效率。以民间乡绅的身份出面招募乡勇，组织防御团体进行协防，使之成为海南岛民间组织防卫的一种重要形式。

吴道权之子吴中桂以及孙子吴惠祖也同样考中武庠生，三代皆为武庠生，吴惠祖即吴名森以及吴名鼎先生的曾祖父。据吴名鼎先生介绍，在传桂村文化站旁的传桂村吴氏宗祠中有根据族谱绘制的吴毓笃公后裔世系图谱，并带领笔者前往观看。吴氏宗祠是村内最大的宗祠，世系图谱在进门右手边，由吴道权至吴名森、吴名鼎这一支细节如图 9 所示。

吴名森先生还向笔者展示了吴道权夫妇的画像（图 10），可惜的是对于吴道权当时组织乡勇保护乡里的情况，他表示只是知道有这么一回事，但并不清楚具体细节。

虽然未能得知吴道权组织乡勇对抗海盗的具体细节，但从村中的走访调查来看，吴道权的事迹是确确实实能够通过实物来证明的，传桂村以及周边村落的建筑格局以及遗留的防御性建筑，也反映了沿岸村落在饱受海盗袭扰之下的自我防御，是研究清代海南岛民间海防的活案例。

---

① 传桂村志编委会：《传桂村志》，海口：传桂村志编委会印，2003 年，第 125－126 页。正文摘录部分按照《传桂村志》录入，但其内容疑有缺字，以括号补充。

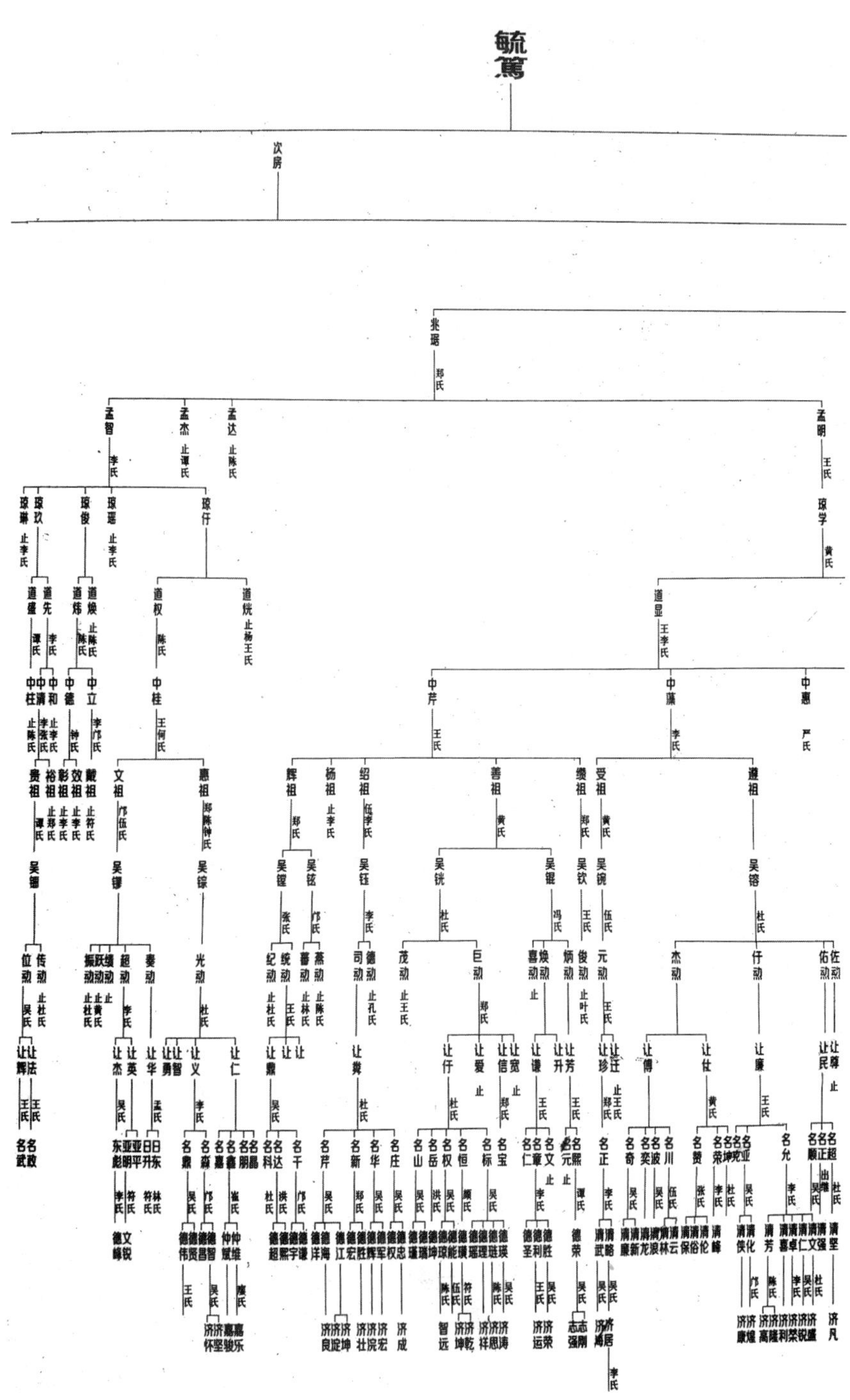

图9　传桂村吴氏分支世系图局部（笔者摄）

图 10　吴道权夫妇画像（笔者摄）

（二）吴元猷——志戍海疆，剿灭洋匪

吴元猷，琼山县道郡村人①，在吴氏宗族中“派名天祐，字敬圃，官名元猷”②，是吴氏迁琼始祖贤秀公的第三十八世孙。生于清嘉庆三年（1798）五月十一日，在咸丰九年（1859）六月初八卒于广东虎门水师提督任上。《琼山县志》称其“生而敏捷，胆略过人，由行伍随防立功……叠著劳绩，官至协镇军门”③。在《钦命镇守广东雷琼水陆等处地方总镇都督府原任籍贯到任年分题名录石碑》中亦可证实：“吴元猷，琼山县人，咸丰元年七月署任，四年二月实任，升广东水师提督。”④ 县志中列出了吴元猷最为卓著的三桩功绩，其一是抵御张十五对海口的进攻，其二是平定海南周围的数股洋匪，其三是镇压儋州刘文楷动乱。这三桩功绩无一不与当时海南岛沿岸的海洋安全有关，可以说，吴

① 即今海南省海口市美兰区灵山镇道郡村。

② 三在堂《吴氏合族谱》，1979 年续修，手抄本。

③ 朱为潮、徐淦等主修，李熙、王国宪总纂：（民国）《琼山县志》卷二十三，官师志，海口：海南出版社，2004 年，第 1474 页。

④ 朱为潮、徐淦等主修，李熙、王国宪总纂：（民国）《琼山县志》卷二十三，官师志，海口：海南出版社，2004 年，第 996 页。

元猷对道光、咸丰年间海南岛的海防建设与海洋安全做出了巨大贡献，但目前在知网上以“吴元猷”为关键词，未搜索到相关论文，网络上以报刊的报道为主，但版本多样，出处不详，因此，笔者根据手头史料以及田野访谈资料，拟对吴元猷与海南岛海防的事迹做初步的整理与补充。

1. 得胜沙张十五事件

得胜沙路，位于今海南省海口市，“东起新华北路，西接龙华路”①，从清代至今，素为商贸云集之所。康熙二十三年（1684），清政府开放海禁，持续了四十年之久的禁海时期得以停止，次年设立粤海关，海口则为粤海关管辖之下的七处总口之一，新华北路便是那时海口的常关总局坐落处。当时这一带的商贸活动已初有规模，东南亚诸国以及闽、粤、浙等地商船皆来往与此。咸丰八年(1858)，“中国与英、俄、法、美四国订约，准予开埠通商传教。十一年，中德订约，加入在埠通商。此后同治二年，中丹条约，三年，日斯巴尼亚条约，四年，比利时条约，五年，中义条约，八年，中奥条约，俱准一体通商传教，”②海口被迫通商后，外国商人纷至沓来，各式洋行在得胜沙拔地而起，得胜沙的商贸繁荣程度再加一筹。如今，作为旅游景点以及服装批发市场的得胜沙路，依旧是人头攒动，交易繁忙。“当南北之冲一大都会，为往来舟楫所必经者，则莫如海口”③，而得胜沙，就位于海口湾右侧区域。也正是因为这里商贾云集、位于海滨的特点，被活动于雷琼一带海域的海盗们视为极佳的劫掠地点。

而在众多劫掠案件当中，道光二十九年（1849）的海寇张十五袭击海口事件，是影响力较大、涉及范围较广的。不论是在府志、县志，还是祠庙碑刻、民间传说、地名以及家谱材料中，都留下了痕迹，如今海口骑楼天后庙中所存清代的残碑（图 11），便言当时“炮火轰击，弹子如雨”④。而得胜沙之名，就是源自这次袭击事件，《海口辞典》中解释为：“得胜沙路东西向次干道。东起新华北路，西接龙华路，全长 533.2 米，宽 18 米。原是天然海沙滩，称外沙。清道光二十九年，把总黄开广于此战胜来犯海寇张十五，故名得胜沙。”⑤

---

① 海口市地方史志办公室：《海口辞典》，海口：南海出版公司，2012 年，第 96 页。

② 朱为潮、徐淦等主修，李熙、王国宪总纂：（民国）《琼山县志》卷十一，海防志，海口：海南出版社，2004 年，第 598 页。

③ 朱为潮、徐淦等主修，李熙、王国宪总纂：（民国）《琼山县志》卷十八，金石志，海口：海南出版社，2004 年，第 1053 页。

④ 朱为潮、徐淦等主修，李熙、王国宪总纂：（民国）《琼山县志》卷十八，金石志，海口：海南出版社，2004 年，第 1053 页。

⑤ 海口市地方史志办公室：《海口辞典》，海口：南海出版公司，2012 年，第 96 页。

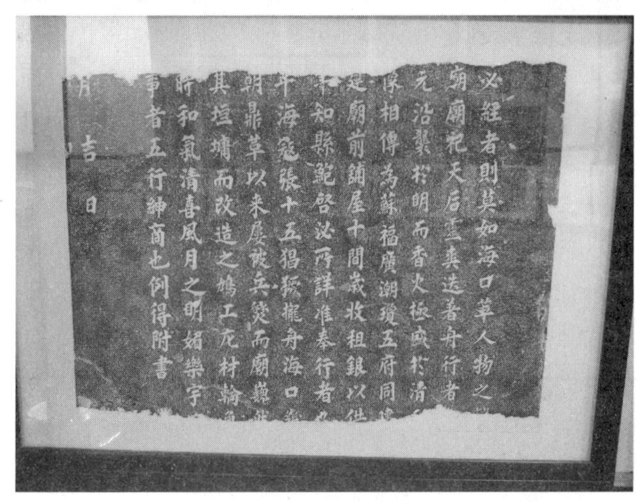

图 11　海口骑楼天后庙残碑及其拓片（笔者摄）

张十五被称作“秃头贼”或“海北贼”，是道光年间活跃在琼州海峡势力较大的一股海盗的头目，传闻拥有百余艘船以及千余手下。这样的势力，对于道光年间海南岛的任何一处都是极大的威胁，官军的力量分散于各处，大部分地区往往不过数艘船，因此，即便是在船只装备较为完备、数量较多的海口，在猝不及防受袭时，也难以抵挡。从《文昌县志》上道光二十九年（1849）的记载便可一窥其势力之强：“闰四月初四，海寇张十五、杨头入铺前，劫炮台大炮十二位……五月十一日，贼船九十余只复犯铺前，毁巡检司署。”① 能够攻入炮台，并且劫走十二位大炮，公然攻击、毁坏巡检司官署，这并非一般的小股海盗敢做并且能够做到的，足见张十五这一海盗团伙的有恃无恐与胆大妄为，这也从侧面说明，在海南岛捉襟见肘的水师布防下，仅凭一地兵力，基本难以抵挡张十五的攻击。

从《琼山县志》字里行间，亦可见当时之危急。张十五突袭海口港的速度让海口所的官兵全然不及反应，一触即溃，“时兵船二十余只将出哨，不及备，甫交战，官船器械火药俱失，官兵奔窜逃匿，贼势愈炽，人心惶惧，郡城戒严”②。据吴元猷第六代孙女婿陈鸿礼先生补充：“当时的商人、居民都跑到了琼州府城，黄开广表示没有办法，打不过，向当时的雷琼兵备道江国霖和知府林鸿年请求援兵，江国霖和林鸿年就调当时在崖州的吴元猷带兵过来救援。”时任崖州副将的吴元猷接到消息后，率兵驰援海口，碣石镇王鹏年也接到调令前来援救，县志中记载不过寥寥数句，在对陈鸿礼先生的访谈中，他的口述为我们提供了关于战前准备的一个更加详细的版本：“吴元猷赶到海口后，同参将黄开广、守备许颖升、碣石镇王鹏年共同商议对策，初步制定了五个应对方法：第一，自己先垫付一大笔俸银，同时发动海口商民募捐，赶快筹足兵勇所需要的粮饷；第二，招募义勇兵，动员海田、白沙津的渔民、疍户这些熟悉水性、身体健壮的人充当水兵、水手；第三，抓紧修理水师船只，准备好作战需要的物资装备；第四，征用民船、竹筏、木板、铁锅、棉被、油脂、柴草等物资；第五，加强兵勇作战操练。”

不到一周时间，吴元猷就组织起官民做好了防御准备，闰四月初二，张十五的第二次进攻在吴元猷以及黄开广等人的组织下被击退。据民国《琼山县志》记载，“自辰至午，守备许颖升、署守备黄开广同崖州副将吴元猷悉力御之，杀贼十余名。碣石镇王鹏年男某复从西面陷阵，悉力御敌，杀贼巨酋一人，乃退”；初四，张十五展开了第三次进攻，“初四夜，复来袭，船上火光烛天，设为疑兵。黄开广令人从暗中开炮，杀贼数十名。贼气夺，退泊铺前港”③。这与前文《文昌县志》中闰四月初四日张十五劫走大炮的记载相符合，相互联系起来猜想，劫走大炮的举动，一来可能是为了补充装备，二来可能也有一些因受

① （清）张霈等监修，林燕典纂辑：（咸丰）《文昌县志》，海口：海南出版社，2004 年，第 290 页。

② 朱为潮、徐淦等主修，李熙、王国宪总纂：（民国）《琼山县志》卷十一，海防志，海口：海南出版社，2004 年，第 524 页。

③ 朱为潮、徐淦等主修，李熙、王国宪总纂：（民国）《琼山县志》卷十一，海防志，海口：海南出版社，2004 年，第 524－525 页。

暗炮攻击而劫炮的泄愤意味。陈鸿礼先生则对火光疑兵的细节做了补充，“吴元猷在船上扎草人，点上火把，就像诸葛亮草船借箭一样，显得很多人，然后让士兵、平民在后面打鼓，声势浩大，用来迷惑张十五。另外，吴元猷还让道士在海边作法，召唤冼夫人英灵协助作战，振奋士气”。在得胜沙冼夫人（又称冼太夫人）庙所存的同治元年碑刻中，也有海口官民作法事“叩祷冼夫人英灵……显圣扶持”等字句[①]。刨除冼夫人英灵助战的神话色彩，应是吴元猷利用民众对冼夫人信仰的热忱，来鼓舞士气、增强信心。得胜沙冼夫人庙据说就是因此在当初建造神坛的地方建立起来的，目前重修为冼夫人纪念馆（图 12），“冼夫人外滩显圣”的传说也一直在当地流传。

图 12　海口得胜沙冼夫人纪念馆（笔者摄）

另，据陈鸿礼先生提供的吴元猷的孙子吴瀚瀓所写的《建威将军吴元猷行传》，也对这一事件有记载：“四月张十五寇海口，吾祖筹垫粮饷，添募兵勇，会同黄开广列战于白沙门，设伏于盐灶口……追之急水门，大破之。贼计穷力殚，率众投首，抚之。海口晏然，商民悦喜，送‘筹资御侮’匾额。”[②] 这与县志中所记基本相符。

---

① 麦穗：《冼夫人对海南的贡献及其影响》，琼山县政协文史资料编辑委员会编：《琼山文史资料·第五期》，海口：琼山县政协文史资料编辑委员会印，1989 年，第 106 页。

② （清）吴瀚瀓：《建威将军吴元猷行传》，手抄本。

咸丰四年（1854），海口所城的商民为纪念这次大战，在外沙筹建冼太夫人庙。陈鸿礼先生提道："吴元猷除捐银助建庙宇、新塑冼夫人金身雕像外，还特意派人从广州护送回两副纯金指甲，一副送给外沙冼夫人庙，另一副送给西门内关帝庙。"同治元年（1862），琼山知县彭浩荣，把"外沙"命名为"得胜沙"，立碑告示，同时把外沙炮台改名为得胜沙炮台，碑存于得胜沙冼夫人庙中，吴元猷也因此被称为"得胜虎将"。原庙历经多次劫难，基本损毁，目前的冼夫人纪念馆是在原址上重修而成的。

馆内目前留存的碑刻多是近些年来居民捐资的光荣碑，已找不到清代的碑刻。在纪念馆大门的右侧，也有一块嵌入墙壁的碑刻，对冼夫人显灵驱逐海盗的传说以及纪念馆建设的相关情况进行了说明，据守庙人介绍："海口居民十分信冼夫人，这边街上大家都知道冼夫人赶走海盗的故事，在每年农历二月十二，都要举行冼夫人游街，还要煮长寿面给大家吃。"

2. 剿灭海南岛周边数股洋匪

吴元猷的第二桩功绩是剿灭了黄白豆、黄蕃盛、黎亚佳等洋匪，县志中的记载如下："元猷平黄白豆等洋匪，廉洋肃清，余党仍游弋琼洋，焚掠商船，海口大受影响。元猷复巡缉铜鼓西北海角，击破贼船，追至铺前洋面，破匪首黄蕃盛，斩首五十八级。遂旋兵南下，由感恩而北黎，匪船结队前来相犯，鼓励水手挥师船搏战，拿获四船，擒黎亚佳，斩首百级，琼海胥平。其功二也。"① 在吴瀚瀓所写的《建威将军吴元猷行传》中，黄白豆"结水栅于石头埠之西"②，对黄白豆团伙的所在地进行了补充。随后则生动描绘了道光三十年（1850）二月十五日夜间，吴元猷趁着大雾用火攻打败黄白豆的具体过程："东风起，雾漫天，咫尺不辨东西。乘流随风，悉军往西，袭贼栅，纵举焚之。栅内大乱，鸣鼓攻击，破之。悉获其船，歼擒贼三百余名。"③ 歼灭黄蕃盛一伙洋匪则发生在同年四月初一日，吴元猷兵船与匪船在海面上相遇，匪船"其势甚锐，与吾兵船相距一里，贼锐进，吾与大炮击其背，沉船两只……逐之铺前洋，破黄蕃盛获之"④。而随后拿获黎亚佳的过程记述与县志基本一致。

此外，《建威将军吴元猷行传》还补充了吴元猷在此前剿灭其他海盗的事迹，补充了道光年间海南海盗活动的相关内容，例如道光二十二年（1842）的

---

① 朱为潮、徐淦等主修，李熙、王国宪总纂：（民国）《琼山县志》卷二十三，官师志，海口：海南出版社，2004 年，第 1474 页。

② （清）吴瀚瀓：《建威将军吴元猷行传》，手抄本。

③ （清）吴瀚瀓：《建威将军吴元猷行传》，手抄本。

④ （清）吴瀚瀓：《建威将军吴元猷行传》，手抄本。

海氛形势："是时，崖之南，万之东，儋之西，盗匪蜂起，贼众势盛。"① "崖"即崖州，"万"即万州，"儋"即儋州，崖州位于海南岛的南部，万州则位于东部，儋州在海南岛西侧，即当时形势，海南岛三面周边海域都有数量众多的海盗团伙。而记载中吴元猷数次在巡洋时与海盗正面相遇，也从侧面说明了海盗活动的频繁以及巡洋制度在预防海盗袭击海滨沿岸方面确实起到了相应的作用，能够提前在洋面上发现并击退来犯海盗。

如道光二十二年（1842）七月，时任海口营守备的吴元猷出海巡洋，在七洲洋海域发现了海盗，"七洲洋外，有匪艇游驶，识是贼船，扬兵邀击沉其船，擒石亚生"②。另外还提到吴元猷因为"兵稀船少"的缘故③，命令手下"撤号衣，偃旗帜，设伏与进马角北"④，最后斩杀黄亚福的事迹。还有道光二十四年（1844）正月初二日，吴元猷在感恩南部海域遭遇海盗，开炮击败石十六一伙："击获匪船三只，擒石十六诛之。"⑤ 因为这些功绩，道光二十五年（1845）吴元猷升任阳江镇都司，道光帝盛赞曰："囊时洋氛未靖，卿迭次征剿，不避炮火，遂能削平海盗，是卿之力也。"⑥ 道光二十七年（1847），他再次因战功迁任海口营参将，又在巡洋时"执林亚喜，乘胜追踪，抵广州湾，与贼战，贼退，获其船。擒陈亚强，降者甚众，救出被掠商民无数"⑦。

道光二十八年（1848）五月，吴元猷署任崖州协副将。吴元猷就职后，对崖州的兵备十分忧心，担心船只稀少，难以作战，便自掏腰包，"将所领养券廉，造船两只"⑧。这也从侧面反映了在海警频发、洋匪环伺的形势下，道光时期崖州海防力量的不足。

3. 平定儋州刘文楷动乱

咸丰年间，儋州刘文楷煽动乡民，联合黎人，造成儋州、临高一带的动乱。"率众攻城，拒捕戕官。经道镇痛剿，未能平定，贼势益张，地方受害者数年。"⑨ 在文献记载中刘文楷往往被称为土匪，如"儋州土匪刘文楷等结黎人数

① （清）吴瀚澂：《建威将军吴元猷行传》，手抄本。
② （清）吴瀚澂：《建威将军吴元猷行传》，手抄本。
③ （清）吴瀚澂：《建威将军吴元猷行传》，手抄本。
④ （清）吴瀚澂：《建威将军吴元猷行传》，手抄本。
⑤ （清）吴瀚澂：《建威将军吴元猷行传》，手抄本。
⑥ （清）吴瀚澂：《建威将军吴元猷行传》，手抄本。
⑦ （清）吴瀚澂：《建威将军吴元猷行传》，手抄本。
⑧ （清）吴瀚澂：《建威将军吴元猷行传》，手抄本。
⑨ 朱为潮、徐淦等主修，李熙、王国宪总纂：（民国）《琼山县志》卷二十三，官师志，海口：海南出版社，2004 年，第 1475 页。

千，肆扰州境”。[①] 之所以被称为土匪，是因为刘文楷的主要势力在陆地上，他最初也是联合黎人作乱，在逃避追捕时，进入黎峒躲避，最终也是在黎峒中被擒，尤其是他被林宜华捉捕的过程中，林宜华是通过黎人头目才得以结交到刘文楷的，史料云：“宜华乃变姓名，杂行商，深入黎洞，结交头目，由各洞头目介绍，交文楷。”[②] 由此可以看出刘文楷与当地黎人首领是相当熟稔的。但刘文楷的身份不仅仅是在陆地上活动的土匪而已，他还有另一重海盗头目的身份存在。

儋州位于海南岛西侧，坐船沿岸东行就到达较为富饶的琼山地区，在琼山地区民众的记忆中，刘文楷则是以海盗的身份为人所知。在《长流志》中，刘文楷被称为道光年间琼州海峡的两股大海盗之一，“他们的老巢在澄迈玉包港，经常窜到天尾场（即今新海村一带）掳人做人质勒索赎金，并抢夺财物。有时窜到博养村、田头村，文丽村、传桂村、博抚村等村庄劫财掠物”[③]。《海南省军事志》中对刘文楷的称呼也是海盗[④]，1999 年新编的《琼山县志》中，也将其认定为海盗，“咸丰元年（1851），儋州海盗刘文楷纠集 3 000 余众，打家劫舍，奸污妇女，捕掠商船，危害遍及儋州、昌感、临高、琼山等地。”[⑤] 刘文楷海盗团伙的猖獗，逼得当时的天尾场人从徐闻运来大量的仙人掌种植在村中的重要道路上，并筑起石墙将村子包围，以防御海盗的袭击。此外，《长流志》还讲述了富屋村吴必良和雨苍村王时焕与海盗搏斗的事迹，当时，“儋州海盗首领刘文楷的海盗队伍经常到荣山寮海岸停船后，步行到田头、文明等村庄抢劫。”[⑥] 吴必良和王时焕等人在与海盗搏斗时中弹身亡。刘文楷土匪与海盗的双重身份，可以说是海南岛海防“海陆黎防一体”特点的一个小缩影，这种在田为民、入林为匪、下海为盗的多重身份转换，也成为海南官府治理民众时颇为头疼的一个难点。

在官兵多次征剿没有成效的情况下，时任两广总督的徐广缙了解到，在碣石镇的吴元猷“生长琼南，熟悉黎情，素得人心”，便将其从碣石调至琼州。吴

① 佚名撰，王钟翰点校：《清史列传》，北京：中华书局，1987 年，第 4708 页。

② 朱为潮、徐淦等主修，李熙、王国宪总纂：（民国）《琼山县志》卷二十四，人物志，海口：海南出版社，2004 年，第 1580 页。

③ 长流地方史志编纂委员会：《长流志》，海口：南海出版公司，2014 年，第 328 页。

④ 海南省地方史志办公室：《海南省军事志》，海口：南海出版公司，1998 年，551 页。

⑤ 海南省琼山市地方志编纂委员会：《琼山县志》，北京：中华书局，1999 年，http://www.hnszw.org.cn/data/news/2011/02/48811/。

⑥ 长流地方史志编纂委员会：《长流志》，海口：南海出版公司，2014 年，第 328 页。

元猷深入黎区，“晓以祸福，痛陈利害，黎人感悟，即时解散”①。《建威将军吴元猷行传》在对这一段进行记载时补充了吴元猷对黎人首领的劝导：“文楷聚众蹂躏地方，故官军进讨。吾奉命前来，不过办元恶数人，其余皆失业良民。”②点明了只办首恶，不治协从的处理方针，将其余人定性为良民，从而瓦解了黎人与刘文楷的共同利益。文楷势孤之后，吴元猷派遣林宜华潜入黎峒，并且暗中安排兵壮接应，“伏壮士于木车沟，擒之，斩以示众，不治协从”，③ 从而平定了儋州刘文楷动乱，吴元猷也因此由琼州镇总镇升职为广东水师提督。

在吴元猷五十五岁寿诞时，雷琼兵备道江国霖还为他写了一篇序文，吴元猷的生平事迹也可从中得到印证，部分摘录如下：

> 起家由海口水师营材官，岳武穆骑从军，誓将报国。悠贰师驱驰效力，奋不顾身。时有盗贼蜂起，勾串夷寇，啸聚洋匪。敢恃鸱张，恣凭豨突。总戎整鹳鹅而振王旅，净洗潢池……擒馘者三百余口，安堵者亿万诸生。遂晋授海口营参将，所以遣丰功而绥黎海也……嗣因东海盗无端猖獗，旋有西洋匪相继驿骚。总戎则奋勇先驱，设机互济。舟驰鹢首，浪吼龙堆。炮震连珠，声撼阳侯之室。箭飞没羽，锋摧伍子之涛。青雀黄龙之队，腾鲸波。赤眉绛额之徒，委填蛟窟。巢焚则宿鸟同惊，釜沸则游鱼先烂。先后历三十余战，歼擒凡三百多名。朝廷以所向成功，无坚不破，遂晋授龙门营协镇……既而儋州土匪刘文楷等滋扰，纠党数千人众，迫城一二里遥。烽火猖狂，羽书倥偬。爵制军徐以总戎家住琼崖，节持碣石，飞旌以至，倍道而归。将军从天上飞来，壮士从波中突出。摅其志励，相厥寅僚。单骑当先，比子仪之入阵。片言居要，等武侯之退师。狡黠者既乐善道而归心，桀骜者亦警武威而革面。擒刘文楷等，明章宪典。凯歌海表，喜溢天颜。枫陛宣荣，花翎示宠，即委署琼州总镇。④

江国霖于道光二十九年（1849）至咸丰三年（1853）出任雷琼兵备道，这篇序文的落款时间为“咸丰二年五月”，从时间上看是符合的。文中的“总戎”

① 朱为潮、徐淦等主修，李熙、王国宪总纂：（民国）《琼山县志》卷二十三，官师志，海口：海南出版社，2004 年，第 1475 页。

② （清）吴瀚澂：《建威将军吴元猷行传》，手抄本。

③ 朱为潮、徐淦等主修，李熙、王国宪总纂：（民国）《琼山县志》卷二十三，官师志，海口：海南出版社，2004 年，第 1475 页。

④ 中国人民政治协商会议琼山县委员会文史资料编辑委员会：《琼山文史资料・第二辑》，海口：琼山县委员会文史资料编辑委员会印，1985 年，第 104 – 107 页。

指的就是吴元猷，“爵制军徐”指的是徐广缙，这篇序文从内容上看，主要就是叙述吴元猷生平以及他此前所立下的功绩，歌颂吴元猷的战功。

吴元猷的墓地位于今海口市美兰区三江镇排市村，笔者在陈鸿礼先生以及吴多崧先生的带领下参观了吴元猷墓地。据陈鸿礼先生介绍：“吴元猷墓地当年是由清廷拨了一万两千白银，由道台、镇台督造的，级别很高，墓围最前面原先有‘奉官禁示’碑，告示文官到此下轿子，武官到此下马。”

吴元猷墓地是五层阶级结构，依山逐级升高而建。第一阶有两个石制华表及一对镇墓石狮子。第二阶有一对石鼓，阶梯正中为“得胜虎将”斜置碑。第三阶为主祭处，两张石祭拱床放置于此处。其后为驮着墓碑的石龟。旁边还有一座刻有吴元猷列祖列宗名录、官职、世职的纪念碑。第四阶为直径约 4 米的大型石砌墓，在墓碑的斜后方。陈鸿礼先生猜测，墓茔不正对墓碑的原因可能是设“疑墓丘”，防止海盗上岸盗挖报复。第五阶则为高坡密林，作为映衬。吴元猷的原墓碑在 20 世纪五六十年代被折断，现在的墓碑为 1993 年修复新立的复原碑，与原碑基本一致，上刻“皇清诰授广东水师提督军门，封建威将军吴元猷祖公之墓”字样。墓碑顶上雕有两条四爪金龙朝日的图案，两侧为宝剑加宝葫芦图案（图 13、图 14）。

图 13　吴元猷墓石龟及原折断墓碑（笔者摄）

图 14　吴元猷墓地远景（笔者摄）

关于吴元猷墓地，陈鸿礼先生还专门写有《吴元猷墓七特点琼岛罕见》[1] 一文，对此进行详细介绍。在海南省海口市的“琼台福地”园中的历史名人石雕栏上，也有专门的一栏对吴元猷进行介绍，还有其指挥水师打击海盗的雕刻。石雕栏上的刻字如下：

吴元猷　　灵山人
当朝名将，水师提督，专守广州，打击海盗，骁勇善战。
官至广东，建威将军，虎门要塞，抵御外侮，屡立战功。

4. 培养下一代海防将领

吴元猷的第四个贡献是为海南岛的海防建设培养了一批得力的海防将领，其中较为人熟知的是他的儿子吴世恩以及吴世恩的部下林宜华。

吴世恩是吴元猷独子，字中甫，官名世恩。县志中关于吴元猷的事迹末尾记载：“荫子世恩守备，代理海口参将。”[2] 虽是受荫封水师参将，但吴世恩从小一直就跟随在吴元猷身边，接受吴元猷的教导，很快便因功升任海安营游击。《建威将军吴元猷行传》中记载他“谙熟风涛，请拨归外海水师，琼州镇标，拿获洋匪多名，署海安营游击。嗣因海口营参将陈荣辉出关，琼州镇总兵刘成玉

① 《海南特区报》，2007 年 5 月 25 日。
② 朱为潮、徐淦等主修，李熙、王国宪总纂：（民国）《琼山县志》卷二十三，官师志，海口：海南出版社，2004 年，第 1475 页。

奏：‘世恩熟悉洋务，自备口粮，雇驾民船，擒获多名盗首，异常出力。’疏入，代理海口参将统巡”[①]。光绪十一年（1885）七月，当时的琼州镇总兵因随冯子材办理儋州、临高一带的客、黎之乱，吴世恩被任命为代理琼州镇总兵统巡，“认真缉捕，洋面获靖”[②]。光绪十三年（1887），朝廷诰授吴世恩武显将军，也因此，吴元猷与吴世恩被称为海南的父子将军，琼州知府林鸿年为吴府题字“军门第”。

吴元猷的故居“军门第”目前位于海口市江东新区道郡村，背靠高坡，面对大塘，坐东向西，由七间红墙红门的大屋组合成丁字形格局，目前由道郡村村长吴林春代为进行看护；门口立有“海口市文物保护单位　吴元猷故居　海口市人民政府　二〇一一年十月”字样的文保单位标志（见图15～图19）。近年来参观的游客逐渐稀少，因此常年处于关闭状态。

图15　“军门第”（笔者摄）

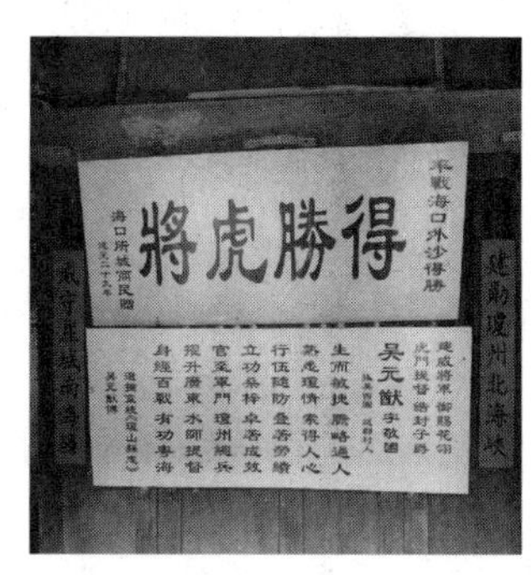

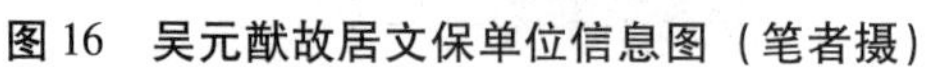
图16　吴元猷故居文保单位信息图（笔者摄）　图17　“得胜虎将”复制匾额图（笔者摄）

① （清）吴瀚澂：《建威将军吴元猷行传》，手抄本。
② （清）吴瀚澂：《建威将军吴元猷行传》，手抄本。

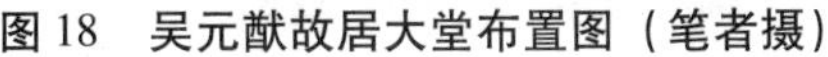

图 18　吴元猷故居大堂布置图（笔者摄）　　图 19　吴元猷提督朝服画像（笔者摄）

吴元猷的故居除了道郡村这一处之外，在西门内街还有一处。因清代海口所城的同知衙署以及参将衙署都在西门内街，为了方便办公，吴元猷便在此购置了一处住所。基于同样的原因，把总黄开广、王鹏年的住所也在这里，因而这里又被海口人民称为“一街出三将”。但黄开广故居目前已经改为店铺（图 20、图 21），且并非其后人经营。从陈鸿礼先生处了解到，黄开广的后人已经卖掉房子，回老家广西合浦了。

图 20　黄开广将军宅（笔者摄）　　图 21　黄开广将军宅介绍牌（笔者摄）

吴元猷培养的另一个杰出的海防将领是林宜华。林宜华，字德甫，号桃溪，博茂人。吴元猷的母亲林氏是林宜华的姑母，吴元猷在林宜华小时候便时常教导他，陈鸿礼先生介绍："林宜华经常与吴元猷的儿子吴世恩做伴玩耍，很得吴元猷和林氏的喜爱。后来吴元猷将林宜华带到海口西门街吴府作为心腹。"道光二十七年（1847），林宜华进入海口水师营当兵，在道光二十八年（1848）抗击张十五袭击海口的事件中立下战功，"由行伍补海口营外委。"① 道光三十年（1850），他又跟随吴元猷西征，征剿黄白豆。至咸丰三年（1853），林宜华已经升任海口水师千总，同年，吴元猷被调回任琼州镇总镇，平定刘文楷动乱，林宜华也随其参战，这也是林宜华的成名战。据《琼山县志》记载："宜华请以只身往擒文楷，元猷壮其言，潜师援应。宜华乃变姓名，杂行商，深入黎洞，结交头目，由各洞头目介绍，交文楷。会演戏时，借观戏为名，邀文楷偕出，离洞口稍远，宜华力扑擒之，负奔数十里。潜师援应，带赴营，元猷惊喜，升授把总，儋州悉平。"② 林宜华假装行商，孤身捉拿匪首刘文楷，使得此次动乱迅速平定，他也因此晋升为海口营把总。在此之后，他"赴江南大营张国梁麾下，累有战功，官至总镇，历署海坛、黄岩、州喜湾总兵"。③ 吴世恩与林宜华二人作为水师将领，都立下了不少功绩，这与吴元猷对他们从小的教导和培养不无关系。

吴元猷对当时海南岛海防安全的贡献，远远不止上文所提到的这些。他历任海口营把总、龙门营千总、海口营守备、阳江镇都司、海口营参将、崖州协副将、广东碣石镇总兵、江南狼山镇总兵、琼州镇总兵，直至广东水师提督，其所立战功大多与剿灭两广洋面海盗有关，而这些海盗多是袭击海南岛的主要成员。在海口与崖州为官时，吴元猷甚至自费建造兵船，并组织招募训练兵勇，他的影响在下一代水师将领身上依然能够看见。

在这一次的田野调查中，海防防御者的后代为笔者展现了一个个活生生的历史人物，为海南岛的海防研究提供了更鲜活的细节，海防防御者在子孙后代记忆中留下的深刻痕迹，无不令人感慨。例如陈鸿礼先生一直致力于将吴元猷的故事讲与更多人知晓，几十年来坚持整理搜集并且传播吴元猷的相关资料。吴元猷的第七代孙吴多崧先生，从小听着吴元猷的故事长大，他也追随先辈们的脚步，前些年曾在海南某海防团中当兵，从某种意义上来说，也算是继承了其祖先吴元猷的遗志。海防防御者在史书上不过一个名字与寥寥几句记载，而在现实里，他们却有着无数的故事，是后人们谈起时的骄傲，是子孙们模仿的楷模。

---

① 朱为潮、徐淦等主修，李熙、王国宪总纂：（民国）《琼山县志》卷二十四，人物志，海口：海南出版社，2004 年，第 1580 页。

② 朱为潮、徐淦等主修，李熙、王国宪总纂：（民国）《琼山县志》卷二十四，人物志，海口：海南出版社，2004 年，第 1580 页。

③ 朱为潮、徐淦等主修，李熙、王国宪总纂：（民国）《琼山县志》卷二十四，人物志，海口：海南出版社，2004 年，第 1580 页。

六、清代海南岛海防状况特点

（一）清代海南岛海防对象的特点

1. 海防对象以岛外为主，并呈内外联合趋势

海南岛的主要海防对象，即主要的威胁，往往并非来自海南岛本土，而是来自周边区域。

根据前文所述，清前期，海南岛的海防对象为杨二集团、陈武集团、黄海如集团等明朝残余势力，他们都并非来自海南岛本土，其大本营在海南岛周边的龙门岛、雷州等地。这些区域形势复杂，政府难以防控，因而成为海上武装势力生存的乐土。如在清前期频繁袭击海南岛的杨二海上武装集团，其大本营在龙门岛，而龙门海域“中有龙门七十二径，岛屿悬杂，径径相通”[①]，给清政府的搜捕围剿造成了极大困难。而在清中期，旗帮海盗、安南艇盗也主要来自广州、钦州、雷州、安南等地。如清中期的乌石二大本营在雷州半岛，据《广东海防汇览》载：“闻洋匪大半皆系雷州府遂溪县湛川司所属东海地方居民，该处四面环海，该匪等各有室庐，各有眷属。其抢掠货物，乃随时携回家中，销赃度日，以故习俗相沿，竟视作匪为恒业”[②]，地方官府恐其“激变”，不敢轻易缉捕，雷州半岛故此逐渐成为海盗的大本营，雷州一带的大小海盗集团云集于此。而廉州一带，“与安南接壤，可为接应销赃之地”[③]，则成为海上武装集团劫掠过后，脱手赃物进行交易的销赃地所在。由劫到销的抢劫“一条龙服务”让大量走投无路的沿海居民拾起了海盗的营生。

而对于东南亚区域的海上武装而言，海南岛“大海是环，番夷四达”[④]，位于通往东南亚诸国的重要交通线上，与部分国家距离十分近。较近的海程为贸易带来了方便，但与此同时，也正如格温·琼斯指出的，“贸易量越大，抢劫商

---

① （清）卢坤、邓廷桢主编，王宏斌等点校：《广东海防汇览》卷四，舆地三·险要三，石家庄：河北人民出版社，2009 年，第 101 页。

② （清）卢坤、邓廷桢主编，王宏斌等点校：《广东海防汇览》卷四，舆地三·险要三，石家庄：河北人民出版社，2009 年，第 102 页。

③ （清）卢坤、邓廷桢主编，王宏斌等点校：《广东海防汇览》卷四，舆地三·险要三，石家庄：河北人民出版社，2009 年，第 101 页。

④ （清）卢坤、邓廷桢主编，王宏斌等点校：《广东海防汇览》卷四，舆地三·险要三，石家庄：河北人民出版社，2009 年，第 118 页。

船的引诱力也越强”①，东南亚诸国，尤其是越南的海盗，也因此跨海而来，劫掠两广沿海地区，海南岛也包含在内。

除此之外，在机械动力轮船出现之前的风帆时期，风向是海上武装集团与商船出行活动必须考虑的重要因素。雷州、廉州、琼州三郡在风向条件上，“惟盛夏南风大作，不可停舟，余时皆可湾泊”，合适的风向条件也给外来的海上武装势力提供了长时间的适宜的出行环境与湾泊条件，使得“盗船往来，憩息其中”②。优越的航行条件更使海上盗匪力量不断来犯。

如前所述，清代海南岛的主要海防对象，他们基本上都将海南岛作为一个二线基地，是战败后的补给站，也是能够继续生存下来的一个地点，或是作为向内陆进攻的一个军事跳板。加之清前期岛上原有的海防建设得到的关注不多，军事力量缺乏，这才使海南岛能够成为盗匪集团在兵败后收拢残部以图再起的最终去处，而需要渡海才能大规模增援的地理条件又给盗匪集团制造了缓冲时间。在邓耀战败后，其一部分残部就前往海南岛进行洗劫，补充补给。杨二海上武装集团配合李定国对海南岛发起猛攻，也未尝没有进驻海南的打算。而清后期，法国则是将海南岛视为向中国内陆进发的军事跳板，以及对周围群岛海洋资源采集的海外基地。

另外，海南岛的海防对象虽以外向性为主，但其内外联合的趋势也相当明显。海南岛是孤悬海中的岛屿，四面环海，而且岛中部为大片山区与森林，是黎族生活的主要区域。对于统治者而言，面临着两难，即“海有门户之忧，黎为心腹之病，防捍偶疏，则群奸齐发，甚有内外勾连，相互援引者”③。尤其是在顺治初期，清政府强硬的剃发政策使其与黎族部众产生了不少矛盾，海南岛上的不少明朝残余势力便组织黎族民众进行抗清活动，如渡海而来的陈武，就是趁着黄流地区黎族民众不肯剃发与清军对峙的空档乘虚而入。顺治六年（1649），蔡芳海上武装集团进攻澄迈，也是有人暗中“构引海寇”④；顺治十一年（1654），临高县城被攻破，也是邓世雄等人与海上武装势力的共同行动。康熙十九年（1680）至康熙二十年（1681），杨二海上武装集团对海口、铺前沿岸发动猛攻时，也同样与黎族首领韩有猷、杨胡须等人联系，海陆同时发动突袭，

---

① ［英］格温·琼斯著，刘村译：《北欧海盗史》，北京：商务印书馆，1994 年，第 14 页。

② （清）卢坤、邓廷桢主编，王宏斌等点校：《广东海防汇览》卷四，舆地三·险要三，石家庄：河北人民出版社，2009 年，第 101 页。

③ （清）谢济韶修，李光先纂：（嘉庆）《澄迈县志》卷八，海黎志，海口：海南出版社，2004 年，第 295 页。

④ （清）龙朝翊主修，陈所能纂修：（光绪）《澄迈县志》，海口：海南出版社，2004 年，第 257 页。

“山海交讧，攻陷海口所城及澄迈、定安二县”①。蔡璋等人从省府带领大军渡海支援，将其打败后，对于海上武装败逃人员的追捕，又受到了岛内部分黎族势力的重重阻挠。这些败逃者在岸上遭到围剿时，若能成功逃至海边，便从水路逃离，若难以突破封锁，则反向而行，躲入黎峒屯据，积蓄力量，伺机而动，“其党茅向荣等未得归船者，随黎贼入黎屯据”②，以此躲避清军的追捕。而在清后期，海上武装与当时活跃的会匪携手合作，如陈昌齐就曾在奏疏中提到海上武装为加强自身力量，进而保障劫掠时的安全性，常常让陆地上的会匪作为帮凶，“至行劫时，辄有陆居会匪多人持械助凶”③，劫掠后还许诺安家银来招揽人员。

2. 具有鲜明的时代性

海南岛的海防对象在清前期为明朝残余势力，而在清中期为旗帮海盗、安南海上武装，在清后期最主要的威胁为西方列强，他们都与当时的时局联系紧密，是朝代更替、政局变动以及国际形势变化的产物，具有鲜明的时代性。

清前期，海上武装在海南岛肆虐，在于其处于朝代嬗替的特殊时代，这时的海上武装往往抱有颠覆清政府统治的鲜明政治目的。如陈武、黄海如、杨二等人都隶属南明政权，他们的进攻或败逃，往往都与南明政权的军事活动有关。如陈武渡海前来海南岛的目的，是协助南明晋王李定国拿下海南；黄海如则是在前往救援李定国的途中被击败，败退海南岛获取物资；杨二猛攻海口也是为了配合李定国的行动。而此时，清政府的关注重心却不在他们。对于清政府来说，他们不过是一些作乱的“海贼”，难以动摇统治的根基，比起他们，清朝统治者关心更大的威胁。顺治时期清朝统治者的主要任务是平定异己，迅速统一全国，完成朝代更替，稳固统治；康熙时期则是奠定四隅，先是平灭吴三桂势力，然后解决东南郑氏集团，接着是东北沙俄问题，最后是西北准噶尔。这些势力对于清朝统治者是首要的心腹大患，优先度自然远胜于海南的小股明朝残余势力。南明最后一个政权永历政权，从1646年在肇庆建立到1662年在昆明覆灭，这十六年间得到了清政府在西南地区最大的关注，同时农民起义军大顺军、大西军也联合南明，在西南地区抵御清军。而东南一带，郑成功占据台湾，无论是军事实力还是经济实力都远超海南的海上武装，郑氏集团也常与南明政权协同作战，一陆一海，牵制了清军对海南杨二等小股武装的剿杀行动。康熙十

① 李钟岳等监修，林带英等纂修：(民国)《文昌县志》，海口：海南出版社，2003年，第289页。

② (清)杨宗秉纂：(乾隆)《琼山县志》，海口：海南出版社，2006年，第293页。

③ (清)明谊修，张岳崧纂：(道光)《琼州府志》，海口：海南出版社，2006年，第838页。

二年（1673）至康熙二十年（1681）期间又发生了“三藩之乱”，海南的控制权又归于吴三桂，“琼属三州十县亦皆降逆”[①]，接受了伪职。直到康熙十六年（1677），原任镇守琼州总兵官佟国卿“举城归正”[②]，海南全境才又重归清廷手中。而这一时期杨二对海南的攻击极为频繁，在康熙二十年（1681）清军大军攻入昆明时，也是杨二势力对海南袭击的顶峰时期，及至攻破海口所，“全城之地尽为蹂躏”[③]。等灭掉吴三桂后，清政府回过头来对付郑氏集团时，才开始着力关注海南海患。康熙二十二年（1683），随着郑氏集团被灭，杨二势力彻底失去复明的梦想，败走越南，随后又南下到达今越南湄公河流域的永隆龙川等地，源于明朝残余势力的海南海患才得以平息。

清中期，由于越南后黎朝发生西山起义，西山军为增强实力，招募了大量海上武装集团作为其海上力量的补充，《圣武记》中载：“阮光平父子窃国后，师老财匮，乃招濒海亡命，资以兵船，诱以官爵，令劫内洋船舶以济兵饷。”[④]因为距离较近，这些中越结合的海上武装集团，也不时趁机流劫两广沿岸地区。这些海上力量在西山军败退后，失去了国家政权的庇护，从越南返回，袭扰北部湾沿岸的钦、廉、雷、琼一带海域。此时清政府的注意力放在平定四川、陕西一带的教匪动乱上，对此并未及时关注，乾隆帝也认为海防无事，不过是小股海盗作祟，很快便能平息，“广东现无紧要事件，其海洋盗匪，节经福康安搜拏整顿，渐已敛迹”[⑤]。但局势的发展远非乾隆所想的那般简单，旗帮海盗订立盟约，各自划分打劫区域，同时与越南艇盗联合，导致了乾嘉时期浩浩荡荡的海上乱象。这一时期海上武装势力的崛起，为周边国家内部的动荡提供了助燃剂。

清后期，鸦片战争后，国门大开，西方列强纷至沓来，全国的海防形势受到了极大波动，海南岛的海防在两次鸦片战争期间几乎陷入停滞。中法战争后，占据越南的法国对海南岛垂涎欲滴，多次以种种借口驾船进入崖州海上防区，此时国际形势的变化，也让海南岛的海防对象不再仅仅是周边的洋盗，西方列强的威胁程度远远碾压零星的海上武装。

---

① （清）方岱修，璩之璨校正：（康熙）《昌化县志》卷五，兵防志·平乱·附时事，海口：海南出版社，2004年，第67页。

② （清）清朝官修：《清实录·圣主康熙实录》卷六八，康熙十六年七月庚子条，北京：中华书局，1986年影印本。

③ （清）龙朝翊主修，陈所能纂修：（光绪）《澄迈县志》，海口：海南出版社，2004年，第258页。

④ （清）魏源：《海国图志》，长沙：岳麓书社，1988年，第353页。

⑤ （清）清朝官修：《清实录·高宗纯皇帝实录》卷一千四百三十四，乾隆五十八年八月辛未条，北京：中华书局，1986年，第173页。

（二）清代海南岛海防建设的特点

1. 海防与陆防建设一体化

清代海南岛的海防建设因其海防对象以岛外为主并呈内外联合趋势，故在建设时便呈现出海陆防一体化联动的特点。

首先，海上武装势力的劫掠行为既包括在海面上对过往商船的拦截，也包括登岸之后进行的各种劫掠行为。海南岛本身为独立的岛屿地理单元，“海道周环俱通”[①]，并且沿海各县基本都有大大小小的港湾，为船只提供寄泊之所。但便于湾泊的特点，也成了海南岛近海沿岸防控的一把双刃剑，不仅仅是往来商船，海上武装集团由港湾登岸劫掠也变得轻而易举。对于岛上海防而言，既需要通过海上巡防提前预警、拦截海上武装势力，也需要与陆地守军配合，驱逐、围剿已上岸的海上武装集团成员。尤其是清初，仅有海口水师营出海巡防，其余各州县的海防在无海上巡防的情况下，则是对港口进行把守的陆防，其工作重心在于防范陆地上的民众对海上武装的接济行为。

其次，海上武装与陆地武装的联合，也要求海南岛在对付海上武装的同时，保证腹地的安稳。范时捷曾言，“琼州五营兵制，为数仅有四千有零，内一层防黎，中一层防城，外一层防海”[②]，在防守上已捉襟见肘。因此，若海陆同时遇警，便常常难以兼顾。而岛内黎族的不断起事，是分散岛上防御力量的一个重要因素，为了能够集中力量，加强海防的建设，就需要先解决内部问题，正如张之洞所言：“是今日筹琼之要，以治军防海为归宿，而必自抚黎开山始”，“内安食足而后可言防海”[③]。因此，张之洞在着手建设海南岛海防的同时，也派遣冯子材进入黎区进行征剿与开发，稳定内部腹地，抽出主要力量稳固海防。为了一举稳定后方，廓清威胁，张之洞还下令对偏居岛南“生歧最悍”的崖州进行清扫，“冯相荣、冯相华、刘保林等三军由东路进，方长华之军由西路进，会合绅团分别剿抚”[④]，对崖州黎区进行抚定。

2. 以点带面的防御部署

海南岛的海防体系建设，以三个重点为根基，即海口水师营、崖州水师营、儋州水师营三大水师营，万州营、儋州营为辅点，以墩台、营堡、营汛、炮台

---

① （清）卢坤、邓廷桢主编，王宏斌等点校：《广东海防汇览》卷四，舆地三·险要三，石家庄：河北人民出版社，2009 年，第 120 页。

② （清）明谊修，张岳崧等纂：（道光）《琼州府志》，海口：海南出版社，2006 年，第 829 页。

③ 周伟民、唐玲玲：《张之洞经略琼崖史料汇编》，海口：海南出版社，2015 年，第17 页。

④ 周伟民、唐玲玲：《张之洞经略琼崖史料汇编》，海口：海南出版社，2015 年，第27 页。

作为防御延伸，逐步勾连成一个海陆一体化防御面。

如以道光时期的炮台防御体系的分布为例，海口营所驻扎的海口所城，它的炮台防御体系向东是以海口东炮台与牛始炮台延伸至文昌县境内的铺前炮台和清澜炮台，再延伸至乐会的潭门炮台为结束；向西是以海口西炮台延伸至澄迈境内的东水炮台、石礶炮台，再延伸至临高县界内的马袅炮台为结束，守卫以“澄迈—海口—临高”北部三地组成的小区域。①崖州营所辖的五座炮台则守卫以“崖州—陵水”的南部小区域。较为次之的儋州水、陆营共管辖三座炮台，但其中新英南、北炮台所隔较近，因而在儋州营到海口营、崖州营两营所辖区域的炮台都有着很大的防卫空档。

另外在水师巡防上，也同样体现了这一特点。海南岛本岛的连界巡防体系以万州东澳港、临高迸马角、儋州新英炮台为分界点，三大水师营以一点各自辐射防卫一片区域，崖州水师负责由自儋州新英港南炮台起至万州东澳港的洋面；海口水师所辖范围为自新英炮台以北至万州东澳港一带的洋面，基本覆盖了海南岛北部半个岛屿沿岸的洋面；儋州营所负责从昌化县四更沙至临高迸马角止一带洋面，再由三营各自管辖的洋面范围相互衔接，形成一个完整的海南岛环岛洋面防卫圈。

3. 由北向南的重心转移

海南岛海防建设的趋势，呈现出由北向南逐渐转移的特点。

正如前文所述，清前期时，为了加强对海南岛的政治和军事管控，清廷着重对海南岛北部进行建设。特别是对于琼州府而言，作为清王朝政权在海南岛上延伸的象征，琼州府治所——琼州是海防建设的重中之重，军事建设必然优先于其他地区，因此海口水师在顺治时期便已存在。同时，为了配合两广大陆区域对明朝残余势力的围剿，掌控琼州海峡，海南岛北部的几个优良港口也较早投入防御，并且不断增强防御力量。此外，海南岛北部的贸易频繁，“铺前港口楫如林”②，也更需要投入兵力以维护贸易安全。

清后期，海南岛的海防建设以崖州为重心。中法战事一起，防御重心随之变动，主要的海防对象为当时已占领越南的法国。距离越南较近的崖州就成了防御前线。据当时的文献记载，崖州与越南如此相近，甚至能够听到占城城内

---

① （清）明谊修，张岳崧等纂：（道光）《琼州府志》，海口：海南出版社，2006年，第749页。

② （清）程秉钊：《琼州杂事诗》，转引自《历代文人笔记中的海南》，海口：海南出版社，2006年，第171页。

的鸡鸣声，“去崖州南六百里即占城，每南风顺，闻占城鸡声如洪钟”①。面对法国的威胁，崖州的军防建设受到张之洞的极大重视，他上奏《查勘榆林港形势筹议驻营筑台片》，急陈榆林港受法国多次试探，提出建设榆林军港、兴工建炮的打算。② 1905 年，崖州行政建置也随之升格为直隶州，此时清政府对海南岛海防的关注重心与建设重心，转移到了海南岛南部的崖州。

结　语

清代海南岛的海防建设情况，像一条逐步上升到顶点又迅速下落的曲线。

清前期，海南岛上局势混乱，清政权与南明政权在岛上进行拉锯战，明朝残余势力之间也各自争斗不休，清政府难以对海南岛进行稳固的统治，势力庞大的明朝残余势力抱有明确的政治目的，试图占据海南岛，推翻清朝统治。顺治十二年（1655）之前，是岛上多重势力间的混战阶段。之后则是以杨二为首的海上武装集团的时代，直到康熙二十年（1681），杨二被赶出海南，海南岛才逐渐进入了平静阶段，这一时期，海防对象主要为受灾谋求生存，无奈为盗的沿海平民。清前期的海防建设，主要是对明朝海防体系的继承与发展，初步设立了军事建置，地方官员对前期的防御体系进行进一步的检查与完善。雍正时期，雍正帝对康熙末期逐渐怠惰的沿海官员以及水师进行了整顿，设立了崖州水师营，海南岛的防御体系发展成为一南一北水师营的结构，并且开始了巡洋会哨制度。

清中期，海南岛的海防嬗变与越南政局变化的动向密切联系在一起。越南西山政权的庇护让海盗势力愈演愈烈，海防对象为越南海盗以及活跃在两广洋面的旗帮海盗。在西山政权败亡后，海南岛沿海活动的海上武装主要以乌石二领导的蓝旗帮为主。在海防建设方面，清政府加强了对沿海地区海盗的跨区域巡查与缉捕，同时与越南联合进行跨国围剿，共同解决肆虐两国洋面的海盗，且广泛招募乡勇作为抵御海盗的生力军。最终在百龄运用多种手段的围剿招降下，乾嘉之际浩浩荡荡的海盗时代落下了帷幕。

清后期，西方列强的加入改变了原有的海防局势，但本土海盗的威胁并未减少，内忧外患的局面中，海南岛的海防地位陡然上升。在海防建设方面，加入了儋州水师营对原先两大水师辖区进行细分之后，海口、儋州、崖州水师营最终形成了“三点成面”的全岛分防体系。另外，在内忧外患的冲击之下，海

① （清）屈大均：《广东新语》，北京：中华书局，1985 年，第 42 页。

② 周伟民、唐玲玲：《张之洞经略琼崖史料汇编》，海口：海南出版社，2015 年，第 49 - 50 页。

防思潮逐步发展，这也影响到了官员的施政方针。在张之洞的主导之下，海口等地建立了近代化的炮台体系，并且对海南岛上的官兵进行了重新整顿编练，海南岛的海防建设情况逐步走向顶点，迈向近代化海防的大门。但盛极而落的命运很快降临，海南岛的防卫状况跌落回“有海无防”的局面。

清代海南岛海防状况的特点，从海防对象的角度来看，以外向性来源为主，同时具有鲜明的时代性。在明末清初朝代嬗替的进程中，抱有明确政治目的的明代残余势力组成的海上武装力量，他们的战斗既有与南明军队的协同进攻，也有败退后寻找二线生存区的努力。在乾嘉之际，越南的动乱孵化出了浩荡海氛，旗帮海盗与越南艇盗的联合肆虐十数年。而鸦片战争后，西方列强的觊觎则成了最需防范的问题。从海防建设的角度来看，内外联合、海陆交叠的态势，决定了海南岛的海防具有海陆防一体性的特点，并以海口水师营、崖州水师营、儋州水师营为主要基石，辅以万州营，形成了一个以点带面的防御体系。此外，这个防御体系的建设在不同时期各有侧重，前期以海口水师营为主的北部防御圈是建设重点，后期以崖州营为主的南部防御圈是建设重点，形成了由北向南转移的建设趋势。

海南岛一岛的防御，实际上并不能从周边地区分割出来，而是包含在这其中，是整个广东海防的次级部分。海上武装力量来去迅速、活动范围大的特点，注定了对其进行的剿灭工作是一个区域性的合作工程。要想保证海南岛周围海面的静谧，以及保障周边海域地区的安全，就需以更为缜密的海防建设与强大的海上力量，为海南岛的发展乃至整个国家的发展保驾护航。

明清时期北部湾海防地名文化

滕兰花　唐艺真*

地名与基层民众生活联系紧密，尽管在今天一些历史痕迹已然消失，但地名还记录着过去的历史。目前对于明清时期北部湾海防治理的研究多为综合性研究，或是对北部湾炮台设置进行考察。这些研究主要立足于正史、地方志等史料，忽略了与人们生活息息相关的地名中所记录的信息。因此，本文以地名为媒介，探讨明清北部湾海防地名，对于海防研究具有重大意义。

一、北部湾地区地理形势与海防治理

北部湾位于我国南海西北部海域，与我国广西沿海、雷州半岛以及海南岛毗连。此海域有众多港湾，北部湾从秦汉起便成为中国南部海上对外交往的通道，“高雷廉西洋贡道之所从入也”①，成为南部沿海各地海上运输的黄金水道，是海上丝绸之路的重要节点。北部湾海域由雷州、廉州、琼州三地共同构成，其中廉州府北靠灵山，南有钦州接壤安南。“廉为岭表遐峻，山势逶迤，川流萦洄，南拱冠头，北拥五黄，大廉镇于东北，巨溟浸其西南，合浦珠池一片汪洋。西辖钦州，地接越南，山海交错，十万崇山峻岭，岃嶬交出，结为龙门，天涯锁钥，钦江、渔洪二水夹流，会于龙门以入海。”②海防是明清两朝在北部湾地区所面临的重要边疆治理问题。

明时东南沿海海患加剧，“由广省极抵琼崖、交南，茫洋二三千里之间，备御向疏，边防失讲，以故海上行劫，偷珠巨盗往往呼朋引类，向彼潜屯久住，

* 唐艺真，广西民族大学民族学与社会学学院2021级中国史硕士研究生，主要研究方向为专门史。

① （明）严从简：《殊域周咨录1》卷三，北京：故宫博物院图书馆，1930年，第14页。

② （清）毛洪斌、桂文灿等：《广东图说》，台北：成文出版社，1967年，第493页。

略无忌惮"①。为此，明朝政府建立了一整套海防体系，而后多为清廷所继承。清代北部湾沿海社会先是受到反清势力的冲击，顺治十一年（1654），"明西安王李定国自粤西柳州经横州入灵山，由廉、雷至高州，纵兵屠杀，民甚苦之"②。而后至乾嘉时期则是沿海海寇的侵扰，五十二年丁未，夏六月，盗劫乌雷炮台……"先是癸卯五月，海贼梁朝宽寇龙门，官兵击斩之"③。

为此，朝廷通过设置军镇、修筑炮台等举措强化对北部湾地区的管控力度，"重防其出""缉私捕盗"。中法战争后，西方列强觊觎中国领土，防范列强入侵成为北部湾海防的主要任务。对此已有诸多研究成果，在此不一一赘述。

二、明清时期北部湾的海防地名

笔者以《广西地名词典》中北海、钦州、防城港三市为研究文本，通过仔细整理，检获北部湾沿海地区的地名当中与海防有关的如表 1 所示。

表 1　北部湾海防地名数量统计表

政区	数量	地名	地名由来	资料来源
北海	11	地角村	地角岭主峰及正北、西南两峦之巅建有炮台，建于清光绪十一年（1885）	《广西地名词典·北海市政区居民地》，南宁：广西民族出版社，2013 年，第 27 页
		驿马	崇祯年间建，时为官员传递文书饮马歇息之驿站	《广西地名词典·北海市政区居民地》，南宁：广西民族出版社，2013 年，第 37 页
		军屯村	南宋庆元六年（1200）建村，曾为军队屯兵驻扎之所，故名	《广西地名词典·北海市政区居民地》，南宁：广西民族出版社，2013 年：36 页
		营盘镇	营盘是明清时期南方海防重地，是右营把总专防地盘，故名	《广西地名词典·北海市政区居民地》，南宁：广西民族出版社，2013 年，第 88 页

① （明）陈子龙等：《明经世文编》卷 342，吴司马奏议，北京：中华书局，1962 年，第 3671 页。

② （民国）《合浦县志》卷五，前事纪，广东省地方史志办公室辑：《广东历代方志集成　廉州府部（六）》，广州：岭南美术出版社，2008 年，第 547 页。

③ （民国）《合浦县志》卷五，事纪，广东省地方史志办公室辑：《广东历代方志集成　廉州府部（六）》，广州：岭南美术出版社，2008 年，第 554 页。

（续上表）

政区	数量	地名	地名由来	资料来源
北海	11	烟楼村	此地原有清代军事设施烽火台（俗称烟楼），故名	《广西地名词典·北海市政区居民地》，南宁：广西民族出版社，2013 年，第 122 页
		禁山村	有明代关冲烽火台	《广西地名词典·北海市政区居民地》，南宁：广西民族出版社，2013 年，第 120 页
		永安村	建于北宋建隆年间，此地依山傍海，常有海盗出没，村民渴望永久安宁，故名。有国家级重点文物保护单位大士阁。 大士阁，本名永安鼓楼，为明代抗倭海防要塞永安千户守御所城池指挥中心	《广西地名词典·北海市政区居民地》，南宁：广西民族出版社，2013 年，第 188、182 页
		镇海村	因近海边，以镇守海防之意取名	《广西地名词典·北海市政区居民地》，南宁：广西民族出版社，2013 年，第 135 页
		兵岳村	建于乾隆年间，曾在此地驻扎的军队常奏军乐，故名兵乐，后改为兵岳	《广西地名词典·北海市政区居民地》，南宁：广西民族出版社，2013 年，第 200 页
		铁山村高竹头	烽火台遗址，为清代边防设施	《广西地名词典·北海市政区居民地》，南宁：广西民族出版社，2013 年，第 165 页
		均塘村	清顺治年间，山口镇崩塘村人迁来驻地建居，说军话的他们为不离老村，取名“军塘”，后谐音改为“均塘”	《广西地名词典·北海市政区居民地》，南宁：广西民族出版社，2013 年，第 169 页

（续上表）

政区	数量	地名	地名由来	资料来源
钦州	3	炮台村	因原驻炮台得名，传原驻地于清康熙十九年（1680）建于大风江入海口，为防海盗，当时朝廷派人在大风江东西两岸设炮台，在东岸（现合浦县西场镇官井村）的称东炮台，在西岸（现炮台自然村）的称西炮台，故名	《广西地名词典·钦州市政区居民地》，南宁：广西民族出版社，2013 年，第 97 页
		北营社区	因原辖北营自然村得名，传北营自然村建于清朝末年，但于钦州古城北门的清朝兵营旧址，故名	《广西地名词典·钦州市政区居民地》，南宁：广西民族出版社，2013 年，第 114 页
		烟墩村	清康熙四十九年（1710），设有一烽火台，以作传递信号之用，故名	《广西地名词典·钦州市政区居民地》，南宁：广西民族出版社，2013 年，第 289 页
防城港	3	水营村	传东汉建武十六年（40），马援将军南征率水军在此安营扎寨，故名	《广西地名词典·防城港市政区居民地》，南宁：广西民族出版社，2013 年，第 59 页
		炮台村（企沙镇）	因村中有清代遗留炮台得名	《广西地名词典·防城港市政区居民地》，南宁：广西民族出版社，2013 年，第 40 页
		炮台村（那梭镇）	清光绪十六年（1890）清政府为抗击法国入侵，在境内修筑一座土炮台，故名	《广西地名词典·防城港市政区居民地》，南宁：广西民族出版社，2013 年，第 78 页

具体而言，北部湾地区广西海防地名中北海市有 11 个，钦州市有 3 个，防城港市有 3 个，其中大部分得名是在清代，多与清代加强海防之举措有关，突出了清廷海防治理活动对地域社会的影响，反映了清廷对北部湾地区进行海防

治理的具体设施与战略设置。根据其命名具体原则，可以分为军事驻扎及军事防御体系设置两种类型。

（1）与军事驻地有关的地名，带“营”“寨”“屯”等字的地名多与军事驻扎有关。如合浦县的兵岳村即是其中代表。合浦是廉州府（今北海市）的重要门户，“廉府合浦附郭面海背山，南十里名乾体海口，为廉府城门户，西南五十里名冠头岭，再西名大观港，即大洸港，为合浦右腋”①，其地理位置决定了它军事要地之地位，“由乾体至冠头岭、大观港数百里，海面辽阔，逼近郡城，设海外有警，扬帆倏忽可到，门庭之患，宜防也”②。因此清廷曾在此设置廉州营，顺治十二年（1655），“恢廉设协守副将一员……分设左、右二营……各官兵一千，共额官兵二千员名”③。之后虽经过营制格局的改动，但在此区域一直有营汛弁兵进行防守。

如北海市铁山港区营盘镇，在清代是右营把总专防地盘。营盘镇的位置处于廉州府沿海要地，有乾体港口，贸易往来络绎不绝，同时，此地的海患频发，常受海寇侵扰，“三十余年间海寇邓耀、杨彦迪等攻城掠野殆无虚日”，故清廷设乾体营制进行管制，由“珠场寨陆营改设”④ 而成。又有北营社区，建于清朝末年，因村位于钦州古城北门的清朝兵营旧址处而得名。

（2）明清时期北部湾地区的海防建设多是筑炮台，为此，不少村子直接以炮台命名。如防城港市港口区企沙镇的炮台村，因村中有清代遗留炮台得名。此地的炮台名为石龟岭炮台，始建于清代康熙五十六年（1717），是由时任两广总督的杨琳奏请而设的沿海炮台。“石龟岭炮台与白龙尾相对，商渔凑集，华夷接壤，不独为龙门第一重门户，又为高、雷、廉第一重门户。”⑤ 又有防城港市防城区那梭镇的炮台村。“清光绪十六年清政府为抗击法国入侵，在境内修筑一座土炮台，故名。”⑥ 此地的炮台名为那梭炮台，建于清光绪十六年（1890），

① （乾隆）《廉州府志》卷二，疆域，广东省地方史志办公室辑：《广东历代方志集成　廉州府部（二）》，广州：岭南美术出版社，2008 年，第 25 页。

② （民国）《合浦县志》卷一，舆地志，广东省地方史志办公室辑：《广东历代方志集成　廉州府部（六）》，广州：岭南美术出版社，2008 年，第 45 页。

③ （康熙）《廉州府志》卷六，武备志，广东省地方史志办公室辑：《广东历代方志集成　廉州府部（一）》，广州：岭南美术出版社，2008 年，第 438 页。

④ （康熙）《廉州府志》卷六，武备志，广东省地方史志办公室辑：《广东历代方志集成　廉州府部（一）》，广州：岭南美术出版社，2008 年，第 440 页。

⑤ （民国）《合浦县志》卷三，经政志，海防，广东省地方史志办公室辑：《广东历代方志集成　廉州府部（六）》，广州：岭南美术出版社，2008 年，第 246 页。

⑥ 《广西地名词典》编纂委员会：《广西地名词典·防城港市政区居民地》，南宁：广西民族出版社，2021 年，第 78 页。

炮台位于那梭江西岸的一处椭圆形山包上。

同样的，钦州市钦南区犀牛脚镇的炮台村，也是因清代时修有炮台而得名。钦南区炮台名为乌雷炮台，位于犀牛角镇乌雷村东南的海岛上。清康熙五十六年（1717）建。炮台依岛而筑，以石块、青砖、灰浆垒砌而成，为控制入钦水路的第一道门户，“乌雷炮台在钦州内洋航线之上，是商船必经之地”①。

除炮台地名之外，还有烽火台地名。如钦州市灵山县烟墩镇烟墩村、合浦县廉州镇烟楼村。烽火台在古代有峰堠、墩台之类，是历史上传递军事信息最快速、便捷的设施。

地名不仅从侧面验证历史，也在一定程度上反映了民众的心声。北部湾海防治理起初主要是针对在北部湾海域活动的贼寇、乾嘉时期的海盗活动，这些海盗滋扰百姓，扰乱社会生活秩序，导致民不聊生。合浦县西场镇的镇海村，其得名是希望能“镇守海防”。此地的海防在清初屡受海盗之苦，后为增强海防力量，在西场大观港设置东西两门炮台。“东至西场墟三十里，西至龙门协水师西炮台隔一海汊，计水程十里，南至海港一里”②。“镇海”之地名不仅反映了在此处的军事活动，也反映了民众对于边境稳定的渴望。

三、明清时期北部湾的海防治理

以上北部湾地区的海防地名，实际又可以反映出历史上的北部湾地区的海防治理，即主要包括营汛、炮台、烽火台等方面，利用沿海城池、烟墩、水寨等军事设施进行防护，形成一个相对完整的系统，择其要者，即人力方面的军队编制以及炮台等物防。

明廷在北部湾地区逐步建立起了一整套海防体系，卫所是北部湾地区海疆稳固的重要力量。明代北部湾地区共置“雷州卫，辖石城、锦囊、海安、海康、乐民五所；廉州卫，辖永安、钦州二所”③。据嘉靖《钦州志》记载，明朝时，廉州卫指挥一员，钦州领军百户一员，旗军一百名，有战船2艘，哨船4艘，分上、下两班出海巡哨，其上、下两班巡哨制度是：“上班五月九月，下班十月至来年四月。”④ 以卫所为依托，以巡检司为辅的沿海陆防形态，加上以卫所水军

① 黎亦准：《明清海防研究（第八辑）》，广州：广东人民出版社，2015 年，第 218 页。

② （乾隆）《廉州府志》卷十，兵防，广东省地方史志办公室辑：《广东历代方志集成　廉州府部（二）》，广州：岭南美术出版社，2008 年，第 130－131 页。

③ 方小燕：《广东明清海防遗存保存现状的分析》，广东省文物局编：《明清广东海防遗存调查与研究》，上海：上海古籍出版社，2014 年，第 21 页。

④ （嘉靖）《钦州志》卷六，兵防，备倭，广东省地方史志办公室辑：《广东历代方志集成　廉州府部（四）》，广州：岭南美术出版社，2008 年，第 911 页。

为支撑的海防巡海制度最终形成。清廷在北部湾的海防建设沿袭明廷的做法，重点在于对江河入海口等战略要地的防守，细化与完善了巡洋会哨制度，深化防汛制度。清前期广西府域的海防力量主要由廉州营、乾体营、钦州营共同组成。以廉州营为军事核心驻防合浦，分防灵山，钦州营、乾体营水师分别管控钦州与乾体八寨地方。

钦州一地“控临大海，制驭安南，为藩篱要防，折冲重地”[①]。康熙二十三年（1684）调整营制格局，增设龙门协，乾体营大部分水陆防区并入其中，同时改动钦州营管辖范围，将钦州营、廉州营重要军事要地纳入龙门协防守范围之中，“遵旨设龙门协，将钦州、乾体二营官兵裁改”[②]，最终军事重心转移至龙门协，与廉州营、钦州营相互联系，加强了对北部湾地区的管控。以钦州为例，康熙二十三年（1684）建龙门协后，设营汛 12 处，其中沿海地区的防城营，“在防城堡，原钦州营中军守备一员，兵四百名分防。康熙二十三年设龙门协，拨左营守备一员、兵一百五十五名、哨船一只、桨船二只驻扎防守”。三口浪营，在三口浪海边，把总一员，兵五十名，桨船一只防守，辖红沙湾汛。涌沦汛，兵十五名。水营汛，兵十五名。渔洲坪汛，兵十五名。那梭汛，兵三十名，桨船一只。[③] 这样的营汛有力地强化了海防安全。廉州府的永安汛在清顺治十年（1653）时，随着龙门协水师拨守备一员、把总一员、带兵 283 名移驻永安后，其级别不断上升，兵分左、右营，左营都司，右营守备，守备与县丞署同城驻守。道光十三年（1833），从永安所城至冠头岭设海汛 12 处：永安、英罗、砍马墩、沙尾、榕树根、陇村、川江、调埠、珠场、白龙、武刀港、冠头岭。其中永安汛驻兵 131 人，其他各汛兵员为十人左右。驻永安城的右营守备负责巡海，分为上下两班[④]。光绪十四年（1888），两广总督张之洞巡视北海，登岸视察，设北海镇总兵，下辖合浦左右二营，合浦右营在永安。

明清时期，为了军情传递的便捷与迅速，朝廷在北部湾沿海地区设立了不少墩台，据嘉靖《钦州志》记载，“遇有警，急举烽火以相报，御寇之一策也。今法军入犯，徒者皆发墩瞭望，但承平日久，方隅无事。所谓哨瞭者，特虚名

① （清）顾祖禹撰，贺次君、施和金点校：《读史方舆纪要》卷一百四，广东五，北京：中华书局，2005 年，第 4757 页。

② （康熙）《廉州府志》卷六，武备志，广东省地方史志办公室辑：《广东历代方志集成　廉州府部（一）》，广州：岭南美术出版社，2008 年，第 446 页。

③ （雍正）《钦州志》卷六，武备志，广东省地方史志办公室辑：《广东历代方志集成　廉州府部（四）》，广州：岭南美术出版社，2008 年，第 378 页。

④ 于子楼：《永安史话》，2020 年，内部印刷，第 32 页。

尔”①，明代时，毗邻交趾的墩台有青鸠墩（俗呼西烟通岭）、金竹墩、龛罗墩；在钦州州城的东南、南边设有茶山墩、大鹿墩、小鹿墩，其中茶山墩在州治东南十里茶山岭上，“俗呼东烟通岭，沿海巡检司在其南。嘉靖十六年有事安南，于此立营”②。

康熙五十六年（1717）两广总督杨琳曾言“题请于各属海口要隘堪以泊船登岸，凡有淡水可取之处，均相地堡添设，改筑炮台城垣，共一百一十六座，安置炮位，派拨官兵防守”③，由此可窥海防治理设施之框架。廉州府域的海防炮台主要分布在合浦和钦州沿岸，选址多在海道咽喉处或为港湾出入口，“均处于扼海道咽喉、海湾入口或与内河相通的河口临海的山上及近海小岛上，每处炮台大多设3座或4座炮台，成“品”字形分布，互为犄角。各炮台又各设1门或2门进口铁炮，每处铁炮附近设守兵营地等设施”④。如钦州的乌雷汛香炉墩炮台，“在龙营东南水路六十里，西与三口浪汛遥相对峙。该汛系安南出入必由之路，为廉钦龙第一重门户，右营把总防守”⑤。北部湾沿海炮台的选址、建造和布局等都是清政府海防思想和体系的体现，起到了震慑和防御的作用。

综上所述，明清时期海防活动对北部湾地区基层地名的命名产生了深厚的影响，成为历史的“印记”。海防地名的由来，其背后反映出在不同的历史时期，朝廷在面对变化的海防形势下而作出的海防政策的调整。在研究明清时期北部湾地区的海防地名时，发现有些地名是历代驻军驻地，可见军事移民的迁居带来了文化的交融。以明代廉州府的永安所为例，因其地理位置特殊，加之海防之需，洪武二十七年（1394），永安守御千户所从石康安仁里移至合浦海岸乡，海岸乡便改称为永安城，至清顺治十七年（1660）裁撤，永安所存续了265年。明代的卫所移民后裔留居此地，如今的永安村有35个姓氏，而且还产生了“永安军话”这个特殊的海防军事移民方言⑥，这就是军事移民所带来的文化传播的明证。有关这个领域的研究很值得继续深入。

---

① （嘉靖）《钦州志》卷六，兵防，备倭，广东省地方史志办公室辑：《广东历代方志集成　廉州府部（四）》，广州：岭南美术出版社，2008年，第92页。

② （嘉靖）《钦州志》，卷六，兵防，备倭，广东省地方史志办公室辑：《广东历代方志集成　廉州府部（四）》，广州：岭南美术出版社，2008年，第92页。

③ （清）卢坤、邓廷桢主编，王宏斌等校点：《广东海防汇览》卷31，方略二十·炮台，石家庄：河北人民出版社，2005年，第807页。

④ 中国海洋文化编委会：《中国海洋文化·广西卷》，北京：海洋出版社，2016年，第176页。

⑤ （道光）《廉州府志》卷十四，广东省地方史志办公室辑：《广东历代方志集成　廉州府部（三）》，广州：岭南美术出版社，2008年，第300页。

⑥ 于子楼：《永安史话》，2020年，内部印刷，第8页。